ウィルフレッド・セシジャー 著
白須英子 訳
酒井啓子 解説

The Marsh Arabs

湿原のアラブ人

白水社

湿原のアラブ人

私を励まし、見守ってくれた母へ

THE MARSH ARABS by Wilfred Thesiger
Longmans, Green and Co., Ltd., 1964

湿原のアラブ人——目次

❖主な登場人物

マジード・アル・ハリーファ　マジャール川流域に住むアルブー・ムハンマド一族の族長
ファーリフ・ビン・マジード　ワーディヤ川流域に住むマジードの息子
アブドゥル・ワーヒド　ファーリフの息子
ハラフ　ファーリフの兄弟
ムハンマド・アル・ハリーファ　マジャールに住むマジードの兄弟
アッバース　ムハンマドの息子
ハムード・アル・ハリーファ　マジャールに住むマジードの兄弟
ハターブ　ワーディヤ川流域に住むハムードの息子
ダーイル　ファーリフの雇い人でカヌーの漕ぎ手
アブドゥルリダー　ファーリフのコーヒー係
サダム・ビン・タラール　カバーブ村のマジードの代理人
サハイン　ブー・ムガイファートに住むファライガートの分家の世襲の首長
ジャーシム・アル・ファリス　アワイディーヤのファルトゥース一族の族長
ファーリフ　ジャーシムの息子
ダーウド　ジャーシムの甥
ハーシム　ダーウドの父親。殺人罪でアマーラの刑務所で一〇年服役
マズィアド　アル・イーサ一族の族長
アブドゥッラー　マズィアドのおじ、サイガルでのマズィアドの代理人
ターヒル　アブドゥッラーの息子
アマーラ　ルファイーヤに住むカヌーボーイの一人
サバイティ　ルファイーヤに住むカヌーボーイの一人
ヤシン　ブー・ムガイファートに住むカヌーボーイの一人
ハサン　ブー・ムガイファートに住むカヌーボーイの一人
スークブ　アマーラの父親
ナーガ　アマーラの母親
レシク　米作に従事するアマーラの弟
チライブ　アマーラの弟で、水牛の世話をしている
ハサン　アマーラの弟で、学校に入った子
ラーディー　アマーラの幼い弟
マターラ　アマーラの妹
ラズィム　サバイティの父親
バダイ　アマーラの従兄弟で、遊牧をしているファライガート
ラドアーウィ　ファライガートの遊動生活者で、バダイと仲が悪い
ハサン　ラドアーウィの息子で、バダイと仲が悪い
ハラフ　ラドアーウィの息子で、バダイに殺される

はじめに

私は一九五一年から一九五八年まで、イラク南部の湿地帯で、ときによっては七カ月間も連続して生活した。行かなかったのは一九五七年だけである。そのほとんどが移動の連続だったが、本書を旅行記と呼ぶのは適切ではない。なぜなら、私が旅して回った場所は限られていたからである。また、私が生活をともにした湿地帯住民についての詳細な研究書であると言うつもりもない。なぜなら、私は人類学者でもなければ、実際、何の専門家でもないからである。私が湿地帯で何年か過ごしたのは、そこにいることが楽しかったからだ。湿地帯住民の一員として、彼らと一緒に暮らしているうちに、歳月とともに必然的に彼らの暮らしぶりにある程度までなじむようになった。当時の日記を頼りに思い出をたどりながら、私は湿地帯とそこに暮らす人たちの光景を描いておこうと思った。最近のイラクの政治的激変で、この地域は旅行者に閉ざされてしまっている。やがて湿地帯もたぶん干拓されてしまうであろうし、そうなれば、数千年も続いた人々の暮らしぶりも消滅してしまうであろうから。

湿地帯とは、バスラの北方でチグリス川とユーフラテス川が合流してシャットル・アラブ川となるクルナを中心とした約六〇〇〇平方マイル〔関東平野の六割くらいの面積〕を指す。その大部分は、「カサブ（学名

Phragmites communis)」と呼ばれる七メートルあまりに成長する大葦に覆われた〝恒常的湿地帯〟と、大半が蒲《がま》(学名 *Typha angustata*)に覆われ、秋と冬には乾地になる〝季節的湿地帯〟、および洪水のときだけ水浸しになり、そのあとスゲ(学名 *Scirpus brachyceras*)がはびこる〝一時的湿地帯〟から成っている。この地域は便宜上、チグリス川の東を〝東部湿地帯〟、チグリス川の西とユーフラテス川の北を〝中央湿地帯〟、ユーフラテス川の南とシャットル・アラブ川の西を〝南部湿地帯〟とに分けることができる。また、クートでチグリス川と分かれ、南西のナーシリーヤ方面に向かって流れるシャットル・ガッラーフ川のシャトラより下流にも、恒常的な湿地帯がある。アマーラの北東の平原にイランの山麓丘陵地帯から流れ出るティブ川とドゥアーリジ川から溢れた水が広がって〝季節的湿地帯〟になるところや、チグリス川の西でアマーラから二四キロほどのところにあるアルブー・ダラジ一族の居住地が小さな〝季節的湿地帯〟になることもある。洪水で水位がもっとも高くなったときには、湿地帯に隣接する砂漠の非常に広い地域が一面の水に覆われる。その広さは年によって違うが、バスラの郊外からクートに至る三〇〇キロ近くまで広がることもある。水が引いてしまうと、浸水地の大半は元の砂漠に戻る。

春には、イランとトルコの標高の高い山々からの雪解け水がチグリス・ユーフラテス川に洪水を起こす。湿地帯はこの二つの川の数百年にわたる洪水と氾濫の結果できたものである。チグリス川の水を引く東部と中央湿地帯は、バグダードでそのうちの八〇パーセントが消えてなくなる。ユーフラテス川自体は、ナーシリーヤの南でいくつもの運河に吸収されて消えるが、拡散された水はやがてホール・アッサナフ湖に注ぎ、さらにカルマト・アリー運河を通ってバスラの北数キロのところでシャットル・アラブ川に合流している。スーク・アッシュユーフとクルナの間に古くからある水路は、今でもユーフラテス川として知られているが、実際にここを流れている水はチグリス川の右岸から溢れ出たものである。

最近まで、チグリス川とユーフラテス川は別々に流れてペルシア湾に注ぎ、堆積した沈泥が次第に海岸線を南へ南へと押し広げてきたと信じられていた。一九五二年に初めて、G・M・リー博士とN・L・ファルコンが口火を切った現在の説によれば、堆積した沈泥の重みがそれに伴う地表の沈降をもたらしているため、海岸線は聖書時代以来、おおむね変化しないままであるという。チグリス川では例年の洪水で水位がもっとも高くなるのは五月で、ユーフラテス川はその一カ月後である。六月以降は、両方の川の水位が下がり、九月から一〇月には水位は最低になる。一一月には通常、水位はほんの少し上昇し、冬の間に次第に高くなり、冬から春にかけて突然、短期間の洪水が起こることがある。

中央湿地帯は、たぶんここから旅をスタートしたためか、私がもっともよく知っている地帯である。実際、ここを故郷のように感じている。何年もいるうちに、たとえどんなに小さな部落でも、ほとんどすべての部落を訪問せざるを得なくなり、その大半には何度も出かけた。カヌーを持つようになってからは、カヌーボーイもここの出身者になった。彼らに仲間として受け入れられてから、彼らの仲間の部族民にも仲間入りさせてもらった。カヌーボーイたちはずっと私と一緒にいてくれ、彼らの村は私が探検を終えて戻ってきたときの基地になった。東部湿地帯もかなり隅々まで旅したが、そこに住む人々のことはあまりよくわからないままだった。私が提供できた医療サービスは歓迎されたが、依然として私はよそ者のままだったのである。南部湿地帯はほんの少し見ただけである。

フィレンツェで数カ月一緒に過ごしたジョン・ヴァーニーによる助言と手助けに深く感謝する。彼は次々に出る原稿を限りない辛抱強さをもって読み、たくさんの改良を加えてくれた。校正刷りを読んで、間違いを正し、たくさんの貴重な提案や配慮をしてくれたヴァル・フレンチ・ブレイクとジョージ・ウェッブにもお礼申し上げる。グラハム・ワトソンは私にこの本をぜひ書くように勧め、彼もまた、私を励まし、助言を与えてくれた。地図を作成してくれたK・C・ジョーダン、私の撮影した写真を注意深く現像、焼き付けし、本書のためのプリントを作成してくれたホワイトホールのジェイムズ・シンクレア商会、自然史博物館のスタッフその他の私の調べものを手伝ってくれた大勢の方々にも深謝する。

ウィルフレッド・セシジャー

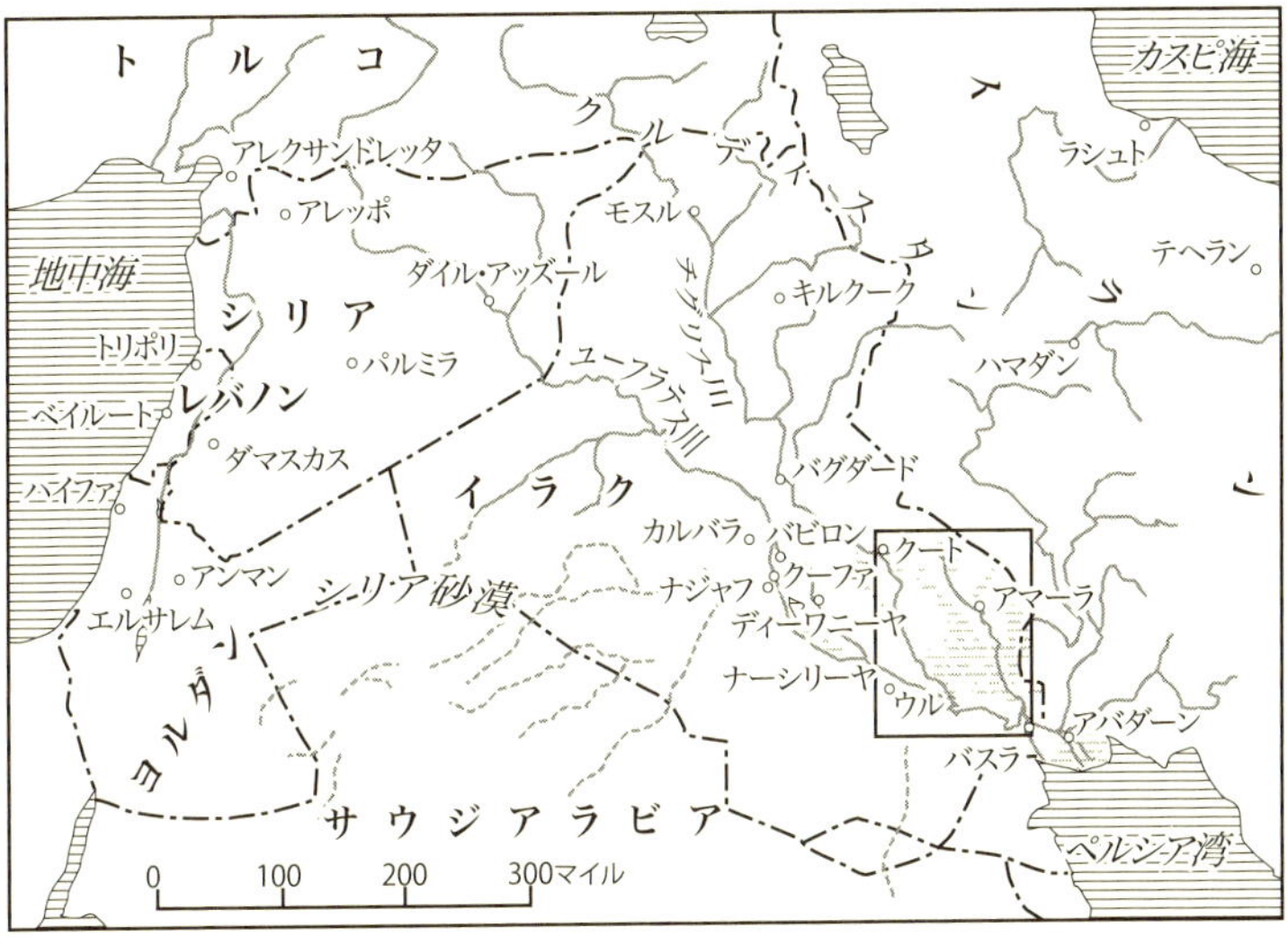
トルコ
カスピ海
クルディスタン
イラン
アレクサンドレッタ
ラシュト
アレッポ
モスル
テヘラン
地中海
ダイル・アッズール
キルクーク
シリア
チグリス川
トリポリ
パルミラ
ハマダン
ベイルート
レバノン
ユーフラテス川
ダマスカス
バグダード
ハイファ
イラク
カルバラ
バビロン
クート
アンマン
クーファ
ナジャフ
アマーラ
シリア砂漠
エルサレム
ディーワニーヤ
ナーシリーヤ
ウル
ヨルダン
アバダーン
バスラ
サウジアラビア
ペルシア湾
0
100
200
300マイル

イラク

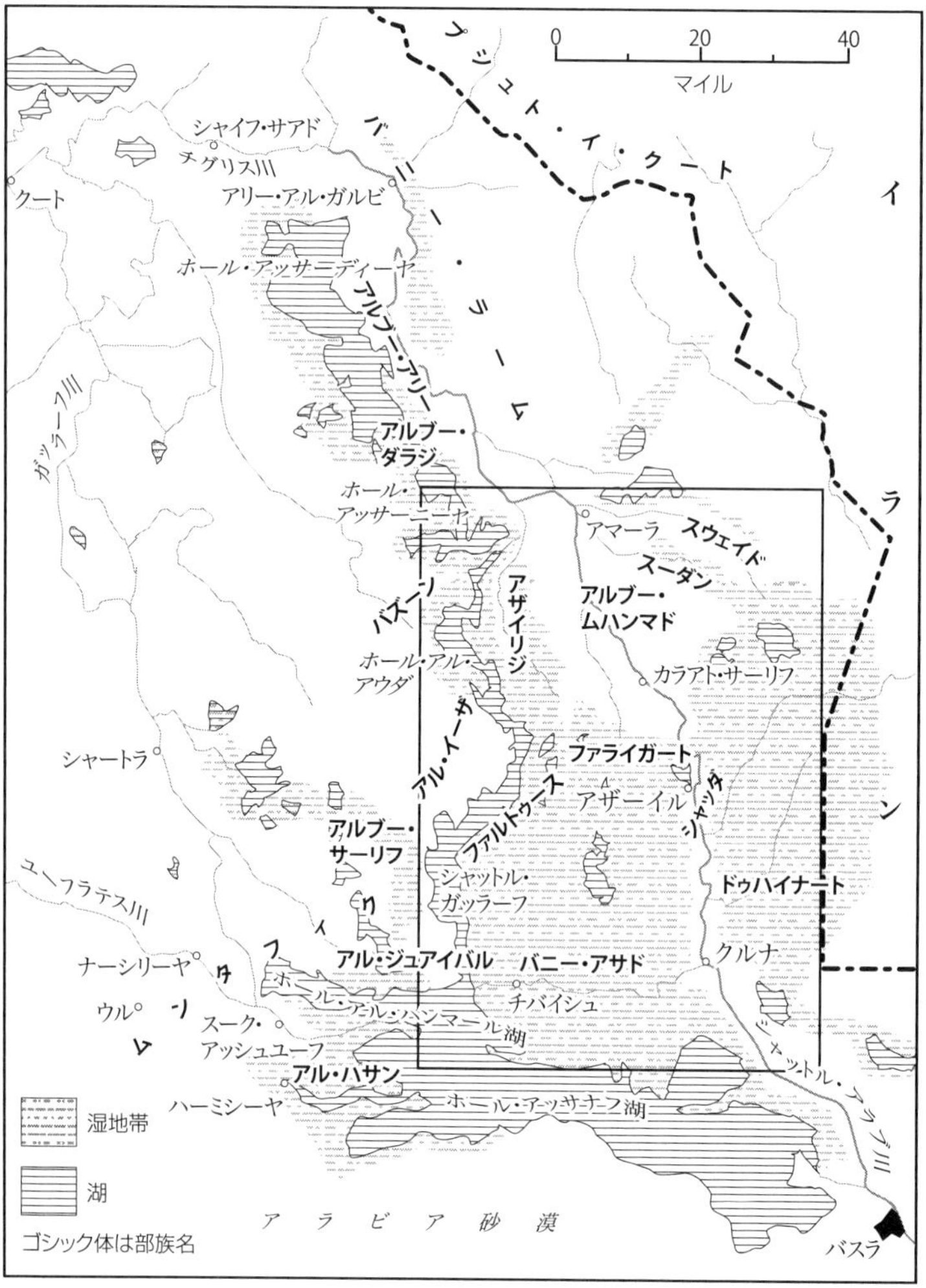
0 20 40
マイル
プシュト・イ・クートイラン
バニー・ラーム
シャイフ・サアド
チグリス川
クート
アリー・アル・ガルビ
ホール・アッサニディーヤ
アルブー・アリー
アルブー・ダラジ
ガッラーフ川
ホール・アッサーニーヤ
アマーラ
スウェイド
スーダン
アルブー・ムハンマド
アザイリジ
バズーン
ホール・アル・アウダ
カラアト・サーリフ
アル・イーサ
シャートラ
ファライガート
アザーイル
シャッダ
ファルトゥース
アルブー・サーリフ
シャットル・ガッラーフ
ドゥハイナート
ユーフラテス川
ムンタフィク
アル・ジュアイバル
バニー・アサド
クルナ
ナーシリーヤ
ウル
チバイシュ
スーク・アッシュユーフ
ホール・アル・ハンマール湖
シャットル・アラブ川
アル・ハサン
ハーミシーヤ
ホール・アッサナフ湖
湿地帯
湖
アラビア砂漠
ゴシック体は部族名
バスラ

イラク南部

第1章　湿地帯の光景

一日中馬に乗って平原を行く。蹄《ひづめ》が巻き上げる土埃で息が詰まりそうだった。よくあることだが、このところずっと雨が降っていないのだ。せっかく芽生えた植物は枯れ、ひび割れた地面に散っていた。地平線に向かってゆっくり進む速度の目安になるような茂みもなければ、岩一つなかった。私たちの乗っている馬の鞍《くら》は、ありきたりのアラブ式のものだが、板のように硬い。鐙《あぶみ》はえらく後ろにぶら下がっているので、前のめりにまたがり、カウボーイ用の鞍から突き出したような前橋《ポメル》に身体を食い込ませるようにに押しつけざるをえない。アメリカの鞍はたぶん、こうしたものに由来しているのだろう。アラブ人が考え出してスペインに伝え、スペイン人が新世界アメリカにもたらしたに違いない、とふと思った。

同行のドゥーガルド・スチュワートは馬に乗ったことがなかったので、私たちは並足《なみあし》で馬を進めた。彼はアマーラの英国領事館の副領事をしていて、まだ二九歳のたいへん才能のある人物だが、キャリアの最後にクロアチアのスプリトの領事になりたいという以外に野心はなかった。あそこなら水鳥猟がいくらでもできるからだ。私たちは昔のイートン校生がよくやるように、思い出を語り合った。彼はもともと学者肌で、足が悪くて、二回の手術でさらに悪くしてしまったようだが、それでもイートンの陸上競技で何度も優勝していた。私の二本の足は健常なのに、一度も優勝旗をもらったことがない。

その夜、私たちはバズーン一族の土地でキャンプし、ライスとヒツジの食事の大盤振る舞いを受けたあと、族長のゲスト用テントで地面に寝た。そのテントは一一本の柱で支えられていて、ほかのものよりはるかに大きかった以外は、周囲にある黒いヤギ皮を張った仮小屋と変わるところはなかった。どのテントも一方側が同じ方向に開いていて、その前にロープをかけた馬が一頭か二頭、杭につながれていた。隙間なく群がるヒツジとヤギは、押し合いへし合いし、その一部はそれぞれのテントの中にもいた。夕暮れに、羊飼いの若者たちが、金色の土埃の中を移動するそれぞれの動物の群れを追い込んでくるのを私は見ていた。ヒツジやヤギの鳴き声が一晩中あちこちで響き、犬の吠え声が大きくなったり、静まったりした。

私は南アラビアの砂漠で知った心の平安を取り戻そうとして出かけたイラクのクルド人地区から南へ下ってきたところだった。アラビアの砂漠ではベドウィンと五年間一緒に暮らし、彼らと一緒に一万六〇〇〇キロに及ぶ旅をした。そこは、近代的な進歩の先駆者である鉱物資源探査隊が石油を探しにやってくるまでは、車の入ったことのない奥地だった。

イラクのクルド人地区にはずっと行ってみたいと思っていたので、国境の一つの端から別の国との境まで、若いクルド人を一人雇って、馬で旅をした。景色は自然のままで美しく、そこに住むクルド人はまだ、房の付いたターバンにだぶだぶのズボン、短い上着と飾り腰帯といった色も模様もさまざまの派手な民族服を着て、腰には短剣と拳銃を下げ、カートリッジが重そうな、装飾を施した弾薬帯をその上から掛けていた。私は、山裾を抱くように、平屋の屋上にまた平屋をひな壇式に建てた村や、草むらに育つリンドウ、夏中花をつけているニワナズナが彩りを添える裸山にある遊牧民の黒いテントで寝た。

茂みの中で地面を掘り返すクマもいるオーク林を走る急流に沿って歩いたり、一〇〇〇メートルもある岸壁沿いの道を縫うように行くアイベックスの群れを見下ろしたり、巨大なハゲタカが翼をビューッと風のようにうならせながら飛び去るのに耳をすませたりした。谷の両岸はアネモネで覆われ、山々には深紅のチューリップが咲き乱れるクルド地区の春は壮観だった。私は摘みたてで太陽のぬくもりの残るブドウ、近くの谷川で冷やしたブドウをむさぼるように食べた。

だが、イラクのクルド人地区を見たあと、また来たいとは思わなかった。歩きまわれる地域が限られていて、まるで高原の鹿狩場で獲物を追っているような感じだったのだ。この渓流の向こう側はトルコ、分水嶺の先はイランだとのことで、境界地点には制服姿の警察官が待機していて、私の所持していない査証《ヴィザ》を要求した。私が来るのが五〇年遅かった。半世紀前なら、ラワンドゥーズ（イラク領）を抜けてウルミエ（イラン領）へ北上し、ヴァン（トルコ領）まで行けたであろう。実際に想定される障害は、山賊や好戦的な部族だけだったと思われる。一般の認めるところでは、今、私が行こうとしている湿地帯は、イラクのクルド人地区より小さな地域だが、それ自体がまとまった一つの世界であって、その地区の大部分に私の進入が拒否されている大きな世界の一部ではない。そのうえ、アラブ人が好きな私は、たぶん、クルド人を本当に好きになれなかったのだろう。正直なところ、景色は気に入ったが、そこに住む人間にはあまり魅力を感じなかった。私がクルド語を話せないことも障害になっていたのは確かだが、もし話せたとしても、やっぱり好きにはなれなかったのではないかと思う。私にとっては場所よりも人間のほうが大事なので、アラブ人のところへ戻ることにしたのである。

翌日、ふたたび馬に乗って、代わり映えのしない平原を南下して湿地帯に向かい、途中、いくつかのテントで泊まって食事をし、馬を替えた。スチュワートが乗り換えた馬は、堂々としているが、御すのは難しい灰色の牡馬だった。これは彼の手に余りそうだと私が抗議すると、族長は私自身がその馬に乗りたがっているのだと思い込んで、この馬は「領事さま」のために用意したのだと言った。それからまもなく、スチュワートは不注意にかかとでその牡馬をぐいと突いたので、馬はいきなり駆け出した。彼は必死のあまり、手綱から手を離して、両手で鞍《くら》の前橋《ポメル》にしがみついた。同行の数人が馬を疾走させてあとを追い始めたが、それは牡馬を興奮させるだけだと気づいたので、「止まれ」と私は大声を上げた。スチュワートの両足はすでに鐙《あぶみ》から外れていて、転落は時間の問題だと思われた。地面が固いので、ぞっとするような事故を想定したが、三キロほど先で、スチュワートはまだ鞍にしがみついたまま、馬はくたびれて止まった。私たちが追いついたとき、彼はもう馬から下りて、自分の両手を見つめていた。彼の手のひらは、前橋《ポメル》の飾り鋲で皮がすりむけていた。「血だらけになっちゃったから歩くよ」と彼は宣言したが、私たちの馬もおとなしいという保証はなかったけれども、やがて気を変えて、その一頭に乗った。

陽はまだ高かった。過去に何度も洪水に遭った地面には深いひび割れができていた。族長が、よろめいたり、のろのろしたりするスチュワートにひっきりなしに忠告するので、「お願いだから、彼を黙らせてよ」と、彼は私に懇願した。陽が沈んでも、まだ湿地帯らしい徴候も、村落も、私たちが目指す方向に見えてこなかった。遠くにちらちら動く明かりが見えたのは暗くなってからである。バズーン一族がアル・イーサ一族の族長マズィアド・ビン・ハムダンに私たちが行くと伝えてあったので、彼は日が暮れてから捜索隊を送り出したのだった。彼らの先導で、私たちは湿地帯の縁《へり》にある宿営地に案内された。テント村の彼方に、目には見えない水の存在を身体で感じた。

マズィアド自身が出てきて、私たちを迎えた。小柄でずんぐりした体格だが、背筋をしゃんと伸ばし、一目見て威厳と権力のある人だという印象を受けた。客用のテントにはカンテラが灯され、人でいっぱいだった。彼らはみな、ライフルで武装していた。私たちが入って行くと、一同は立ち上がった。マズィアドは私たちを囲炉裏《いろり》の前の場所に案内した。コーヒーや紅茶が振る舞われる間、マズィアドは私たちの体調や道中のことなどについてありきたりの質問をした。みな静かで、姿勢を崩さず、だれ一人発言しなかった。人前では常に形式にこだわり、自分たちの威厳を意識する砂漠のアラブ人たちを私たちは面前にした。巨大な皿にライスと羊肉を山盛りにした定番料理にようやくありつけたのは、それから何時間も経ってからだったように思われる。それは美味しい食物ではないが、アラブ人は質より量を重視する。私たちがまず、数人の年配者と一緒に食べた。終わるとすぐに、マズィアドは何人かを名前で呼んで、皿を片づけさせた。ホストとしての彼は、全員が食事を終えるまで立っていた。彼らは順番に食べ、最後の人がすむと、彼はテントの外の暗闇にいた子供たちを呼び入れた。いちばん小さい子は真っ裸で、まだ三歳にもなっていなかっただろう。彼らは残っていたライスで腹を満たし、すでに肉のすっかりそぎ落とされている骨をしゃぶった。そして皿が片づけられると、残ったものをいくつかのボウルに集めて持ち帰った。骨は犬に投げてやった。最後近くなってから、コーヒー係の男が、皿に料理をほんの少し取り分けて脇に置いた。やっとそのときになって、マズィアドはやや離れた場所でつましい食事をとった。その間、私たちにはもう一度、コーヒーと紅茶が振る舞われた。ホストとしての彼は、客の最後の一人が食べ終えるまで、自分は食べないことにしているように思われた。翌日の食事時、私が観察していると、彼は自分のテントの前に立ち、だれ一人中に入らずに通り過ぎることがないように見張っていた。一日二回、彼は客のためにヒツジをつぶさせていた。客の数は一〇〇人はいただろう。こうした遊牧民は今でもしきたりどおりの暮らしをしていて、アラビアの砂漠伝来の基準によって他者を裁く。

その後数年にわたって、私は何度もマズィアドのゲスト用テントを訪れ、同じ部族のほかの露営地のあちこちにも行ってみた。夏の猛暑が耐えがたい間、私は湿地帯を抜け出して、馬を借り、遊牧民のところを訪ね回った。バニー・ラーム一族、バズーン一族、アル・イーサ一族、アルブー・サーリフ一族その他のたいていの部族を知った。こうした部族のなかには、春は国境を越えて、アネモネの咲く、新緑のまぶしいイランの山麓にまで移動する人たちもいたし、冬には男衆や少年たちがヒツジやヤギを追い、黒衣の女性たちはテントや支柱、敷物、寝具、小さな木箱、釜や皿、やかんなどをくくりつけたロバを追って、サウジアラビアやクウェートにまで南下する部族もあった。私は彼らが海のように何もない平原の蜃気楼の中を移動して行くのを何度も見かけた。

食事のあと、マズィアドは私たちを近くの葦の茎と筵《むしろ》でこぎれいに建てられた小屋に案内した。そこには私たちが寝《やす》むためのマットが置かれ、きれいな色のキルトが掛けられていた。思いがけないプライバシーの配慮に、スチュワートも私も感謝した。暗い水面を渡る冷たい風が、一晩中、格子戸を貫いて吹きつけ、岸を打つ波の音を聞きながらうとうとした。

明け方、起きて外に出ると、広大な水面の彼方に、曙光を背にして、遠くに黒い陸地のシルエットが見えた。私は一瞬、それを見つめた者は感覚を失うという伝説の島「フファイズ」を思い浮かべた。やがてそれは大きな枯れた葦の塊を見ていたのだとわかった。細くて黒い、舳先の高く尖った舟が私の足元の水際に係留してあった。それは族長の戦闘用のカヌーで、私を湿地帯へ連れて行くために待機させてあった。ウルに最初の宮殿が建設される前、人々は明け方、あのような家を出て、こうしたカヌーに乗り、ここから狩猟に出かけたのだろう。彼らの住居と舟の模型を、英国の考古学者レナード・ウーリー（一八八〇—一九六〇）が、「ノアの洪水」の痕跡よりもさらに深いところにあったシュメール人遺跡から発掘している。ここには五〇〇〇年にわたる歴史があり、その原型はほとんど変わっていない。

初めて湿地帯を訪れたときのことは忘れられない。囲炉裏《いろり》の火に照らされた横顔、ガンの鳴き声、餌を求めて飛び込んでくるカモ、暗闇のどこかから聞こえてくる少年の歌声、列を作って水路を移動していくカヌー、枯れた葦を燃やす煙の向こうに沈んでいく深紅の太陽、湿地帯のさらに奥へと続く、曲がりくねった細い水路。魚を獲る三叉のやすを手にしてカヌーに乗る裸の男、湿地帯で生まれ、初めて乾いた土地に上がってきたかのような水の滴る水牛。黒い水面に反射する星、カエルの鳴く声、夕方、家路につくカヌー、平安と連続性、エンジンなどまるで知らない世界の静けさ。私はふたたびこうした生活に、単なる傍観者としてではなく、住人とともに浸りたいという熱い思いが込み上げてきた。

第2章　ふたたび湿地帯の縁へ

　六カ月後、私は二人のアラブ人が漕ぐ、瀝青で塗装した水漏れしやすいカヌーで、チグリス川の支流を下り湿地帯に向かった。二人のうち一人はやせた老人で、ふくらはぎの半分までくらいの丈の、継ぎ当てした薄色のシャツを着ていた。もう一人はがっしりした一五歳の斜視の少年で、地面を引きずらないようにベルトでたくし上げた新しい白いシャツの上に、ヨーロッパ風のジャケットの古着らしいものを着ていた。二人ともイラク南部のシーア派部族民がよく使う、飴色に近い白地に黒い網目が入った九〇センチ四方の頭巾を被っていた。彼らは頭輪《ヘッドロープ》を使わず、頭巾を三角形にたたんで頭に巻きつけていた。老人はカヌーの先高の船尾に座り、私は彼の足元の船底の筵《むしろ》の上に荷物を置いてあぐらをかいた。荷物は二個の黒いブリキの箱で、一つには医薬品がいっぱいに詰め込まれ、もう一つの箱には本、フィルム、弾薬カートリッジその他のがらくた類が入っていた。二つの箱の上には毛布や着替えを詰め込んだ、派手な色のクルド製の鞍袋が置かれていた。そこから突き出しているのがカンバス地のケースに入った散弾銃と・二七五口径のリグビー・ライフル銃だった。

　川幅は三〇メートル近くあり、流れは速く、見るからに深そうだった。私が船べりを摑むと、指先が水に浸った。強い向かい風が小さな波を立て、しぶきが私と荷物に降りかかった。私はちょっとでも動くと船がひっくり返ると思い、じっとしていた。だが、アラブ人二人はそんなことを気にかけず、カヌーのバランスをうまく保ちながら動き回った。

　少年は漕ぐのを小休止して身体の向きを変え、屈んで風をよけながらタバコに火をつけた。老人は立ち上がり、畑で働いている友人を目で探した。カヌーの船底に座っていた私には、高さ一メートル前後の傾斜がきつい堤防しか見えなかった。堤防は主流から水を取り入れる灌漑水路とところどころで交差しており、上部は身の丈半分くらいの埃っぽい青みがかった緑のとげのある低木に覆われていた。堤防の水平部までたどり着けないカメが後ずさりして滑り落ち、にごった茶色の水にバシャッと音を立てた。彼らのうちのあるものは、直径六〇センチほどの柔らかい甲羅を持った扁平な形をしており、泳ぐと甲羅の端に波が立つ。小さいものは、普通のカメによく似ていた。斑《まだら》の羽をしたヒタキが矢のように飛び去り、空中で一旦停止して激しく羽をばたつかせたあと、水面に急降下する。トビが頭上を旋回し、ミヤマガラスの群れがときどき堤防の向こうの耕作地からけたたましい音をたてて飛び立った。埃っぽい靄《もや》が空にかかり、すべてがくすんだ土色に見えた。

　通りすがりの風雨にさらされた灰色の干草の山のように見える葦の小屋が並ぶ部落では、泥の堤防の上に引き揚げられた黒いカヌーだまりの間の水べりで黒衣の女たちが食器を洗っていた。小屋から一人の男が出てくると、私たちの舟のアラブ人老人が、「あなたがたに平安を《アッサラーム・アライクム》（こんにちは）」と挨拶した。その男は「そちらさまにも《アライクム・アッサラーム》」と答え、「寄って食べて行きなよ《フィーラ・フー》」と言った。私たちは、「もう食べたよ《カーフー》。神のご加護がありますように《アッラーフ・ヤファファーザック》」と答えた。五、六匹の犬が狂ったように吠えたり、唸ったりしながら横の土手の上を私たちの舟と平行に走ってきたが、溝が広すぎてこちらに飛びかかれないとわかると止まった。

一九五一年二月の第一週の朝、私はアマーラを出発し、マジャール・アル・カビールでカヌーを雇って、八キロ下流の沼べりにあるファーリフ・アル・マジードの家まで行ってくれと頼んだ。彼の父、マジード・アル・ハリーファは二万五〇〇〇人の戦士を抱える有力なアルブー・ムハンマド一族の二人の大族長の一人であった。私は湿地帯で数カ月過ごしたいと思っていたところ、アマーラ駐在の英国副領事デューガルド・スチュワートは、ファーリフがいちばん私の役に立つのではないかと言ったのだ。

私はカヌーの船底にぎこちなくうずくまって、川のカーブを曲がるたびに、沼が見えないかと期待して前方を見渡した。だが、茶色の川はどこまでも続く平地を流れるだけだった。

しかし次のカーブで川は二つに分かれた。主流に面したところには、大きくて立派な葦葺きの住居がずらりと建ち並んでいた。その後方の空き地には要塞のように屋上の平らなレンガ造りの平屋があった。だが、もっと目を引かれたのは、蜂蜜色のマットで屋根を葺いたかまぼこ型の建物だった。屋根の四隅から先の尖った四本の柱が突き出ていた。この建物は二つの川の間の台地からも見えた。「族長ファーリフのゲストハウス《ムディーフ》だ」と老人は言った。戸口に立っていた若者が中に入ると、すぐに数人の男が出てきて私が上陸するのを待ち構えた。「族長のファーリフだよ」と老人は黒地の上着の上に茶色のきれいに編んだ外衣を羽織ったがっしりした人物を指して言った。

カヌーの船首が土手に触れると、少年はたくみに岸に飛び移ってカヌーを押さえ、舟を揺すって岸沿いに停めた。老人は舟から降りてファーリフに近寄り、彼の手にキスしながら、「おお、族長さん《ヤー・ムハーファズ》、アマーラから英国人をお連れしました」と言った。ファーリフは私を見おろして、「ようこそ」と挨拶した。彼は精力的で精悍な顔つきをしており、短く刈った口髭を残してきれいに剃り、黒いふさふさした両方の眉毛は肉付きのよい高い鼻の上で重なり合わんばかりであった。彼はよく見かける黒白模様の頭巾に太くて黒い頭輪《ヘッドロープ》をしていた。私が立ち上がるとカヌーが揺れて、舟べりから水が流れ込んだ。ファーリフはカヌーの漕ぎ手たちに、「ちょっと待った」と声をかけ、「早く、彼に手を貸せ」と叫んだ。彼は力強い手を差し出し、私を岸に引き揚げ、「ようこそ」と繰り返した。そして、そばにいた男に身を向け、「ゲストハウスにこの英国人の持ち物を運ぶように」と命じた。それから彼は戸口まで私を案内し、「どうぞお入りになって、おくつろぎください」と言った。私は靴を脱ぎ、柱と柱の間を通り抜けた。皮を剝いた大葦の茎をしっかりと束ねた柱は、周囲二・四メートルもあり、表面は磨かれてつるつる、ぴかぴかしていた。

　大広間は煙の匂いが立ち込め、陽光のまぶしい外から入ったせいか室内はほの暗く見えた。ぼんやりした人影が壁に沿って立ち並んでいた。私は大きな声で「あなたがたに平安を《アッサラーム・アライクム》（こんにちは）」と呼びかけると、「そちらさまにも《アライクム・アッサラーム》」と彼らは一斉に答えた。私たちは筵《むしろ》の上に広げられた色鮮やかな絨毯に座り、ほかの人たちは壁に沿って腰を下ろした。ライフルの所持者は銃を前に置いた。私は部屋の奥に青色と金色の二枚のきれいな古い絨毯があるのに気づいた。それは私たちが座る上席に現代風の絨毯を敷くため、向こうに押しやられたものらしい。部屋のいちばん奥の壁の前には木製の収納箱が置かれ、入り口の近くには、木枠に支えられた、水を満たした大きな素焼きの水差しがあった。ほかに何も家具はなかった。入り口から三分の一ほど入った中央部に囲炉裏《いろり》があった。小ぶりな火のそばに一ダースほどのコーヒーポットが並べられており、いちばん大きなポットは約六〇センチの高さがあった。アラブの風習では、先回までのコーヒー滓《かす》はこの大きなポットに入れ、色がなくなった液体はほかのポットを満たすために使う。いちばん小さいポットで作った淹れたてのコーヒーは、大事な客が到着したときに出されるのが常であった。私以外に長衣をまとっていない人物は一人だけで、その白いシャツを着た老人が伝統的な作法に従って忙しそうにコーヒーを淹れていた。コーヒー豆を炒りあげるとすぐにそれを小さな真鍮製乳鉢でひき、その鉢をリズミカルに叩く。その気持ちよい音が、族長のゲストハウスでコーヒーが供され、この音を聞いた人はだれでも相伴に預かれるという合図であった。それから老人は左手でポットを持ち、右手にエッグカップより少し大きい陶器のカップを二個重ねて持ち、上のカップにコーヒーを数滴注ぎ、ファーリフに差出したが、彼は私に先に注ぐように言った。今度は私が、そちらを先にと言って辞退すると、ファーリフはなおも私に先にと主張するので、老人が彼のために二番目のカップにコーヒーを注いでいる間に、私は先にコーヒーを飲んだ。コーヒーは濃く、苦かった。アラブの慣習を知っていたので、私は三杯のコーヒーを飲んだあと、十分飲んだことを知らせるためにカップを軽く振った。コーヒーの注ぎ手は室内をゆっくり回りながら目上の人から順にコーヒーを注いだ。ファーリフと私、それに私を連れてきてくれた二人のカヌー漕ぎ手たちにはさらに、胴がくびれ、金色の縁のある小さなグラスに入ったクリームなしの甘い紅茶を振る舞われた。ファーリフの長男で一六歳の少年が入ってきた。彼は父に似た大きな鼻を持っていたが、顔は細く弱そうな感じだった。ファーリフは彼を「あなたの従僕《しもべ》」だと紹介した。ファーリフは彼に昼食の準備をするように命じ、私に向かって、「あなた方が予告なしにお着きになったので、ちゃんとした食事をお出しできなくて申し訳ありません。でも、長旅でお腹がおすきでしょうから、ヒツジを殺す間お待たせするよりも、あり合わせのものでご勘弁願うほうがよいかと思ったのです」と言った。

アラブ人同士では主客の間の長い沈黙に気まずさはない。ファーリフは二、三度、「お元気ですか？」と私に尋ね、私はこんなときの決まり文句、「おかげさまで」と答えた。また、「旅はいかがでしたか？」

と彼は何度も尋ね、「おかげさまで楽しかったです」と私は答えた。それ以外に部屋にいるだれも発言しなかった。しばらくして、彼はふたたびその日の午前中の仕事に取りかかった。というのも、このようなゲストハウス《ムディーフ》は単なるゲストハウスではなく、部族長が朝に夕にそこに座って彼らの領地の運営、部族民の間の紛争処理を行なう謁見室も兼ねていたからだ。

ファーリフの父マジード・アル・ハリーファのような少数の族長は、広大な所領地を有し、年に数十万ポンドの収入がある。かつて土地は部族民のもので、族長は部族が彼に従うかぎり治めることができたのだが、近年になって族長は事実上、所有権を獲得していた。いまや定住部族民の間で族長は地主、部族民は農地を耕す労働者に落とされ、その代償として収穫の一部を得たが、土地の使用権は保障されていなかった。理論上はアマーラ県のすべての土地は公有地で、それを族長に貸し出すかたちになっている。しかし、族長は税金を払い、土地は自分のものだと思っているし、族長が有力者であるかぎり、だれもその権利を問題にしない。

族長たちはもはや司法権を持ってはいないと考えられているが、部族民の間のもめごとで、殺人事件を除いて政府の法廷にまで持ち込まれることはまずない。部族民は彼らと関係のない役人による裁判よりも、彼らがよく知っている部族長の調停を好むし、政府は概してそのような措置に満足している。

ファーリフはいろいろな案件を扱っていた。川の水位が上がる前に堤防の強化を命じたり、次期の米の収穫期の土地割当を議論したり、収穫割当未納者には納入を督促したりした。しかし、私は彼らが使う方言がよくわからなかったので、前に並んでいる人たちの顔かたちを観察した。この辺りのがっしりした体型の男たちと、きゃしゃな体型のアラビア半島の遊牧民《ベドウィン》との違いを、馬車馬とサラブレッドとの違いになぞらえて思い浮かべた。だが、このような状況で彼らについて判断するのは難しかった。男たちはそれぞれ長衣に身を包んで座り、この地方で流行《はや》りの太くて黒い頭輪《ヘッドロープ》で頭巾を押さえていた。彼らは規律正しく、気立てがよくてユーモアのある人たちであると私は感じたが、しかしまた、頑固で、また感情が高ぶるとすぐに腹を立てるのではないかと疑いもした。

ゲストハウス《ムディーフ》は、私がのちに計測したところによると、長さ一八メートル、幅六メートル、高さ五・五メートルあったが、実際よりはるかに大きく見え、とくに最初にその中に入ったときにはそういう印象が強かった。巨大な一一本の馬蹄形のアーチが屋根を支えていた。入り口の柱と同様に、これらの柱は巨大な葦の茎でできており、しっかりと束ねられていたが、地面から出たところでは周囲の長さは二・八メートル、頂上では七六センチあった。これらの葦は成長すると高さ六、七メートルにも達するという。この構造物を完成するために、直径五センチほどのケーブルに似た葦の束を建物全体の長さに合わせて連結し、アーチの外側に一本ずつ、上へ上へと結びつけていく。建物の内側から見ると、水平の肋材と垂直なアーチ間のコントラストはくっきりした模様のようだった。屋根自体は床に敷く筵《むしろ》に似たマットを重ねたもので覆われており、しっかりと四重の厚さになるように、肋材に綴じつけられていた。部屋の側壁は薄い黄金色であったが、天井は煙でいぶされて濃い栗色になり、ニスを塗ったような光沢を放っていた。

ファーリフの息子に指図されて数人の雇い人が現れ、柔らかいイグサで織った直径一・五メートルの丸いマットを私たちの前に置いた。その上に彼らはライスを盛った丸盆、野菜のシチュー、三羽のローストチキン、焼いた魚とナツメヤシの実を盛った皿、それに加えていくつかのカスタードの皿、バター・ミルクの鉢と甘味水《シャルバート》の水差しを置いた。もうすでに大部分の人たちはゲストハウス《ムディーフ》から退出していた。アラブの部族民は食事が出されるときは集まるのが普通であったので、私は彼らがそのまま居残るのではないかと思っていた。しかし、あとで知ったことだが、この地方ではゲスト用テントの中の住居を開放するのは遊牧部族の族長たちだけである。ほかの族長たちは、特別な行事の場合を除いて、雇い人は自分たちだけで別に食事するものと想定し、遠方からの旅行者のみをもてなすことになっているのだという。今日は、私自身とカヌーの漕ぎ手二人のほか、三人の老人たちがゲストとして居残った。

　ファーリフと彼の息子が私たちと一緒に食事をした。雇い人が水盤と水差しを持ちまわり、私たちは順番に手を洗った。それから、ファーリフは「さあどうぞ、ご遠慮なく」と言い、前屈みになって、ライスを盛った皿にシチューをかけた。彼は手でローストチキンをさばき、私のために特別に用意された皿にその大きな一切れを載せてスプーンとフォークを添えた。ほかの人たちは右手を使って皿から肉を取って食べていたので、私も同様にした。ファーリフはすぐに、「よろしかったらフォークとスプーンをお使いください」と言った。だが、私は何年も手を使って食べてきたし、アラブの習慣に慣れていると答えた。すると彼は、「それじゃあ、あなたはわれわれの一員だ」と言った。食事を終えると、ふたたび手を洗い、コーヒーと紅茶が振る舞われた。

　ファーリフが私のライフルに目を留めているのを見て、私は銃を彼に渡し、どう思うか訊いてみた。部族民はみな、銃に関心があったからだ。彼は銃のバランスをはかり、狙いを定めてみて、「これはいいライフルだ」——実際、そうだった——と叫び、アラブ人らしい好奇心から値段を知りたがった。それからやっと、期待していた私の旅行計画について尋ねてくれたので、湿地帯に入って、〝マアダン〟と呼ばれる湿地帯住民を見てみたいと話した。

「それはお安い御用です。カバーブ村へお連れしましょう。湿地帯の真ん中にある大きな村で、このゲストハウス《ムディーフ》の葦はその村から来たのです。村には私の父、族長マジードの代理人がいて、あなたがお泊まりになれるような家を持っています。カバーブ村ならマアダンがどんな暮らしをしているかわかりますよ。水牛と葦と水しかありませんがね。そこへはカヌーでしか入れません。乾いた土地はどこにもありません。狩猟がお好きなら、カモはまだいるでしょう」

　私は彼に礼を言ったが、実は数カ月、マアダンと暮らしたいと思っていることを説明した。「カバーブ村なら大丈夫です。サダムがゲストハウスを持っていますしね。しかしマアダンは水牛のような暮らしをしているのですよ」と彼は言った。「彼らの家は半分水に浸かっていて、蚊や蚤がいっぱいいます。彼らの家で寝たら、夜中に水牛に顔を踏まれるかもしれませんよ。マアダンは貧しい人たちで、まともな食べ物もなく、ライスとミルクがすべてです。ここに滞在して、行きたいときにいつでも湿地帯を訪問するほうがよいのではないですか。ここなら気持ちよくお過ごしになれるようお世話できます。あなたの家と思って、お好きなだけゆっくり滞在してください。ボートも漕ぎ手もいますから、行きたいところへどこでもお連れします。夜はここに泊まり、日中は湿地帯でお過ごしなさい。これが賢いやり方です」

　私は以前、アマーラの領事と一緒に湿地帯で数日過ごしたことがあると彼に言った。それでマアダンに興味を抱き、彼らをよく知るのには彼らの中で生活することだと思い、今回戻ってきたのだ。「私はこれまでずっと荒地を旅行して暮らしてきたので、不便には慣れています。最近五年間は、アラビア半島の空白地帯《ルブ・アル・ハーリー》で過ごしました。いつも空腹と喉の渇きに悩まされて、たいへんでした。ここには水はいくらでもある」

　ファーリフは笑いながら言った。「たしかに、ここでは水の心配はいりません、水の中で眠れますよ。あなた方英国人は物好きですね！　私が族長の仕事で向こうに行かなくてはいけないとき、湿地帯で一晩泊まれば十分です。泊まって楽しいところではない。ともかく明日はこちらにいてください。イノシシ狩りの手配をしますから。明後日にカバーブ村まであなたを送り、サダムにあなたのお世話を頼みましょう。今夕、よろしかったら、私と一緒に耕作地を回って歩いて、ヤマウズラでも撃てるかどうか見てみませんか？　それでは、少しお休みください」

「イノシシを撃ったことがありますか？」とファーリフが尋ねた。「用心しないとね、危険な動物ですから。つい一週間前、この近くで作物を見回っていた農夫がイノシシに襲われて死にました。今日は出遭わないと思いますが、ヤマウズラは見かけるかもしれません」

私たちは広い灌漑用水路沿いの堤防の上を一列になって歩き、空に向かってくっきりと伸びたナツメヤシの林に向かった。この人工の堤防の高みから、私たちはイラク南部の沖積層の果てしない平野を見渡すことができた。この平野を東に一六〇キロメートル先にはイランの山麓丘陵地帯があり、南に二四〇キロ行けば海に至る。三二〇キロ北にはバクダードがある。ユーフラテス川の西はアラビア砂漠と混ざり合う。私たちはしばしば、下流の耕作地に水を供給する溝を飛び越えなくてはならなかった。ときには、ナツメヤシの林に入り、九〇から一二〇センチもある、からみ合った、トゲのある淮木の荒地を通り抜け、その先の開けた土地に出ることもあった。地面は滑りやすいうえ、塩で白くなっており、塩分を好む淮木で覆われているところが多かった。私たちは数羽の黒ヤマウズラを追い立てて飛び上がらせたが、はしっこくて撃つ暇がなかった。村へ戻る途中、湿地帯のほうから空高く三羽のカモが飛んできた。ファーリフが発砲し、一羽を撃ち落とした。私は彼にお祝いを言い、まぐれ当たりかと思ったが、あとで彼が射撃の名手であることを知った。

村に戻ったのは夕暮れ時である。ゲストハウスでは、天井から紐で吊るされたランプが灯っていた。ハウス内には五、六人の若者が座っていた。ファーリフは、ゲストハウスは常にメッカの方に向けて建てられているので、日没の祈りは入り口に向かって捧げるのだと言った。ムスリムは夜明け、正午、午後、日没時、さらにそれから二時間後の五回、お祈りをすることになっている。この地方ではお祈りをする人は少なく、するのはもっぱら老人だ。祈りが終わると、ファーリフは食事を出すように命じた。夕食は前の食事とだいたい同じであるが、鶏肉の代わりにローストした羊肉、シチューも肉入りだった。雇い人たちは食事がすんだ皿を下げたあとすぐにマットレス、長枕のほか、緑、赤、黄色のシルクで裏打ちされた厚いキルトを抱えて戻ってきた。二人の老人は、その晩もそこに泊まっていた。ファーリフは少年の一人にライフルを持って夜が明けるまで見張るように命じたあと、私に「おやすみなさい」と言って、部屋を横切り、家族が住むレンガ造りの建物に向かった。

少年はランプを消し、残ったコーヒーを飲み、座って囲炉裏《いろり》の火をつついた。彼は大柄の、どちらかと言えば蒙古系のぞくっとするほど美しい顔を持っていた。老人の一人がいびきをかき始めると、少年はやめなさいとせっついた。やっと老人はぶつぶつ言いながら寝返りを打ったが、数分後にまたいびきをかき始めた。少年は私を見てにやりとし、「年寄りはよくいびきをかくね」と言った。

第3章　イノシシ狩り

コーヒー係のアブドゥルリダーが薄明かりの夜明けに現れ、囲炉裏《いろり》の火を熾《おこ》すと、ハウスの中はすぐに煙でいっぱいになった。少年はいなくなっていた。二人の老人は起き上がり、咳をしたり、唾を吐いたりしていた。彼らは形どおりに身を浄めてお祈りをささげ、囲炉裏《いろり》の前にうずくまった。寒そうだったので、私は布団の中にもぐっていたが、二人の雇い人が寝具を片づけに来たため、ようやく起き上がって彼らに加わり、コーヒーを飲んだ。雇い人がガラス皿の上に載せた米粉の薄いパンケーキと、やかんに入れて温めた甘いミルクの朝食を運んできた。それらが私たちそれぞれの前のカーペットに配られているうちに、明け方の太陽の光が入口の柱を黄金色に染め始めた。

一、二時間した頃、ファーリフが約束のイノシシ狩りに私を連れ出そうと、武装した雇い人の一団を連れてやって来た。彼ら全員がコーヒーを飲んだあと、ファーリフと彼の息子と同じカヌーに私も乗り込んだ。

そのカヌーは、一、二人乗りの美しい舟だった。全長は一二メートル近くあるが、幅は広いところで一メートルしかなかった。この舟はカラベル型で、船底は平らで、板張の外側には瀝青が丁寧に塗られていた。舟の前方はきれいなカーブを描いて上方に伸び、先細の長い舳先を形成し、船尾も先高の優雅なカーブになっている。船首と船尾から六〇センチほどのところはデッキになっていた。船尾から三分の一のところに漕ぎ座があり、さらに三分の二前方には強化用の横板が渡されていた。船底は可動式の板で覆ってある。肋材の上部には内側から板が張られ、直径六センチの平たく丸い鋲が五段にわたってちりばめられていた。これらの飾り鋲は族長専用船《タラーダ》であることの目印になっていた。後日、オスローで保存されていたヴァイキングの舟を見たとき、私はすぐにこの湿地帯の族長専用船《タラーダ》を思い出した。どちらの舟にも同様にすっきりした線の美しさがある。

　船尾に二人、舳先に二人の四人の漕ぎ手が並び、同じ側の二人が調子を合わせて棹を水中に突き刺し、必要ならば交替で船を動かした。彼らは船中でもライフルを自分のそばに置き、外衣は脱いでいた。だれもがカートリッジがぎっしりついた弾薬帯を肩にかけ、ベルトの前方部分に三月刀を差していた。

　湿地帯はファーリフのゲストハウス《ムディーフ》から四・八キロほど下流にあり、そこに近くなってから川の左側の土手沿いに二〇〇メートル近くある大きな村のそばを通った。アーチ型の葦の支柱の上に筵《むしろ》をくくりつけただけの家が、土手に平行に、大部分は近接して並んでいた。家々の前には数頭の水牛の仔牛がつながれており、親の水牛も歩き回っていた。二、三頭の馬に布がかけられ、前足に鉄の足かせがつけられているのに私は気づいた。ファーリフ自身の馬も同様の足かせをつけていたので、その理由を尋ねたところ、「馬泥棒よけです。ロープで馬をつないでおくと、泥棒はロープを切って、馬に飛び乗り、馬ごと消えてしまうのです。われわれの馬はサラブレッドで、高価なので用心しているのです」という答えが返ってきた。

「なぜ馬は布にくるまっているのですか？　寒くないのに」

「蚊にさされないようにです」

犬の群れが上方の土手沿いに走り、三、四メートルごとに止まって、歯を剝き出して狂ったように吠えた。どの犬の群れもそれぞれの縄張りの境い目に来ると、別の群れに私たちを引き渡した。子供たちは黙って見守り、ヴェールをかぶっていない女性たちが家から覗いていた。男たちはほとんどいないようだった。私たちが大きな家の下方にある土手に近づくと、ファーリフの雇い人が、「ザーイル・マハイシンだ！」と叫んだ。一人の老人が頭巾をしっかり結び直しながら出てきて、「ようこそ！　ようこそ、族長《ムハーファズ》さん！　お入り下され！　お入り下され！」と手招きし、コーヒーを飲まないかとしつこく勧めたが、ファーリフは断り、「男衆をカヌーで湿地帯へやったかね？」と尋ねた。

「はい、族長《ムハーファズ》さん、みんな行って、水路の入り口でお待ちしていますよ」

「葦の中にイノシシはいるかい？」

「はい、散らばっていますがね。水位が低いので葦の島に集まらないのです」

「さあ、乗って」と言うと、ザーイル・マハイシンは手際よくカヌーに乗り込み、船底の板の上に腰を下ろした。

舟の客はいつもカヌーの船底に座ることになっているが、いちばんいい場所は後方の漕ぎ座を背にした船尾に近いところである。舟を漕いでいるときは、二人が船尾の高くなったデッキに前後して座り、三人目の漕ぎ手は狭い座り心地の悪い前方の漕ぎ座の梁の上に座り、四人目は船首でひざまずいて漕ぐ。私はファーリフに、「この人たちは湿地帯住民《マアダン》か？」と尋ねた。彼はザーイル・マハイシンと微笑を交わし、

「いや、彼らは〝農夫《ファッラーフ》〟です。マアダンは湿地帯に住んでいる。あとでカバーブ村に着いたら彼らに会えますよ」と言った。

村に着くまでに私たちは小麦と大麦の畑をいくつも通り過ぎた。私たちがたどってきた水路には水が少なく、カヌーの漕ぎ手たちは族長専用船《タラーダ》を動かすのに苦労した。土手は低く、立ち上がるとその先まで見ることができた。水路の両側には数百メートルの雑草に覆われた泥地が太陽に照らされてキラキラと光っており、その先に葦の群生地が横たわっていた。それを背景に真っ白なショウジョウサギの一群が現れた。小さな溝の端に二羽の黄色いサギがうずくまって卵を温めており、数羽のカラスがごみの周りでやかましく争っていた。「ここに彼らが米を植えるのです。もうすぐ整地しはじめるでしょう」とファーリフが説明した。

前方に大勢の男たちとカヌーが見えた。近づいて舟から降り、今にも崩れそうな堤の土塊の上に危なっかしげに立った。ほかの人たちより身なりのよい数人の老人が、泥と水をかき分けて近づいてきて、ファーリフに挨拶し、キスをした。残りの大半は少年だったが、彼らは少し離れたもっと遠くの水辺に停めたカヌーに座ったり、立ったりしていた。一部の少年は黒か茶の外衣を胴まわりに巻きつけている以外は裸で、ほかの男の子たちは丈長のアラブ風シャツを着て、それを太腿のあたりまでたくし上げていた。そのなかの二人は、シャツを腋の下までたくし上げ、下半身が丸見えなのを気にもせず、浅い水中でカヌーを引っ張っていた。だいたいみんな頭にぼろ布のようなものを巻きつけ、短剣を身につけている者も多かった。何人かの少年は、瀝青の塊の重しをつけた棍棒で武装していた。私がその棍棒をじっと見ていると、少年の一人が愛想よくそれを私に手渡してくれた。一般的にこの人たちは体格がよく、中背で、肌の色は薄いが、外気にさらされて黒ずんでいる。顔だちは素直で明るく、目と目が離れていて鼻が大きかった。

彼らの瀝青を塗ったカヌーの大部分は小型だった。カヌーの総称は「マシューフ」だが、型とサイズごとに特別な名前がつけられている。底が浅く「マタウル」と呼ばれる猟鳥用の一人乗りカヌーも少しあり、それよりやや大型の二人乗りカヌーもあれば、私がマジャール・アル・カビールから乗ってきたのと同じサイズのものもあった。男たちはたいてい、魚を突くやすの太いほうの端でカヌーを動かしていた。このやすは恐ろしい恰好をした武器で、竹製のシャフトの長さは三・六メートルもあり、先がぎざぎざのついた五つ叉の巨大なバーベキュー用フォークみたいになっている。

こんなに人が大勢いるところでライフルを使うのは危険だから、ショットガンで武装したほうがいいとファーリフから聞いていた。実際、村人たちはたくさんの火器を持っているが、ライフルを持っているのはこちらのカヌーの四人の漕ぎ手だけだと知って安心した。第一次世界大戦中、地方の部族民は戦場で拾い集めた英軍やトルコ軍のライフルを所有するようになったが、その後、武装解除されることはなかった。リー・エンフィールド・ライフル銃の弾薬は、イラク軍と警察が使用しているので今でも購入できる。トルコ軍ライフルの弾薬は使い果たされて、なくなっていた。いくつかの村では、地元製の火薬と弾頭を空の薬莢に充填する職人がいたが、トルコ軍の弾薬に関していえば、薬莢そのものが危険なくらい薄くなってしまっていた。

第二次世界大戦中、イラクでは戦闘はほとんどなかったので、部族民が略奪する機会は少なかった。だが、イランでは、英軍が侵攻する前に陸軍と警察軍はほとんど崩壊してしまったので、兵士たちは自分のライフルを自宅に持ち帰った。部族民もまた、あちこちの駐屯地から弾薬を略奪していた。のちに、国王レザー・シャーのやり方を憶えていた彼らは、武器の所持が発覚したら情け容赦なく罰せられることを恐れて、その多くをイラクに密輸出した。当時、イラクではライフル一丁を五ディナール（五英ポンド）で買うことができたが、話によれば、今では一〇〇ディナールもするという。チェコスロヴァキア製のライフルは銃身につけられたBrnoというマークから「ブルノ」として知られていたが、ファーリフのカヌーの漕ぎ手たちはこのタイプの銃を持っていることに気づいた。

　ファーリフはある米作地の配分に関する不満を黙って聞いていたが、「いい加減にしろ。明日朝早く、日の出から二時間後にわしのゲストハウス《ムディーフ》に来い。ハサンも来るように言え」と言った。

　それからファーリフは尋ねた。「アザイムは来ているか？　彼を呼べ」。軽く足を引きずる背の低い男がいちばん遠くのカヌーの一隻から這い降りて、私たちのほうへざぶざぶと音をたてながら近寄ってきた。彼はこびへつらうような態度でファーリフの手にキスをした。「おまえはわしがジャーシムに払うように言った一〇ディナールを払ったか？」

「明日払うつもりでした、族長さん《ムハーファズ》」

「一〇日前に払えと言ったじゃないか」

「病気だったもんで。この二日間は留守していて……」

「昨日、おまえがマジャールにいたと聞いたぞ」

「医者に薬をもらいに行ったのです」

「医者になんか行ってるもんか。その日はヌサイフの結婚式に出ていただろう」

「ほんとですよ。誓ってもいい。わしは医者に行った。わしは必ず……」

「ちくしょう、この野郎、この金をすぐにジャーシムに返さなければ、おまえを罰すると言っただろう。この詐欺師、うそつき野郎。ヤシン、この男をハズアルのところへ連れて行き、わしが来るまで預かれと伝えろ。ハズアルにこの男を縛り上げろと言え。連れて行け！　早く！　このろくでなしめ、わしの命令に従わなければどうなるか教えてやる」

別の男が訴えを聞いてもらおうと前へ出てきたとき、ファーリフは、「もういい、イノシシを見せてくれ、わしはこの英国人が撃つところを見たいのだ」と言った。彼は私に、「あなたはあのカヌー《マシューフ》に乗ってください。舟の中では動くときは気をつけて。この男が舟を漕ぎます」

私は足元まで引かれてきた小型のカヌーに乗った。ファーリフと彼の息子はそれぞれ別のカヌーに乗り込み、残りの人たちを従えて葦の群生地を目指して出発した。水が深くなると、だれもが舟を動かしてきた棹や魚を突くやすを下に置き、カヌーに腰を下ろし、櫂を使って短く速いストロークで漕ぎはじめた。二人以上が舟に乗っているときは、同じ側が一緒にそろえて櫂を水に差した。

前日の靄は消え、薄く明るい青色の空のところどころに半透明の筋状の巻雲が浮かんでいた。櫂が次々と小さな渦巻きを作り出し、その輝く水しぶきが非常に冷たく見える澄んだ水に落ちていた。われわれは小川の河口からの泥水の流れから離れ、浅瀬に育つ灰色の蒲《がま》が倒れている草むらをあとにし、永久不変の湿地帯の大部分を覆う大葦《カサブ》の群生地帯に入った。竹に似たこの巨大な葦は、密集して育ち、高さ七メートル以上に成長する。頂点に灰色の房をつける茎は非常に硬いので、湿地帯の人たちはカヌーの棹として使用する。この季節、狭い水路と境界を接する群生地はまばらで、風通しがよかった。昨年の名残りの葦は淡い黄金色か銀色がかった灰色であったが、根元には一メートルほどの鮮やかな緑の新芽が育っていた。オオバンの小群が前方の水辺に沿って葦原の隠れ家へちょこちょこと走っていた。糞で白くなった葦の株の上で羽を乾かすために広げていた小型の鵜やヘビウが飛び上がり、水中へ飛び込んだり、水上すれすれに飛び去ったりしていた。サギが乾いた葦をなびかせて大きな音をたてて飛び上がり、長い脚を後ろに引いたまま飛び去った。

カヌーは少なくとも四〇隻はあっただろう。それが狭い水路を押し合いぶつかり合いながら密集して下り、水路の幅が広くなると分散して進む。漕ぎ手たちは叫んだり、笑ったりしながら先を競った。

まもなく葦の群生地が行く手を遮り、水路が狭くなったうえ、曲がりくねってきたので、湿地帯の奥へ進んでいるのか、岸辺に平行に進んでいるのかわからなくなってきた。そのうち突然、群生地が終わり、小さな隠れ場のような潟湖に出た。ワガモが鳴きながら飛び上がり、また頭上高くに戻ってきた。直径一メートルほどのものから、面積一エーカーかそれ以上の広さがありそうなたくさんの小島が潟湖の彼方を囲んでいた。湿地帯の人たちはこのような島々を「トゥフル」と呼んでいた。場所が一定しているものもあるが、浮かんで漂っているものもあった。どの島もみな、びっしりと大葦《カサブ》で覆われていた。丈はせいぜい二、三メートルしかない。さらに刃先がカミソリのように鋭いスゲのやぶ、キイチゴや小ぶりのヤナギ、数種類のツタ類などに覆われていた。これらの植物の下にはミント、ノゲシ、アカバナ属の多年草、湿地帯特有の雑草などが絨毯のように広がっている。

地面は固そうに見えたが触ってみるとじくじくしていた。実際、地面は根っこ類とその表面に枯れた植物の残骸の浮遊物が付着してできたものである。数年後、私は地表を焼き払ったばかりのそうした島の一つで草を食べているイノシシを撃ったことがある。そのイノシシはしっかりした地面に立っていたように見えたが、一時間後にその場所を通ったときには、動物の死体は消えていた。「殺せなかったんだな。回復して逃げたのだろう」と私はつぶやいた。

「いや、いや、イノシシは完全に死んだ。沈んじゃったんだよ」と同行者は答えた。

こうした島の一つでファーリフのカヌーが私の舟に近づいて並んだ。「ここが目当ての場所だ」と彼は言い、ほかの者たちに「さあ来い、この島にイノシシがいるかどうか調べろ」と叫んだ。数人の男たちがやすを前方にかざしながら島に上った。だが、いなかったので、ほかの島を調べ、さらに第三の島を当たった。二羽のヨシキリが葦の間をぴょんぴょんと跳び回っているのを眺めていた私は、大きな衝突音とそれに続く叫びに驚かされた。「あそこだ！　急げ！　よく見ろ！　おお、四頭だ」。やがて水しぶきと静寂。

「どこへ行った？」と別の声。

「水に潜ったぞ。わしの足元から一頭立ち上がりやがった、なんてこった！　ロバくらいの大きさだ、ほんとだぜ！」

「やすを投げたが外れた。三頭の仔連れ雌イノシシだ」とまた別の叫び声。

「ここへ来たんだ。早くこっちへ来て囲め」とさらなる喚声。

私たちは二つの島の間の水路に突っ込んだが、漕ぎ手は急いでバックして広い水面に脱出し、ほかの数隻のカヌーと合流した。狩猟場所はほかの島に移っていたので、急いでそこへ行こうとしていたとき、さらに大きなどよめきが起こった。甲高い歓声を遮って、男の笑い声と叫び声が聞こえた。「やったぜ。仔の一頭だ。やすで突いた。水の中にいる。溺れさせているところだ」

ファーリフのカヌーが通り過ぎた。彼は外衣を脱ぎ、自分で舟を漕いでいた。「でかいやつはどこへ行った、マナティ？」と彼はこれまで狩りを指揮していた元気な老人に尋ねた。

「そこの大きな島へ逃げたと思います、族長《ムハーファズ》さん……。ほら、ここに足跡があります。さあ、やつを追い出しましょう！」

マナティは二人の男を連れて葦の茂みに消えた。私は彼らが動き回っている音を聞くことができた。その中の一人が、「こっちじゃないよ」と言うと、すぐにマナティが、「ここに足跡があるぞ」と叫んだ。だが、何も起こらなかったので、私は彼らがイノシシを見失ったのかと思っていた。そのとき、遠くの方角からバリバリという音が連続して聞こえ、「やられた！　やられた！」という叫び声が上がった。「マナティがやられた。おまえら早く行け、早く！　武器を持っているやつはどこだ？」とだれかが叫んだ。

多くの人たちは彼の呼びかけに答えて、葦の間で水しぶきを上げた。

ファーリフと私、ほかの何人かがカヌーを必死に漕いでその島の裏側に達すると、マナティが大きな目のカヌーに助け入れられているところだった。彼の血に染まったシャツの半分がちぎれ、目は閉じたまま横たわっていた。右の臀部に私の握りこぶしが入るぐらいの穴が開いていた。ファーリフは彼の上に身を屈めて心配そうに、「マナティ、具合はどうだ？」と尋ねた。老人は目を開き、「大丈夫です、族長さん《ムハーファズ》」とつぶやいた。ファーリフはすぐにヒッル川の河口まで引き返せと命じた。幸い、そこまではそんなに遠くなかった。

帰途、カヌー漕ぎの少年が、「食いついたのは雌イノシシだ。雄なら牙《きば》で突き殺されていたかもしれない」と言った。

「うつぶせに伏せたのがよかったんだよ。二年前、アルブー・バーヒト一族のところで雌イノシシに殺された男を見た。そいつははらわたの半分を引っぱり出されていたよ」とだれかが言った。

また別の男は、「去年、麦畑でサイイド家の若衆を殺した雄イノシシは彼をずたずたにしていたぜ。彼は一人で、武器を持っていなかったうえ、イノシシを踏んづけたに違いない。ちょうど収穫前だったんで、作物の丈が高かったんだ。彼は村のほうへ這い出したが、畑を出る前に死んじゃった」と言った。

少年が、「ハーシムがイノシシに乗っかったのを憶えてる？」と訊いた。

「ああ、たまげたよ」と私のカヌーの漕ぎ手が答えた。「あいつが弟と大麦畑を見回っていたとき、よぼよぼの灰色をしたイノシシを見たんだ。ハーシムの弟はそいつを撃ちとめたかったらしい。ちょうどファライガート一族からライフルを一丁を買ったばかりだったからね。ハーシムはとめようとしたが、彼は発砲してイノシシの腹を傷つけた」

「そうだ」ともう一人の男が口を挟んだ。「やつは射撃が下手くそだからな」

「イノシシは興奮して彼を突き倒した。それで腕をひどく切った。ハーシムはイノシシの後ろに回り、短剣を背中に突き刺した。そいつが彼に襲いかかってきたとき、彼は短剣を落としちゃったんで、イノシシの背中に馬乗りになった。イノシシは彼を乗せたまま逃げたのさ。彼はイノシシの耳を摑んだ。そいつは彼を乗せたままサイイド・アリの庭先まで来て、大きな溝を飛び越そうとして倒れた。ハーシムは二度とイノシシには乗りたくないと言ってたよ！」。それを聞いて、みんな一斉に大笑いした。

「イノシシは厄介ものだ」と年配者が言った。「作物を食い荒らすし、人を殺す。何とか絶滅させてほしいもんだ！　マナティを見てみろ。彼はもう役に立たん。あのイノシシに役立たずにされちまった」

　私たちは水路の入口に到着した。幅が広く高めの堤防のところで、ファーリフの族長専用船《タラーダ》と少人数の群集が待っていた。私たちは上陸し、マナティを乗せたままカヌーを引き揚げた。彼は横向きに横たわっており、一人の男が彼の頭と肩を支えていた。カヌーの底に残っていた水はわずかにピンク色をしていたところを見ると、出血は少なかったと思われたが、血のにじむ筋肉からちぎれた肉片が飛び出していて、見るのも恐ろしい光景だった。マナティは傷を見ようと少し動いたが、何も言わなかった。

　ファーリフの村に置いてきた私の箱の中には大量の医薬品が入っていた。私は医者の資格はないが、二〇年も未開地で過ごしているうちに、私が病人や怪我人を治療するのは当たり前だとみんなに思われるようになり、私もかなりの治療の経験を積んでいた。それに、機会あるごとに病院へ行き、手術を見学したので、多くの外科手術の知識を得ることができた。湿地帯で何年も暮らす間に、私はさらに多くの知識を得ることになった。

そこで私はファーリフに言った。「できるだけ早く彼をあなたのゲストハウス《ムディーフ》に連れ戻したほうがいい。そこでモルヒネを与え、傷を縫合してみます。しかし私にできることはあまりない。アマーラの病院へ彼を入院させる必要があります」

「わしを病院へ入れないでくれ」とマナティは懇願した。「病院じゃなく、村に置いてくれ。この英国人に治療を頼んでくれ」

「とにかく彼をあなたの村へ連れて行きましょう」と私は言った。だが、ファーリフは食事ができていると言い張った。「先に食べて、それから出かけよう」

私が腹を立てそうになると、マナティが笑いながら、「だんな、食べて、食べてくださいよ。わしは大丈夫だから」と言った。そして、「とにかくわしも腹が減っている。まだ先が長いから、何か食べたいよ」と付け加えた。

仕方なく私は折れて、食物が葦のマットの上に広げられているところへ行った。ライスとヒツジの脛《すね》とローストチキンの大皿、それにシチューの皿が並べられていた。私はとても食べる気がしないので、早く出発したいと思って立ち上がったが、ほかの人たちは順番に座り、みなが食べ終わるまで待っていた。そのあと、コーヒーとお茶が出た。私は苛立ちと忍耐を隠せなくなり、マナティのところまで歩いていった。彼はヒツジの骨を持っていた。私は彼が本当に何か食べたのかどうか疑った。死人のように血の気がなかったからである。

ファーリフの村に戻ったところで、マナティは病院へ送らないでほしいとふたたび懇願した。だが、ファーリフが説得して彼を病院に送ることになった。イノシシは彼の臀部から大きな肉片を喰いとったようだ。私はモルヒネを注射し、傷を洗浄して、そこにスルフォンアミドの粉末をたっぷり振りかけた。それから彼をできるだけ楽な姿勢でカヌーに乗せ、アマーラへの途中にあるマジャール・アル・カビールに送り出した。

一年後、彼の村で昼食をとったとき、ふたたび彼に会ったが、棒で身体を支えなければ動けないほどの不治の障害者になっていたのにはびっくりした。私がどのくらい病院にいたのかと尋ねると、「病院へ行ったんだが、入れてもらえなかったので帰ってきた。おかげさまで、あんたの薬で治ったよ。ほかに何もしなかった」と答えた。

だが、私は彼が病院の近くまですら行きはせず、ファーリフのゲストハウス《ムディーフ》から自分の村へ帰ったのではないかと疑った。

第4章　カバーブ村に着く

翌朝、ファーリフは私を三人の漕ぎ手付きのカヌーでカバーブ村へ送り出してくれた。「この者たちがあなたをサダムのところへお連れします。湿地帯住民《アマダン》の間で暮らすのに飽きたら、いつでもお戻りなさい。この家はあなたのものであることをお忘れなく。お元気でいっていらっしゃい」

私たちは主流を下りはじめ、もう一つのゲストハウス《ムディーフ》の前を通過した。漕ぎ手の話によれば、その建物はサイイド・サルワートのものだという。私はまもなく、その人物が、この地方の「サイイド」のなかでもっとも尊敬されており、その名声はイラク南部全域に及んでいること、またその結果、彼のゲストハウス《ムディーフ》はモスクのように神聖視されていることを知ることになる。今日では学があると自負するイラクの都会人は自分のことを「サイイド」と呼ぶが、そういう人たちは、トルコ統治時代なら、さしずめ「エフェンディ」と自称していたことだろう。つまり、「サイイド」とは、「ミスター」という意味にすぎず、取り立てて宗教的な意味はない。だが、部族民にとっては、「サイイド」はまだ預言者ムハンマドの子孫を意味する尊称なのだ。

サイイド・サルワートのゲストハウス《ムディーフ》の下方では、堤防沿いの小さな村に家が点在しており、一筋の

Pitt Rivers Museum, University of Oxford [2004.130.747.1]

カバーブ村で水面から顔を出して休む水牛たち

灰色の煙が家並みの上に漂っていた。水牛は黒い、むっつり顔の動物で、毛深い大きな身体で川のそばに立っていたり、鼻と太くて曲がった角のある頭だけを水上に出して水の中で休んだりしていた。さまざまな大きさのカヌーが堤防に沿って係留してあり、乾いた地上に引き揚げられているのは、肋材から外板がはがれ落ち、朽ち果てた舟の残骸だった。よくいる野良犬の群れが私たちを追いかけながら水辺から吠え立てていた。一軒の家の入り口から、一人の男が静かに見つめていた。「さあ、だんな、挨拶してよ」とカヌーの漕ぎ手の一人が言った。

私が、「あなたがたに平安を《アッサラーム・アライクム》（こんにちは）」と声をかけた。すると、「そちらさまにも《アライクム・アッサラーム》」と答えて、「寄って食べて行きなよ」と男は言葉を続けた。

「もう食べたよ。神のご加護がありますように」と私は答えた。

「上出来だ」と私の後ろの男が言った。「おいらの流儀を覚えてもらわなくちゃなんないからな。

今みたいに、舟に乗ってる男が岸にいる男に挨拶し、川を下る舟は川を上ってくる舟に挨拶するのがおいらの習慣なんだ」

村の下流地域では、土手の両側に並ぶヤナギの木はまだ枯れたままで、緑の新芽が顔を出しはじめたばかりだった。川面にしだれかかった枝の先は流れに浸かり、泥水に筋を引いたようだ。ヤナギ並木の向こうには、未開の椰子のジャングルが広がっており、開墾地には葦葺きの家々が建っていた。やがてまた川の分岐点に至り、私たちは右側の細いほうの支流に入った。小麦や大麦の畑、別の村落、泥の干潟を抜け、それから湿地帯の縁と蒲《がま》の群生地という昨日と同じ光景が続いた。

私たちは葦の群生地の中の狭い曲がりくねった水路を通ったが、最初の一キロ余りでは帰ってくる多数のカヌーに出会った。これらのカヌーには大葦《カサブ》の新芽の濡れた束が、舟が隠れて見えないくらいたくさん積み上げられていた。カヌーの漕ぎ手はときには二人、たいていは一人で、半裸の男や少年だった。「水牛の飼葉《ハシーシ》だよ」と私の教師を自称している男が言った。彼は「ジャハイシュ（小さなロバ）」と呼ばれていた。これはあだ名ではなく、本名だった。この部族民には、とても本名とは思えない名前を持っている者がたくさんいる。「ジャハイシュ」はまだまともな名前の一つだった。その後、さまざまな機会に出会った男や少年の名前を挙げると、チライブ（小さな犬）、バクール（雌イノシシ）、ハンズィール（ブタ）など、イヌやブタを不浄の動物と見なすムスリムの間ではぎょっとするような名前や、ジャライズィ（小ネズミ）、ワウィ（ジャッカル）、ザウバ（ハイエナ）、カウサジ（サメ）、アフリート（ジン、精霊）、バルール（糞）など変な名前もあった。こういう変な名前は、邪視をそらすため、幼い兄を亡くした少年につけられていることが多い。

私たちは飼葉《ハシーシ》を集めているところを通った。アラビア語で「草」という意味の「ハシーシ」という言葉は、この辺りでは飼葉にする葦の若芽のことを指す。裸の少年がカヌーの舳先に立ち、のこぎり刃がついた鎌で緑の若い茎を刈り、水がしたたり落ちる束をカヌーの背後に積み上げていた。彼は大きな茎のあるところへと、カヌーを一、二メートルずつ進めては何度も刈り取る。葦のカーテンの向こう側から話声や笑い声が聞こえてきた。よく通る紛れもない少年の声が、陽気な歌を唄っていた。漕ぎ手たちは舟を停めて聴き入った。「あれはハサンだ」と漕ぎ手の一人が言う。歌が止むと、「もう一曲頼むよ」とだれかが叫んだ。

このような光景は、その後の七年間にわたって馴染み深いものになっていった。あるときはクルド地方の雪山から湿地帯を越えて吹いてくる冷たい風のせいで、水が氷のように冷たい冬景色の中だったり、あるときは空気が湿気をたっぷり含んだ夏であったりした。丈高くそびえる葦の根元にできたトンネルの中は耐え難いほど暑く、おまけに、蚊が雲のように群れをなして飛んでいる。この辺りの春と夏はごく短いので、そんな季節はめったにないように思われた。だが、冬であれ夏であれ、あの笑い声と歌声は、湿地帯の人たちが食欲旺盛な水牛の飼葉集めに苦労している葦の群生地の光景と切り離せない。

「あの子はいい声をしている」とジャハイシュは櫂を取り上げながら言った。

「ああ、最高のうちに入るな。カバーブ村のチライブよりうまい」

「うん、たしかに。でも、声はいいが、やつは踊れない。おまえはアブドゥル・ナビの結婚式で〝ザカール・ビンタ〟を見たかい？　いやあ、まったく、彼の踊りは見ものだったよ」

〝ザカール・ビンタ〟とは何かと私は訊いてみた。その言葉はどうも「おんな男」を意味するらしかった。〝ザカール・ビンタ〟はプロの踊り子少年で、男娼でもあるとジャハイシュは説明した。またマジャール・アル・カービルには、結婚式などの祝い事のときに雇われて踊る者が二、三人いるという。彼らは部族民のなかで暮らしているのかと尋ねると、「いやいや、絶対一緒に暮らしてはいない。おいらのなかで踊れる男の子はいっぱいいるが、やつらは〝ザカール・ビンタ〟じゃない」と彼は答えた。

彼の仲間の一人が、「そういえばサイガルに一人いるよ。おまけに彼の息子マザンもすばらしい踊り子になりそうなんだ。まだ子供だが、ほんと、今でさえ親父よりずっとうまいよ」

もはや追い越すカヌーもなく、私たちの舟は黄金色の葦の間を通る静かな水路をほとんど漂うようにゆっくり動いていった。だれかが話すとき以外、櫂が水をかくときのしぶきと、舳先の下の水のささやきのほか、何の音も聞こえなかった。水路は次第に幅広くなり、やがて幅一キロあまりの小さな湖の畔に出た。その水は日の光を受けて鮮やかな青色をしていた。ジャハイシュは、「まっすぐ横切るよ。風がないから」と言った。湖にオオバンの大きな群れが休んでおり、その向こうにたくさんのカモがいたが、遠すぎて正確な種類はつかめない。私は銃を取り上げたが、われわれが葦の茂みから出るとカモは飛び上がった。

「やつらはこの季節、はしっこくてね」とジャハイシュは言った。「秋に渡ってきたばかりの頃来るといいよ。そうすればいくらでも獲れる。ファーリフはこの冬、ずいぶん獲った」

湖の向こうに見える葦の群生地は、かなり奥まった岸辺に沿った低い砂岩の崖のように見え、その背後のはるか彼方に実ったトウモロコシ畑があったことを思い出した。湖を渡りきったところでふたたび葦の群生地に入ると、二隻の大きな舟に出会った。舟には乾燥させた葦が積まれていて、私たちの舟がやっと通れる隙間しかなかった。二隻ともかなり大きく、船腹は高くて、全長約一〇メートルあり、舳先と船尾に唐草模様を彫り抜いたような飾りがついていた。どの舟にも三人の乗組員がいて、棹を水に差し込み、船べりに沿って舳先から船尾へ一歩、一歩と動いて舟をゆっくりと進め、船尾に達すると、また前へ戻って船を動かしていた。

「サダムはカバーブ村にいるかい？」とジャハイシュが叫んだ。

「ああ、一昨日ハラフのところから戻ってきた」。ハラフはファーリフの弟だ。「どこへ行くの？」

「サダムのところだ。ファーリフのところから英国人を連れてきたんだ」

「ファーリフはどこ？」

「家にいるよ」

「じゃあ、マジードは？」

「まだバグダードさ」

「こういう舟をバーラムというんだ」とジャハイシュが言った。「カバーブ村からマジードの新しいゲストハウス用に葦《ムディーフ》を運んでいるところだ」

そのあとすぐ、私たちは飼葉《ハシーシ》を積み、カバーブ村へ帰るカヌーを追い抜いた。水深は浅くなりつつあるのがわかった。大葦《カサブ》の間に蒲《がま》が生えていたからである。川幅が急に広くなり、イグサの生えた岬を回ったところで、そよ風がさざなみを立てて輝く広い水面に出ると、そこには水に映る何軒かの家がある集落があった。白い煙が家から薄青い空にもやのようにたなびき、黄色いイグサの壁がその向こうに見えた。この潟湖には六七戸の家が点在し、なかには数メートルしか離れていないものもあった。遠くから見ると、家々はまったく水の中にあるように見えたが、実際は建物とその前面のスペースがやっと載るくらいの巨大な白鳥の巣のような、じめじめしたイグサの集積物の上に建てられていた。いちばん近い家の前には、二頭の水牛が黒い外皮から水をしたたらせて立っており、近くには水に浸かっているのもいた。本土の家と同じように、家々はすべて大葦《カサブ》のアーチ型の骨組みの上に筵《むしろ》を載せたものだった。建物の一方は開いていて、カヌーを漕ぎながら通り過ぎるとき、中を覗くことができた。かなり大きいものもあったが、だいたいは建物の部類に入らないシェルターのようなものにすぎなかった。新しいものは鮮やかな小麦色をしているが、大部分は汚れた灰色だった。

どこでも人々は一つの小さい人工の島からほかの島へ用足しに行くとき、気軽にカヌーを使って乗り降りしていた。男衆や少年たちは腕いっぱいに飼葉《ハシーシ》を抱えて上陸し、自分の家の前に積み上げた。私たちが挨拶の呼びかけをすると、彼らは、「いらっしゃい、いらっしゃい。寄って食べて行きなよ」と答えた。四、五歳の男の子がカヌーに乗り込み、棹を使って舟を葦の群生地のほうへ移動するのを私は見つめた。腕に子供を抱えた若い女が、通りかかったその男の子に声をかけた。彼女は細面の美しい顔立ちで、黒い服を着て、頭には粗末な外衣を無造作にかぶっていた。別の家の前では、一人は赤、もう一人は緑の模様入りの長い上着を着た二人の少女が、木製の鉢に入れた穀物を長くて重い杵で脱穀していた。二人は代わる代わる上半身を前方に折り曲げ、声を掛け合ってリズミカルに穀物を打っていた。

サダムのゲストハウス《ムディーフ》は葦の群生地の端にある村のいちばん奥にあり、ほかの家々から少し離れたところに建っていた。それはカバーブ村最大の建物であり、村の中で乾いた土地に建つ唯一の家で、周囲の水面より一、二メートル高い切り立った黒土の台地のような小島全体を占めていた。水面近くにレンガ造りの土台が見えることから、この小島は古代遺跡の一つであることは確かだった。この島にはゲストハウスのほかにサダム一家が住む小さな家があった。私たちが近づくとサダムが出てきて、一人の少年に早くカーペットを持ってくるように肩越しに叫んだ。「ようこそ、ようこそ」と彼は呼びかけ、私が上陸するのに手を貸してくれた。彼は背が高い痩せた男で、顔には軽い疱瘡のあとがあり、薄い口髭以外はきれいに剃られていた。彼は茶色の外衣の下に白いシャツを着ており、頭巾と頭輪《ヘッドロープ》をつけていた。

彼のそばにしっかりした感じの一〇歳の息子アウダが立っていた。

私は入り口で靴を脱ぎ、中に入った。カバーブ村でただ一つのゲストハウス《ムディーフ》は七つのアーチを支柱にした粗末な造りで、南側が開いていた。高台にあるその場所から村全体が見渡せた。やや擦り切れた葦のマットが床を覆い、ガラスの黒ずんだランタンが壁に差し込まれた葦の茎に掛けられていた。

「こんちくしょう、あの子はどこだ?」とサダムはいらいらして怒鳴った。間抜けた顔の若者が二枚の大きなカーペットとクッションをいくつか持って現れた。「早く、おい、急げ。お客が来ているのがわからんか? そいつはわしに寄越して別のカーペット、いいのを持って来い」。若者は上等な小型の祈禱用マットを持って戻ってきた。サダムはいちばん奥の壁を背にしたところにそのマットを広げ、その横に長枕のような形をした赤い絹のカバーのクッションを置いて、私にお座りくださいと言った。「昼食を準備するように言いつけてくれ。それから商人のところへ行って魚があるかどうか見てこい。生きのいいやつをな。それからタバコ六箱と砂糖と茶を買ってきてくれ。そこの小さいカヌーで行け」と彼が雇い人にささやいたのが聞こえた。

そこへ大柄でがっしりした男が入ってきた。彼は妙に覇気がなく、少年の頃はたぶんハンサムだったと思われるが、今では軟弱でしまりのない顔だった。彼は一五歳くらいの息子と一緒に私たちに挨拶してから座った。「さあ、アジュラム、手を貸してくれ」とサダムが快活そうなその少年に言った。「コーヒー用の湯を沸かせ。水はその大きな甕《かめ》に入っている。火も熾《おこ》してくれ。薪《たきぎ》はあそこの隅にある。マッチはここだ」

雇い人が帰ってくると、サダムはタバコを一箱、私の前に投げ、私の連れにもそれぞれ一箱づつ放った。彼はタバコをもう一箱開け、部屋にいる全員に一本ずつ投げ与えた。

彼が私たちにコーヒーを振る舞っている間に男たちが数人入ってきて、そのあと、続々と人数が増え、二、三〇人になった。彼らは私やファーリフと一緒にイノシシ狩りに行った村人たちにタイプが似ていた。いちばん強い印象を受けたのは彼らの顔の幅の広さだった。数人の男たち、とくに一人の背の高い若者は、まるで蒙古人のような顔つきをしていた。大人はみな口髭を生やし、白いチョビ髭の老人も数人いた。髪は短く刈っていた。彼らはよく見かける頭巾とシャツ姿で、大部分の人は粗末な外衣をまとっていた。

サダムはアウダ、アジュラムと雇い人を従えて出て行き、やがてスープ二鉢、二羽の茹でたトリと、べとべとしたライスを盛った大きな丸いトレイを持って戻ってきた。アジュラムと雇い人は六〇センチくらいある焼魚と、焼きたてで灰の匂いのする、酵母の入っていない茶色い円盤状の厚めのパンを六個ほど持ってふたたび現れた。ジャハイシュは習慣に従ってサダムに一緒に食べないかと誘ったが、彼は断り、「食べなさい、食べなさい」と言った。彼はライスにスープをかけ、鶏肉をほぐしてわれわれの前に置いた。ベドウィンは常にライスを手のひらで丸めてから口に放り込むが、ここでは彼らは指先しか使わない。私は彼らが鶏肉と一緒にライスを食べ、魚はパンと食べることに気がついた。食事が終わると各人はてんでに立ち上がり、手を洗い、口をすすいだ。

私たちが食べ終ると、サダムはほかの人たちにも食べないかと誘ったが、彼らは一人一人、「ありがとう。もう食べました」と言い、断るふりをした。

「ばかなこと言わずに、さあ、食えよ」とサダムは彼らを促した。

「いや、とんでもない。いらない、いらない」と彼らは怒ったようなふりをして答えた。

サダムはしまいに一人の男の腕を摑み、力づくで引っ張って行こうとしたので、彼は立ち上がり食べ物のところへ行った。さらに何人かが断ったあと、仕方なさそうに食事に加わった者もいた。そのなかの数人は、「いらない。ほんとだよ、サダム。ほんとにもう食べたんだ。誓ってもいい、もうすんだんだ」と言った――アルブー・ムハンマド一族に特有の奇妙な誓いだ。結局食べた者のなかで、最初は「いらない」と言わなかった者はほとんどなかった。また彼らは犬を見るとすぐに部屋から追い出すが、猫はそばに座らせ、食べかすまで与えるのに私は気づいた。

さらにお茶とコーヒーが出たあとで、私の三人の漕ぎ手が立ち上がり、「神のご加護がありますように、サダム」とジャハイシュが言った。

「何だって？　帰るのか？　ばか言うな。ここに泊まれ」とサダムは叫んだ。

「だめです、おいらは仕事があるんで、帰らなくちゃならない」

「泊まれと言ってるのに」

「だめなんです、ほんとうに」と彼らは言って、「神のご加護がありますように」と繰り返した。

サダムは、「わかった、じゃあ元気でな」と言った。「ファーリフによろしく」と私も彼らに別れの挨拶をした。

「そちらもお元気で」と彼らは答え、部屋の隅に置いておいた櫂と棹を取り上げて出て行き、カヌーに乗った。

残りの人たちも帰ると、一人の老人がサダムのところに来て、「今日の午後、わしの家でお茶をするからこの英国人を連れてきてください」と言った。サダムは彼の招待を承諾するときに、彼に対してシーア派が使う宗教がらみの敬称「ザーイル」〔第八代シーア派イマームの廟があるマシュハド（イラン）への巡礼をすませた人への敬称〕を使っていることに気づいた。

イスラームでは、スンナ派とシーア派の間の分裂は、キリスト教のカトリックとプロテスタントの分裂と同じく基本的なものである。今日では、イラク北部はスンナ派、南部はシーア派に属し、この分断はかなりの政治的重要性を持っている。アラビア語では「シーア」とは、本来「党派」を意味するが、シーア派が最初の正統な後継者であると見なしている預言者ムハンマドの従弟で、娘婿でもあるアリーの党派だけをこう呼ぶようになった。これに対してスンナ派では、初代カリフのアブー・バクルが預言者ムハンマドの後継者であると主張している。

第5章　湿地帯住民《マアダン》の第一印象

預言者ムハンマドは、激しく争うアラビア半島の部族たちを、歴史上、初めて統一した。西暦六三二年に彼が死んでから一〇年以内に、彼と同じように貧しくはあったが、あくまで独立志向の部族民が砂漠を飛び出し、彼らに抵抗する規律ある立派な軍隊に勝利し、ビザンツ帝国からシリアとエジプトを、ペルシア帝国からイラクを奪取した。一〇〇年もしないうちに、アラブ人の帝国はピレネー山脈から中国の国境にまで広がり、かつてローマ帝国が支配した以上の広大な地域を配下にした。その功績は特筆に値する。なぜなら、彼らが立ち上げた国家は、ごく初期の頃から、対立関係や反目によって四分五裂していたからだ。

内紛は、初代カリフのアブー・バクルを継いだウマルが、六四四年に暗殺されたときに始まった。次のカリフであるウスマーンは、メッカの有力な一族の後継者であったが、軟弱な性格で、六五六年に暗殺された。彼の跡を継いだアリーは、ウスマーン暗殺の陰謀に関係していたのではないかと広く疑われていた。そこで内乱が発生し、ウスマーンの甥でシリアの総督であったムアーウィアが蜂起に参加した。断続的に続く戦闘と結論の出ない交渉が続いているうちに、アリーは六六一年にイラク南部の新しい都クーファで暗殺された。彼の遺体は砂漠に埋葬された。

アリーの長男ハサンは、性格が弱く放縦であったので、説得されると、難なくカリフの継承権を放棄した。シリアの有力総督であったムアーウィアがカリフになり、ダマスカスに有名なウマイヤ朝を創設した。この新体制は、イラクではまもなく人気がなくなった。なぜなら、人口の大半はイスラームに改宗したとはいえ、人種的にはアラブ人ではなく、アラブ人統治者の尊大さと圧制に腹を立てていたからである。ムアーウィアが死んだとき、クーファの人たちは蜂起を企てた。彼らはアリーの次男フサインに使者を送り、イラクへ来て蜂起を指揮してもらいたいと懇願し、万全の支持を約束した。フサインは同意し、女性や子供を含む小集団とともにメッカから砂漠横断の旅に出発した。旅の途上、彼はこの陰謀が発覚し、一〇人の首謀者は逮捕され処刑されたことを知った。彼はそれにもひるまず前進を続け、ユーフラテス河畔のカルバラーに到着した。フサインを待ち受けていたのは、新カリフ、ヤズィードが彼を迎撃するために送り、川に沿って布陣した四〇〇〇の軍勢である。たしかにヤズィードは彼の死を命じたわけでもなく、それを望んでもいなかった。フサインは安全に引き返すこともできたし、降伏することもできた。だが、彼は戦うことを選択し、それがイスラームの歴史を変えた。

彼が支援を頼みにしていた人たちは、だれ一人助けに来なかった。伝説によれば、はぐれ者の西洋人のような男がたった一人、フサインらの勇気に感銘を受けて彼の陣に参加したという。西暦六八〇年、アラビア暦一月《ムハッラム》一〇日にフサインと彼の一行は敵に向かって挑んだ。「時間はかからなかった」と目撃者はヤズィードに報告した。「ラクダを一頭殺して、ちょっと昼寝するくらいの時間にすぎなかった」という。フサインの首級はクーファに運ばれ、ヤズィードの総督に見せたところ、彼はフサインの唇を引き裂くように鞭を叩きつけた。ぞっとした沈黙が続き、一人の老人が、「ああ、神の預言者がこの唇にキスしたのを見た私が、この日を迎えるまで生きてしまったとはなんと悲しいことか」と嘆きの声を上げた。

シーア派信仰は、アラブ人の間でアリーと彼の子孫こそカリフの地位に就く資格があると主張する政治運動として発足した。だが、フサインの殉教死後、これは新たな宗教運動として確立され、アラブ人貴族階級に対する土着民の社会的不満を体現するものとして、とくにイラクとイランで盛んになった。シーア派信仰はまもなく、宗教改革がカトリック教会を分裂させたように、イスラーム教徒の分裂を決定的にした。正統スンナ派はアリーを第四代カリフ、つまりムハンマドの後継者として認めているが、シーア派は最初の三人のカリフはカリフ位の簒奪者と見なしている。彼らは預言者ムハンマドに続く使徒の血筋を継ぐイマーム〔共同体の指導者〕たちの教えを信じる。彼らの大半は一二人のイマームを信じており、アリー、ハサン、フサインが最初の三人、そのほかのイマームはフサインの子孫である。シーア派信仰によれば、サマッラーで謎の失踪をした最後のイマームであるムハンマドが、時満ちて「マフディー」つまり「救世主」として再臨するのを待ち望んでいる。

聖都ナジャフは砂漠の中にあるアリーの墓を中心に発展した。信者は墓の上に黄金のドームを持つ大モスクを建設し、今日でも異教徒は入場できない。今でも、遠く離れたインドから死者をこの聖地に運んで埋葬する人たちがいる。聖者アリーは、多くの人にとって預言者ムハンマド自身よりも偉大な、神に近い人物である。シーア派では、「アッラーのほかに神なし。ムハンマドはその使徒なり」という本来のムスリムの信仰告白に、「アリーは神意の実行者なり」と付け加える。フサインの遺体は、彼が戦死したカルバラーに埋葬された。その後まもなく、人々は祈りのためにここを訪れるようになり、やがてそこに町が生まれ、のちにこのもっとも偉大なシーア派殉教者の遺体を祀ったすばらしいモスクが建てられた。カルバラーとナジャフは世界中の巡礼者の目的地になっている。

私が初めて湿地帯住民を訪ねたとき、彼らは外界に対して極端に疑い深かった。彼らはカバーブ村からマジャールの市場には行くが、そこから三〇キロあまり離れたアマーラにはほとんど行ったことがない。バスラやバグダードを見たことがある者はわずか一人か二人だった。だが、だれもがカルバラーとナジャフを訪れたいと思っており、できれば自分の遺体がナジャフへ運ばれ、そこへ埋葬されることを願っている。


ザーイルの家へ行く途中、商人を訪問してみてはどうかとサダムが言った。私たちはサダムのカヌーに乗り込み、アジュラムに漕がせて、いちばん近い集落へ向かった。そこは、一つの〝島〟に二軒の家が建っており、旗のような白い布切れが、大きいほうの家の屋根に葦の茎に結びつけられていた。「商店はいつもああした目印をつけている。不案内の人でも店がどこにあるかわかるようにね」とサダムが言った。二頭の小さな茶色の雌牛と三頭の毛が汚れたヒツジが緑の葦の小山のそばで反芻していた。商人自身が島の端まで挨拶に出てきて、私たちのカヌーをたぐり寄せた。彼は刈り取ったイグサの上に立っていたが、その足もとは糞やがらくたが浮かんでいる汚い水の中に足の下一〇センチほどが浸かっていた。近くの水面に、葦の危なっかしげな土台にすり切れた筵《むしろ》一枚を目隠しに覆っただけの便所があった。これは文明の進歩のしるしだった。普通の湿地帯住民は近くの葦の群生地へカヌーを漕いで行き、舟影にしゃがみこんで用を足すが、慣れるにはなかなか技《わざ》が要る。

私たちが島に上陸したので、商人の息子は一匹の犬の頭上に櫂を振り回し、脅して鳴きやませた。二羽のニワトリが屋根の上へ飛び乗った。店の戸は梱包用の箱で作られており、南京錠が鎖にぶら下がっていた。中に入ると、商人は私が座れるように空《から》の茶箱を差し出し、息子にお茶の用意をするように言いつけた。商品はあまりなかった。「砂糖」という文字の入った袋が一つ、粉だらけの袋が一つ、それにナツメヤシの大きな袋、安物のインド茶の容器、灯油が一缶、イラク製タバコとマッチが数箱、棒石鹸数本、埃をかぶった頭輪《ヘッドロープ》一個などがあった。私はサダムのゲストハウス《ムディーフ》でこの商人に会ったことを思い出した。彼の片目が炎症を起こしていて、頭巾の端でしきりに目をこすっていた。

私は一人の少女が私たちカヌーのそばで、固形の汚物みたいなものをすくって取り除いてから水をやかんに満たしているのを不安な気持ちで戸口越しに見つめていた。だが、お茶は普通と変わらない味がした。お茶を待っている間に、私はどんな人が「ザーイル」と自称できるのか、サダムに尋ねてみた。彼の説明によれば、イラン北東部ホラーサーン州のマシュハデ・レザー（レザーの殉教地）にある第八代イマーム、アリー・リダー〔ペルシア語ではエマーム・レザー〕の聖廟にお詣りしたことのある巡礼者ならばよいのだという。私はたまたま、その前の冬にマシュハドへ行ったことがあり、モスクを拝観し、聖廟の周礼をすませていた。それが一九三三年にロバート・バイロンが変装して入場し、ペルシアでもっとも美しい建物の一つだと思ったという聖廟だった。一九五〇年でも異教徒が入場するのは非常に難しかった。同じモスクの中には、イマーム・アリー・リダーの死因に関わりがあったとしてシーア派から忌み嫌われている有名なカリフ、ハールーン・ラシードの墓もある。イラク南部では、距離は同じくらいであるが、全般的に見ると、メッカよりもマシュハドへの巡礼者のほうが多い。湿地帯に滞在中、私はたくさんの「ザーイル」に会ったが、「ハッジ」〔メッカへの巡礼をすませた者〕は三人だけだった。

シーア派はカルバラーとナジャフをマシュハドより神聖視しているが、イラク南部ではこの二カ所の巡礼者には何の称号も与えられない。数年後、私はアフガニスタン中央部の同じシーア派であるハザラ一族の居住地にいたとき、カルバラーへの巡礼者は「カルバラーウィ」と呼ばれているが、近くのマシュハドへの巡礼者は何の称号ももらっていないことに気がついた。それはどうも、単なる距離の問題であるように思われる。

ザーイルの家は、一メートルほどの幅の汚れた水がたまった溝で仕切られた数戸の家の一つで、各戸の開口部の前方には、家そのものより広い、水浸しの農地があった。朽ちた植物と糞が混ざり合った農地の地面は水面より一〇センチくらい高くなっており、三〇センチほどの葦の垣根で囲まれていた。家の外壁には、糞を乾燥させるために丸めて貼り付けたものがずらりと日の光を浴びていた。黒衣の老女と色柄の服を着た二人の少女が、戸口の日差しのなかに座っていた。私たちは上陸し、垣根をまたいで家へ入った。その際、通りすがりに水牛たちを押しのけたが、彼らは頭を振っただけで何の注意も示さなかった。仔牛が一頭、家の中におり、ヒヨコの群れが私たちの足元を逃げ回った。村の老女すべてと同じように黒衣に身を包んだもう一人の女性が、「ようこそ、サダム」と挨拶し、私たちに通路を空けるために小さな裸の子供を抱き上げた。

家の内部は奥行きが五・四メートル、幅は一・八メートル、高さは二・四メートルでアーチが七つあった。あとで知ったことだが、家もゲストハウス《ムディーフ》もみな、アーチの数は伝統的に奇数である。部屋は、左手の壁を背にしてカサブの茎で造られた低いベッドのような家具で二つに仕切られ、その上には穀物の入ったヤギの革袋、いろんなキルト、衣類の端布やボロ布などが積み重なっていた。いちばん上にはカヌーの棹が何本か置いてある。手前の半分は女性区画で、彼女らはそこで料理をする。私たちは木製のすり鉢、木製三脚に吊るされた皮袋のバター攪乳器、木製のハンドルがついた円形石臼の間を気をつけながら進んだ。たくさんの皿、トレイ、壺が小さな火のそばに散らばっていた。いちばん奥で、ザーイルが祈禱用のマット代わりに自分の外衣を身体の前に広げて、午後の祈りを唱えていた。そこは男性区画で、ゲストもここでもてなされる。二枚の擦り切れて汚れた敷物が葦のマットの上に置かれ、明るい色合いの幾何学模様の羊毛クッションが数個あったが、羊毛の詰めすぎで、快適ではなかった。サダムが主人顔で、「座って、くつろいでください」と言った。ザーイルは、平伏し、身体を起こし、最後の祈りの言葉をつぶやき、髭をなで、肩越しに左右を見て、立ち上がり、外衣を取り上げて、長々とした「祈禱」をすませ、「ようこそ」と挨拶した。

彼は威厳のある老人で、背は高かったが腰が曲がり、鷲鼻で白い髭の、しわのよった苦行者のような顔をしていた。彼は頭巾と、ほとんど透けて見える薄い白いシャツ以外に何も身につけていなかった。彼はもう一つのクッションを取り上げ、私の傍らにあるクッションの上に置いて、「さあ、これに寄りかかりなさい、もっとくつろげますよ」と言った。踏み固めたイグサの床に置かれたマットとマットの間の隙間で火を熾し、火種ができると、乾燥させた水牛の糞のかたまりをカード・ハウスのように互いにもたれ合うように立てた。刺激臭のある白っぽい煙が部屋の中に充満し、私は涙が出た。サダムは、「この糞はまだ湿っぽい」と言いながら取り除いたが、火は相変わらず煙った。

ザーイルは茶の道具を持ってきて火のそばに座り、ホウロウ引きのボウルの中でコップ、受け皿、スプーンを洗った。茶は口先をひねった紙袋に入れられ、砂糖は小さな缶に入っていた。ザーイルとサダムが、ファーリフが要求してきた彼の父親の新しいゲストハウス《ムディーフ》建設用の葦の供出問題を相談しているうちに、ザーイルの息子が帰ってきた。彼は飼葉《ハシーシ》を降ろし、その一部を水牛に与えてから、残りを家の戸口に積み上げた。年頃は二〇歳くらいか、短い坊ちゃん刈りの頭には何もかぶらず、腰に外衣を巻きつけている以外は裸だった。彼は魚を獲るやすを部屋の隅に置き、シャツを着てから私たちに加わった。

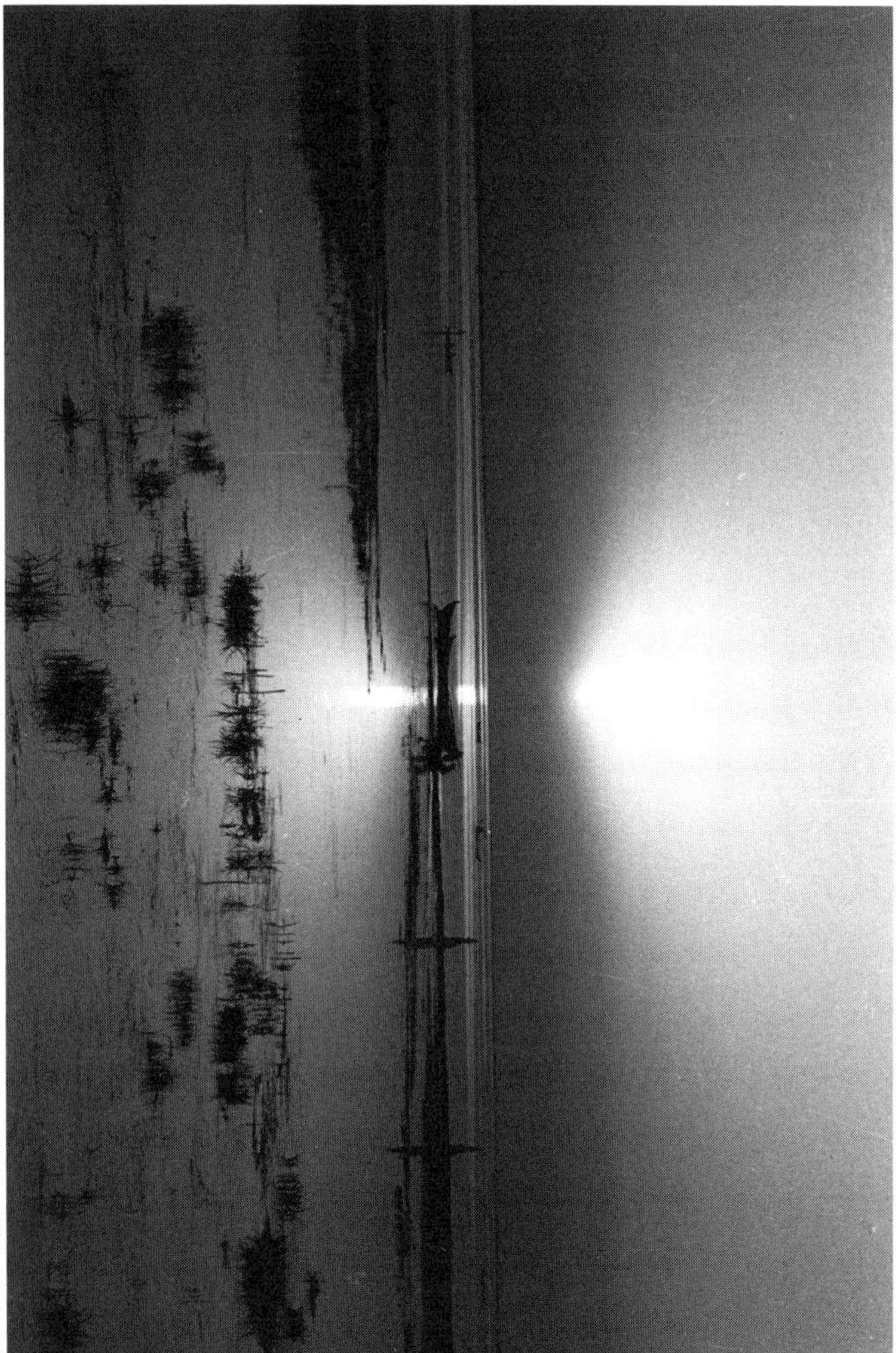

湿地帯の縁に沈む夕陽

Pitt Rivers Museum, University of Oxford [2004.130.16601.1]

「明日、ブー・ムガイファートへ行って、サハインに会うことになっている」とサダムが言った。「彼の村から、あと二隻分の葦を供出してもらわなくてはならん」。「そりゃあそうだ、サダム。わしらはすでにありったけ供出したからな」とザーイルは声高に言った。

「サハインの村の連中は、いつだって、何だって逃れようとするんだ」と彼の息子が続けた。「ファライガート一族はみんなそうだけどね。連中は騒ぎを起こすことしか頭にない」

サダムのゲストハウス《ムディーフ》に戻ったその日の夕方、私は地の果てまで続く葦の群生地の彼方に太陽が沈むのを眺めながら立っていた。頭上空高く、幾筋もの巻雲が、朱色、オレンジ色、すみれ色、藤色、薄緑の空を背景に、漆黒から燃えるような金色、やがてくすんだ象牙色まで、色とりどりのちぎれた吹き流しのようにたなびいていた。湿地帯はあたかも呼吸しているかのように、あらゆる方角からカエルの大合唱が聞こえる。その声があまりにも一定したリズムで辺りに響き渡るので、いつしか気にも留めなくなった。湿地帯の音といえば、何よりもまず、冬のガンの鳴き声だ。犬の吠え声、びっくりするほどラクダに似た水牛の鳴き声、私には意味不明の長々と呼びかける男の声、しばらく間があってだれかが答える声も聞こえた。たくさんの水牛が頭だけ水上に出し、広い水面に水跡を残しながら村のほうへ泳いできた。家々の間から、蚊を家畜に近づけないように焚く火から立ち上る濃い煙が幾筋も上空に伸びていた。葦の群生地から遅れて帰ってきた一人の少年が、沈みゆく太陽に黄金色に照らされた水路をカヌーを漕いでやって来た。彼は穏やかに歌い、大気の中にその余韻を漂わせながらこちらに近づいてきた。

サダムに呼ばれたので、私は中に入った。

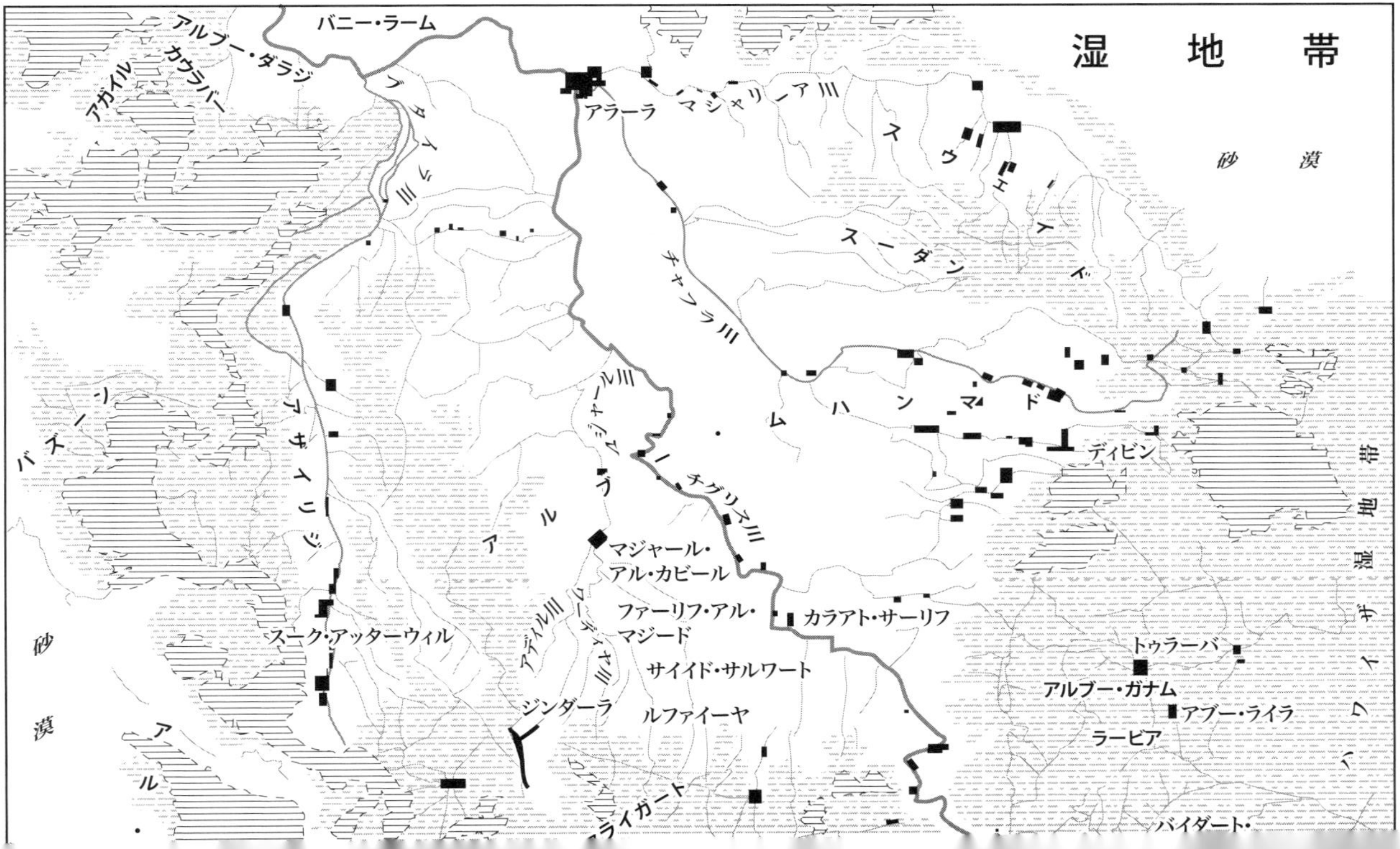
湿地帯
砂漠
バニー・ラーム
アルブー・ダラジ
カウラバー
アガイル
ブタイジ川
アラーラ
マシャリーア川
スウェイド
スーダン
チャフラ川
ハンマド
ム
ディビン
バズーン
アザイリジ
アル
ブ
アール川
ジャ
チグリス川
マジャール・アル・カビール
ファーリフ・アル・マジード
サイイド・サルワート
ルファイーヤ
カラアト・サーリフ
スーク・アッターウィル
アディル川
ワーディヤ川
ジンダーラ
ライガート
トゥラーバ
アルブー・ガナム
アブー・ライラ
ラービア
バイダート・
ハウィザ湿地帯
アル
砂漠

シャガンバ
ディーマ湖
サイガル
クブール
ウンム・アル・ブンニ湖
イーシャン・アブー・ジャジャル
アルブー・バーヒト
ファルトゥース
カビーバ
サーダ
アワイディーヤ
ズィクリ湖
ドゥハイナート
ハーリキー
マブラド
アマイラ
アルブー・ジャマ
ラムラー
バニー・ウマイル
クルナ
フワイル
アル・ジュアイバル
バニー・アサド
ハンマール
チバイシュ
ユーフラテス川
マディーナ
シャットル・アラブ川
ムンタフィク
ホール・アル・ハンマール湖
ホール・アッサナフ湖
湿地帯
湖
河川・水路
村・集落
ゴシック体は部族名
マイル
0
2
4
6
8

第6章　サダムのゲストハウスにて

昨年来、湿地帯住民《マアダン》についてできるだけ読んでみた。量は少ないが十分だった。第一次大戦が終わった頃のマアダンの生活に共感をもって描いているのは、フラナイン（一九二〇年にアマーラの政務官をしていた本名S・E・ヘッジコック）の『湿地帯のアラブ人ハッジ・リカン』一冊だけのように思われた。それ以外は、ときどき参照する資料の域を出ず、どれもみな素っ気ない、メソポタミア作戦に関する各種の報告書ばかりだった。マアダンはアラブ人にも英国人にも、同じように評判が悪いのは確かだ。〝マアダン〟という言葉は、アラビア語で「平地」を示す「アダン」の住人という意味で、砂漠の遊牧民はイラクの川での水上生活者を部族の区別なく軽蔑的に言うときに使い、川沿いの定住農耕者はマアダンを一段下に見てこう呼ぶ。アラブ人はみな、身分の上下にうるさいのだ。純粋なアラブ人の子孫という自負が強ければ強いほど、彼らはマアダンを血筋が疑わしいとして見下し、ちょっとした裏切り行為や悪事をマアダンのせいにしたがる。チグリス・ユーフラテス川を往き来する都会人たちもまた、マアダンを恐れ、接触を避け、彼らについての悪い噂はみな本当だと信じる。イラク駐留の英国人の間でさえ、彼らの評判は悪い――私の察するところ、第一次大戦の時、彼らは湿地帯の隠れ家から出没して、敵味方の区別なく殺害や略奪をしたという話が残っているからだ。

英国がイラクを委任統治していた間、政務官らは目先の問題処理に忙しくてマアダンを心にかけている暇がなかった。政務官のなかには、湿地帯を広く旅した人もいたが、それでも期間はせいぜい数日だった。最近は大勢のヨーロッパ人がバスラやバグダードからカモ猟にやってくるが、湿地帯の縁にある裕福な族長のところに泊まっている。イラク人の役人は、よほどの必要性がなければ湿地帯の奥へは入ってこないのは確かだ。部外者がマアダンの一員として、彼らと一緒に暮らそうと思い、またそれを実行する機会を得たのは、たぶん私が初めてだったろう。

私と同世代で、似たような育ちの英国人は、伝統的な人の暮らしを直感的によいものだと受け止める人が多い。私は子供時代を、当時、車も道路もなかったアビシニア〔エチオピア〕で過ごした。その後、オクスフォード大学を出てから一八年間をアフリカや中東の奥地で暮らした。こうした経験のすべてが、部族社会に生きる人たちとの交流が自然体ででき、彼らの慣習に適応しやすく、その暮らし方を面白いと感じさせてくれる。むしろ、自分たちの風習を捨て、西欧文明に適応しようとしている人たちと一緒にいるほうが違和感があった。イラクでも、ほかの場所と同様、こうした変化は避けがたく、私よりも心の広い人たちは、そうした成り行きを結構なことだと思い、結果的に起こった変化を意義あるものだと信じていた。同じ理由から、私は人間の作ったものをできるだけ見たくない。たとえば、イラクの役人たちと一夜を過ごさなければならないときなど、私はたいてい退屈して、いらいらする。それは私のほうに責任がある。ホストは愛想もよく、これ以上はないほどもてなし上手なのだが、彼らの関心はもっぱら、私のあまりよく知らない、したがってどうでもよい、イラクの政治のことにあり、私が部族に興味があることなど彼らにとっては理解できず、嫌な予感さえ与えるように思われる。私たちは国連や、パリでの休日や、車の車種による違いや、イラクの開発について何時間も話し合うことがあるが、礼儀上、調子を合わせるだけの話し方をせざるをえない。彼らの家は、私が泊まったことのある多くの場所と比べて快適だが、劣悪な趣味の安普請であることが多い。彼らが受けた教育は、文明とはひとえに物質的進歩によって計られると教えてきたために、彼らは自分たちの生い立ちを恥じ、忘れようと懸命である。イラクにじわじわ広がりつつある都市近郊の生活様式が彼らの夢見るユートピアなのだった。

おそらく私の好みが、ほかの人と極端に違いすぎるのだろう。私は車も飛行機も、ラジオもテレビも、実際、過去五〇年間の文明がもたらしたほとんどすべてのものが嫌いで、イラクでもどこででも、羊飼いとその家族、動物たちと煙の立ち込める小屋に一緒に寝泊りしていれば、いつも幸せに感じるのだ。そういう家族の暮らしでは、すべてが珍しく、ありふれたものは何一つない。彼らの独立独歩も、私を気楽にさせる。また、過去との連続性を感じさせられるのも、たまらない魅力である。私は今の世のなかでは稀になった彼らの「足るを知る」暮らし、単純ではあるが、私にはとても習得できそうもない熟練した生活技術をうらやましく思う。

私は長年、探検をしてきて、今ではもう、探検するべき未踏の地は、少なくとも私の心を惹く国々にはなくなってしまった。そこで、自分が選んだ人たちと一緒に、腰を落ち着けて暮らしてみようという気になった。アラビア半島では、同行の仲間とはとても親密だったが、絶えず旅をしていると、特定の社会の暮らしぶりを知りたいと思っても、なかなか難しい。私はこれまで、マアダンのことをあまり知らなかったので、心をそそられた。彼らは陽気で人なつこく、顔立ちも気に入った。外界にまだあまり影響されていない彼らの生活様式はユニークで、湿地帯そのものもたいへん美しい。ありがたいことに、ここには、イラクのほかの場所に葉枯れ病のように広がっている、どれも似たり寄ったりのヨーロッパ人のお古の制服みたいな、さえない近代性の徴候はなかった。

サダムは一人で部屋にいて、コーヒーを淹れていた。私が腰を下ろすと、カップを渡してくれ、それから葦の長い束の火の点いた先をポットの下にぐいと差し込んだ。

「だんな《サーヒブ》、これからの予定は?」アラビア語の「サーヒブ」は、単に男性に対する敬称である。「ファーリフの話じゃ、あんたは湿地帯を見たいそうだが、役所関係の仕事かね?」

「いや、私は変わったところや変わった人たちを見るのが楽しみで旅行しているんだ」

「だれが旅費を払っておる? 給料はいくらもらってるのか?」

「給料はもらっていない。旅費は自前だ」

「物好きだね」とサダムは言ったあと、しばらく無言だった。

きっと私を信用していないのだと思ったので、私はこう付け加えた。「ずいぶんあちこち旅行しましたよ。ハバシュ一族の土地とか、スーダンやアラビア半島も。今回はクルディスタンから来ました。知識を求めてね」

こう言えば畏敬の念を抱いてくれるだろうと期待した。私が楽しみのために旅行していると言ったら、彼は絶対信じそうもなかったからだ。

「マアダンから知識を得ようと言うのかね?」と彼は疑い深げに尋ねた。

「知識はどんなところからも得られるものだよ」と私はもったいぶって答えた。

またちょっと間をおいてから、彼は言った。「グリムリーを知ってるかね? アマーラの領事だった」

「ああ、戦争中一緒だった」

「彼は私の友人だ。パーティーが好きでね。今どこにいる？」

「知らない」

「バグダードにいたディッチバーンは知ってるか？」

「シリアで一度会ったことがある」

「エドモンズは？」

「ああ、英国で」

「エドモンズはいい人だ。われわれの味方だよ。なかなか賢い。彼は元気かい？」

「ああ、おかげさまで元気だ。よろしくと言っていた」

当時のイラクでは、英国人はまだ、二つの世界大戦の間にここで行政官兼顧問として親密な関係にあったことから、かなり好印象をもたれていた。年配の住民には、英国人に対して個人的に尊敬や親愛感をもちつづけている人が多かった。部族民は総体的に、客が当惑するほどばか丁寧な態度をとるが、都会人や政府の役人たちは英国の政策、例えばパレスチナやスエズ運河問題に対して、手厳しく批判することがあった。そういうときに、彼らの知っている英国人を話題にすれば、気まずさを和やかな思い出話に変えることができるのを彼らは知っていた。

「その箱には何が入っているの？」とサダムは話をつづけた。

「薬です」

「あんたは医者かい？」

「薬については知っている」

「わしの頭に効く薬はあるかな？　頭痛持ちなんでね」

私は箱を開けて、アスピリンを二錠やった。

「もっとくれよ、だんな《サーヒブ》。これじゃあ少ないよ」

私は六錠渡し、ただし、一回に二錠しか飲んではいけないと注意した。

「腹薬も頼むよ。ここも痛むんだ」

そこでソーダミントも数錠あげた。

「これは何だね？」と彼は瓶を指差した。

「ヨードチンキだ」

「こっちは？」

「ゲンチアナバイオレット、やけどの薬だ」と答えて、私は箱の蓋をぴしゃりと閉めた。

またちょっと間があって、彼はコーヒーのお代わりを差し出し、「あんたはどこへ行きたいんだ？」と訊いた。

「できれば湿地帯を縦断してユーフラテス河畔まで行き、帰りはファルトゥース一族の地域を通りたい。そこは去年、領事と一緒に旅したことがあるんだ」

「ジャーシム・アル・ファリスには会ったかね？」

「いや、私たちが彼の村を訪ねたときは留守でね。息子のファーリフがもてなしてくれた」

「息子は知らないね。ここに泊まりなさいよ。こっちのほうがずっといいよ。一緒に猟に行こうじゃないか。カモでも、イノシシでも、お望み次第の何でも」

「ありがとう、サダム。きっとここに戻ってくるよ。だが、まず湿地帯が見たいんだ」

「湿地帯と言ったって広いんだ。チグリス川の向こうはイランまで広がっている。一年かけても見切れないだろう」

「それでも、いま見られるだけ見たい」

「よし、わかった。明日はブー・ムガイファートへ行こう。わしはそこで仕事がある。サハインと昼飯を食おう。その翌日はズィクリ湖を通ってユーフラテス河畔まで連れて行ってやる。大きな湖で、風が吹くと厄介だがね。あそこで溺れたマアダンはいっぱいいる」

夕食はサダムと二人だけで食べた。彼はボウルに入れた水牛のミルクを差し出した。それまで飲んだことがなかったが、牛乳よりうまいと思った。そのあと、部屋は人でいっぱいになり、私は壁に寄りかかって、みんなの話に耳を傾けた。稲作のことを議論しているのだが、私の知らない用語が使われているので、大部分はよくわからなかった。

「カバーブ村では稲作をやっているんですか?」と私は訊いてみた。

「昔はやっていたがね、今はもう、川水が有機質土《シルト》を運んでこなくなったので、カバーブ村で稲作はできなくなった。新しいシルトがないと稲は育たない。今年はもっと河口に近いところの土地をもらえるようにマジード(族長)に頼んでみる予定だ」

「すると、ここから出て行くわけですか?」

「いや、それはない。ここはわしらの故郷だからな。わしらはマアダンだ。やりたい者は湿地帯の端っこで稲作をやるが、みんなここへ戻ってくるのさ」

二人の男が、未払いになっている花嫁の結納金をめぐって口論を始めた。みんながそれに加わった。アジュラムの父親が尊大に自分の意見を押し通そうとした。サダムは彼に食ってかかった。「フサイン、明日、わしとこの英国人があんたのところへ昼飯を食いに行くからな。ご馳走してくれるだろうな」―

瞬、しんとして、みなフサインのほうを見た。彼はそわそわしながら、「歓迎しますよ」と曖昧な口調で言ってから、急いでこう付け加えた。「明日は抜き差しならない用事があってマジャールに行かなくてはならないんだ、サダム」。数人がにやりとしたので、私はフサインがからかわれているのだと察した。あとで知ったのだが、彼はケチで有名だったのだ。

「マジャールには次の日に行けよ。明日はこの英国人がおまえの家を表敬訪問する」

「それは光栄ですな」とフサインは嬉しくなさそうに答えた。

「じゃあ、昼時に。肉とミルクとライスを頼む」とサダム。

フサインはほかの連中に救いを求めた。「わしが明日マジャールに行かなくちゃならないことはみんな知ってるよな。女房の従兄弟と会う約束なんだ」

「去年死んだ従兄弟かい?」とサダムが尋ねた。

「違うよ、ほんとに。絶対嘘じゃない」

「フサイン、お客をもてなす日ってのは、忘れられない日になるんだぞ。おまえは面汚しだ」

私はアジュラムがかわいそうになった。

やがて最後の客が帰ると、サダムはアジュラムともう一人の少年に、私たちがゲストハウス《ムディーフ》で過ごすその夜のための細かい指示を与えた。

「英国人の荷物はおまえら二人の間に置け。ランプは枕元だ。二人のうちどっちかが起きてろ。何か盗まれたりしたら殺すぞ。だんなの鉄砲類は安全のためにわしの家で預かる」。それから私にこう言った。

「ここは大丈夫だが、マアダンは泥棒だからね。先週、連中はわしのカヌーを盗んだ。そういうやつは火あぶりにしてもらいたいもんだ!　まだ取り戻していないんだ。一カ月前には夜中に商店が壊されて、何もかも持っていかれた。だんなも湿地帯で眠るときは銃を枕にしなさいよ。そうじゃないと盗まれるから。その家の者ではなくて、ほかの、たぶんよその村の者が盗むんだ。数年前、行政官本人がマジャールへ来たことがある。族長全員が男衆を連れて勢ぞろいして、すごい人込みになった。マジードの部下の一人が、マジードが一〇〇ディナール以上も出して買ってやった新しいブルノのライフルを持っていてな。そいつはそれがたいそう自慢でみんなに見せびらかした。マアダンの一人が見せてくれと言ったので、渡してやると、マアダンはそれを手にしたまま群集の中に飛び込んだ。その後、だれもそいつを見た者はいない。ライフルもだ。マジードはかんかんに怒った」

サダムの使用人がマットレスとキルトの上掛けを持ってきた。「そこへ置け」とサダムは命じた。「違う、そこだよ、ばかもん。クッションも持ってこい」

私は毛布を持参していると言った。

「ここではそれは必要ない。ここはあんたの家だ」と彼は答えて、クッションを並べ、「おやすみ」と挨拶してから、アジュラムに、「眠ったら、おまえの皮を剝ぐぞ」と警告した。これは効きめのある脅しだと彼は思っているようだった。

私もまた、横になる前に外へ出てみた。月はなく、真っ暗な夜だった。「犬に気をつけてくださいよ」とアジュラムが叫んだ。星がダイヤモンドのようにきらきら輝き、それが足元の水面に反射した。空気は身を切るように冷たく、冬の名残が感じられた。数軒の家の戸口から漏れる囲炉裏《いろり》の火がちらちら見えた。すぐ近くでカモが水しぶきを上げて陸に上がってきた。リズミカルなカエルの鳴き声にあらためて気づいた。

第7章 湿地帯の村、ブー・ムガイファート

目を覚ましたとき、まだ日は昇っていなかった。アジュラムは水牛の糞を乾燥させた固形燃料で火を熾し直し、刺激臭のある煙が部屋の中で渦巻いていた。

「おはようございます、だんな《サーヒブ》。よく眠れましたか?」

「おはよう、アジュラム。よく眠れたよ、あんたは?」

「私は眠りませんでした。あなたの物を守るためです」

彼は寝具をたたみ、やかんを取り上げ、部屋の隅でぬるい水をカップ状にした私の手に注いでくれた。私はそれで顔を洗い、口をゆすいだ。サダムが彼を呼び、水牛の乳をしぼるように命じたので、私は外に出て乳搾りを見守った。あちこちの囲炉裏《いろり》からの煙が、靄《もや》のように村の上にかかっていた。まだくすんだ色調の潟湖は鏡のように穏やかで、空気はひんやりとし、湿っぽかった。乳搾り用の手桶は、木をくり抜いたもので、漏斗状に下方が細くなっており、まっすぐに立てることができない。サダムの雇い人が水牛の脇腹の下にしゃがみ、手桶を両膝に挟んだアジュラムにそれを手渡した。そこには四頭の水牛と一頭の仔水牛がいた。私はどうしてサダムが雇い人に指示を出さず、アジュラムを呼んだのだろう

かといぶかった。一部の少年しか乳搾りのやり方を知らないということに私は気づかなかったのだ。これは水牛を中心とした生活をしている人々の奇妙な欠点の一つだ。カバーブ村には一五頭も水牛を所有している家族もあったが、普通は六頭から八頭くらいで、少なくともそのうちの一頭は各戸の前にいた。

女性が水牛の搾乳を許されていないことにはとくに驚かなかった。アラビア半島南部の遊牧民《ベドウィン》の間では、女性はラクダの乳をしぼることを許されていなかったからだ。他方、湿地帯の外側にいる遊牧部族、あるいはクルド人の間では、男はヒツジやヤギの搾乳は行なわない。彼らはそうした動物を女たちのためにとっておくだけだ。湿地帯の男たちはけっして穀物を叩いたり、碾《ひ》いたりはしないし、水牛の糞で固形燃料を作ったりもしない。また男たちが料理をしたり、水を運んだりするのは、女手がない場合だけである。このような禁制はすべての未開な民族によくある。スーダン南部のシッルク族の国で活動するあるカトリック宣教師団は、女性だけが家の内側を泥で塗ることができることに対する少年たちの抗議を、宣教師が無視したためにすべての信者を失ったことがある。

アジュラムが乳搾りを終えたあと、私たちは薄い米粉のパンと、温めて砂糖を入れた水牛のミルクの朝食をとった。それからサダムは私たちをブー・ムガイファートに連れて行くため、カヌーと漕ぎ手三人をこちらに回すようにアジュラムに言いつけた。ここカバーブ村では、サダムはほとんど独裁的な権力を持ち、思いのままに村人に罰金を科したり、鞭打ちをしたり、通過する商品に税を課したりしていた。彼はマジードの代理人であり、政府も湿地帯では権力を族長の手に委ねて文句を言わなかった。

マジードは、アルブー・ムハンマド一族の二大族長の一人である。定住部族民である彼らの人口は一二万人、アマーラから南方のアザーイルにまで、チグリス川の主流とともに湿地帯に流れ込む多数の支流に沿って住んでいる。もう一人の大族長ムハンマド・アル・アライビーはかなりの老人で、その領地はチグリス川の東側にあった。トルコ統治時代には、この部族は春の増水で水浸しになった土地に籾《もみ》を蒔き、その収穫で暮らしを立てていた。最近では動力ポンプが導入され、小麦や大麦などの冬の穀物を栽培するようになった人が多い。ほとんどの家族が何頭かの水牛を飼っているにもかかわらず、湿地帯内に住むわずかな人たちを除いて、彼らは〝湿地帯住民《マアダン》〟ではなく〝農民《ファッラーフ》〟と呼ばれていた。アルブー・ムハンマド一族で湿地帯のカバーブ村に住んでいるのは、二、三家族だけである。村のほかの住民は、ファライガート一族、シャガバンバ一族、ファルトゥース一族に属していた。これらの三部族と、湿地帯のほかのところに住んでいるアルブー・ムハンマド一族は、稲作者が多いにもかかわらず〝マアダン〟と呼ばれていた。

アマーラ県では、湿地帯に隣接する領地を持っている族長たちは、たとえその村々にほかの部族が住んでいても、村を支配する権利を得ており、米の収穫があるところでは年貢米を納めさせ、商売をする者からは権利金をとり、購入資格を与えられている者にしか魚を売らせなかった。族長たちは自分の家やゲストハウス《ムディーフ》の建設のために、乾燥葦の供出を割り当て、水牛に税金をかける場合もあった。彼らの代理人たちは当然のこととして、徴税の手間賃を上乗せして、それを自分の懐に入れた。村民はこうした制度に文句は言うが、受け入れざるを得なかった。

その見返りとして、族長や代理人たちは平和を維持し、部族民に彼らが納得できるような裁きを行なった。部族民は裁判沙汰に巻き込まれるのを恐れていた。高額な弁護士費用や賄賂を払わねばならないうえ、裁判期間中、家から離れなくてはならなかったからである。そのうえ、有罪になれば、同族の者たちからはるかに離れた町の刑務所に入れられるかもしれないのだ。それは考えただけでもぞっとする。なぜなら彼らは湿地帯という安全地帯から二、三〇キロ以上外に出ることなどめったになかったからだ。

族長は彼らに罰金を科し、鞭打ちを行ない、村でしばらくの間監禁することさえあった。だが、族長は、彼らは仲間が見守るなかで、見慣れた場所であるゲストハウス内で裁判をやってくれる。実際、罪とはいえないことで有罪になることはめったになかった。

サダムはマジードの従兄弟だった。一般的に、族長はそのようなポストを信頼する奴隷《ムディーフ》の一人に与えてきた。イラクでは、すべての奴隷は法律的には自由の身であるが、部族民は先祖が奴隷であった男を、いまだに奴隷とみなしていた。これは彼が虐待されているとか、軽蔑されているという意味ではない。多くの奴隷たちは族長の雇い人に登録され、なかには大きな権力や名声を獲得した者もおり、それをうらやむ声を私はしばしば耳にした。族長の養子になって、その息子たちとは義兄弟の仲になった者もいる。奴隷の多くは、だいたいアラブ人の血を引いているので、肌の色や外見で地元部族民とほとんど区別がつかなかった。だが、アラブ人が奴隷女と関係を持つことは普通のことだったが、奴隷が自由な女に触れることは死を意味した。女性の身内がこの屈辱に復讐するために、彼を何としてでも探し出し、たとえその男が彼女と結婚していても、彼を殺してしまうのだ。

まもなく、サダムが極端に人気がないことが私にもわかった。彼は横柄なうえ、独裁的で、いきり立つと歯止めが利かない。村人たちは、彼が地位をフルに利用して蓄財していると不平を言うが、彼らだって立場が変われば同じことをしていただろう。村人たちはサダムの気前のよさを認め、その実力に感嘆し、ユーモアのセンスを面白がった。あるとき、彼が嫌っていた男の兄弟が死に、その葬式が行なわれている真っ最中に、自分のカヌーがその男の村を通り過ぎるとき、カヌーの漕ぎ手たちにいかにも受けそうな二行連句、「神よ、昨日死んだおまえの兄弟、嫌われ者の息子を焼き捨てたまえ」と歌わせて、近所の顰蹙《ひんしゅく》を買ったことがある。

しまいに彼はやりすぎて失敗をした。ナツメヤシの袋を載せた一隻の帆船がクルナからアマーラへ行く途中、カバーブ村を通りかかった。サダムは家から出てきて、船の荷主に向かい、ここを通り抜けたいなら船を停めて三袋よこせと、有無を言わせず命じた。その男はサダムに、少々ならナツメヤシを喜んで差し上げるが、三袋とはべらぼうだと答えた。サダムは急いで家に入り、ライフルを取ってきて、彼の頭上すれすれに発砲した。その男がマジードに訴えたところ、翌日、サダムはマジードの不興を買って代理人の職を解任された。その後、私は何度も彼と会った。彼は貧乏になったが、カバーブ村の采配を振っていたころと同じように客を歓迎し、もてなし上手だった。

ブー・ムガイファートはカバーブ村から数キロ離れている。私たちはサダムのゲストハウス《ムディーフ》から出発し、二つの村の間を高速道路のように走る水路を進んだ。私はこうした葦の群生地を通り抜ける水路は自然のものか、それとも人為的に造られたものかサダムに訊いてみた。彼の説明によれば、水位が低いとき、マアダンは水牛の群れを群生地を通り抜けるように追い立てて、その通った跡をカヌーが行き交う水路として確保するのだという。私たちは水路の中ほどまで進んだところで水に浸かっている十数頭の水牛に出くわした。カヌーの舳先の男が水牛の頭を棹で突《つ》いて退《ど》かそうとしたが、水牛はカヌーが背中をかすってもびくともしなかった。

「この辺はどこでも、水牛は足が立つのかね?」と私は尋ねた。

「どこでもっていうわけじゃない。だが、水牛は水中で立っていないと餌が食べられない。なのに、いま通り過ぎたやつのように水の中にいるのが好きなんだ。水位が高いときは、家の前にある台地に上がっていなくちゃならないことがあるけど、蚊がうるさくて、元気がなくなる。それに、生草を食べられないと、飼い主が水牛に十分食べさせるのはたいへんなんだ。だから、マアダンは夜、水牛に食べさせるために、一日中、飼葉の草刈りとその運搬に追われる。水牛に食べさせる葦刈り、これがマアダンの暮らしさ」

あとになって知ったが、水牛は、カート（学名 *Polygonum senegalense*）、カウバン（学名 *Jussiaea diffusa*）、リーサーン・アル・サウル（学名 *Potamogeton lucens*）、それにスゲの一種であるシジャル（学名 *Cyperus rotundus*）その他の水路に沿った浅瀬に生えるいろいろな雑草を食べていた。

ブー・ムガイファアート村には一八戸の家が葦を踏み固めた土台の上に密集して建っていた。私たちはいちばん大きな家がある島に上陸し、滑りやすい黒い堤防をよじ登り、狭い隙間から家に入った。数名の人たちがそこにおり、敷物を広げたり、クッションをあちこちに置いたりして、それぞれにくつろいでいた。「ようこそ、ようこそ、サダム。ようこそ、だんな《サーヒブ》」と、ホストで「小皿」という意味の名のサハインが言った。全員が握手を求めて近寄ってきた。すべてのマアダンと同様、彼らも白か黒のシャツ姿で、子供だけが色とりどりの服を着ていた。家の内部は一日前にいた家のそれに似ていたが、一つ重要な違いがあり、その意味をサダムが説明してくれた。それは、入り口が北側の壁面にあり、これが一つの屋根の下に私的居住区とゲストハウス《ムディーフ》が一緒になった「ラブア」と呼ばれる建物の特徴だという。ほかの部族民と同様、マアダンの間では、見知らぬ人でも食事と一夜の宿を求めてどこにでもただで泊まることができ、断られることはないが、ゲストハウス《ムディーフ》があれば、村に友人がいない人はそこへ行くことになる。ゲストハウス《ムディーフ》がない村では、「ラブア」へ行く。だれでも自分の家を「ラブア」に変えることができるし、ゲストハウス《ムディーフ》さえ建てることができるが、そうするには、その村で一定の地位が必要である。のちに彼らから聞いたところによれば、バスラで金持ちになった若者が本土の自分の村に帰り、ゲストハウス《ムディーフ》を建てたことがあった。このようなことは生意気だと考えられ、その年に彼の息子と妻が相次いで死んだとき、村人たちは驚かなかった。「あいつの親父はゲストハウス《ムディーフ》どころか、ラーブアさえ持ったことがなかった」と彼らは言った。「彼がゲストハウス《ムディーフ》を建てなくてはならないなら、その企てをサイドに祝福してもらう必要があったんだ。さもないと不幸に見舞われるのさ」

私はアラブ人のもてなしのよさについて感想を述べた。サハインは数年前にクブールという近くの村から、三人のマアダンの若者がバスラを訪れたときの話をした。彼らはだれもそれまで湿地帯から出たことがなかった。一行は戸惑い、おびえながらバスラの町のメインストリートを歩いていた。バスラには知人は一人もいなかった。彼らはお腹がすいたので、ゲストハウス《ムディーフ》を探した。すると突然、腹の大きく出た陽気な男が一軒の家から道路に飛び出してきて、「いらっしゃい！　いらっしゃい！　どうぞこちらへ」と言った。三人は大きな部屋へ案内された。そこでは大勢の人が椅子に座り、小さなテーブルで食事をしていた。「さあ、どうぞお気楽に。何をお持ちしましょうか？　スープ、野菜、魚、肉、お菓子？　甘味水《シャルバート》を飲みますか？　おっしゃってくだされば、ご注文の品は何でもお持ちします。どうぞご遠慮なく」。三人の若者はずいぶん変わった振る舞いもあるものだと思った。ホストが客に何を食べるか尋ねるなんて聞いたこともない。だが、その男はとても愛想がよく、これがきっと、洗練された人たちの振る舞いなのだと思った。

「みんないただきますよ」と彼らは言った。

「結構、結構。スープ、魚、野菜、トリ、どんな風に料理しますか？　もちろんお菓子も召し上がるし、甘味水《シャルバート》もお飲みになりますよね。少々お待ちください」

マアダンの一人がほかの者のほうを向いて言った。「いやまったく、町の人はいいね。こんなもてなしのよさは湿地帯じゃ見られない。親父たちが町の者は悪者だと言うのは何でだったんだろう？」

ホストの男が料理の入った鉢を次々に持ってきてテーブルいっぱいに広げた。それから手洗い用の水を持ってきて、みなの手に水をかけようとするのを彼らは断った。すると、「どうぞごゆっくり召し上がれ」とホストは言った。こんなうまい料理は食べたことがなかった。彼らは食べに食べた。

「もう少しスープをお持ちしましょうか？　トリももう一羽、持ってきましょう」

「ありがとう。ありがとう」

「すごい人だね」と彼が料理のお代わりを持ってきたとき、彼らは叫んだ。

やっと満腹したことをホストに確信させて、彼らは手を洗った。すると、彼はコーヒーと紅茶を持ってきた。やがて彼らが立ち上がり、「あなた方に神の報償がありますように」と言った。

「おい、よしてくれ！　ちょと待った。神の報償があると？　まったく、よく言うよ！　わしらの金はどこに行っちゃうんだ？　二ディナール払え」

「何だって？　金を払えだと？　ここはあんたのゲストハウス《ムディーフ》だろう。おいらは通りかかっただけで、あんたが無理やり連れ込んだんじゃないか」

「こんちくしょう！　わしの金を返せ。マアダン野郎、ちくしょう、泥棒！　ポリスを呼ぶから待ってろ」

結局、彼らは一・五ディナール払わされた。一行はバスに乗る金もなくなり、クルナまで歩いて戻った。

「おいらはマアダンだ」とサハインの話を聞いていた一人が言った。「町のことなんか知ってるわけがない」

サハインは、「わしはバスラに行ったことがある。どこも人だらけ、それに車がわんさかいる。どれもみんな次のやつの尻にくっついてさ」

「ゲストハウス《ムディーフ》がないってほんとかよ？　よそ者はどうやって生きるんだ？」

「何にでも金を払うのさ、おまえらがマジャールのコーヒー屋でやるように」

紅茶が手回しされた。さらに数人の村民が入ってきて、私たちのいる部屋の一角が混んできた。ほかの一角では女たちが昼食を料理していた。サダムがサハインに、ブー・ムガイファート村はマジードの新しいゲストハウス《ムディーフ》のために二隻分の大葦《カサブ》を供出しなければならないと告げた。直ちに抗議の声が上がり、だれがそれを出すかの議論になった。彼らは野育ちの粗野な群集で、少年も年配者も同じように怒鳴り合う。小さな琥珀の数珠をいじっていたサダムが割って入り、「それも明後日までにやってもらいたい」と穏やかに言った。この発言が新たな激高を引き起こしたところで、二皿に盛った水っぽいライスと二羽のトリのランチが届いたので、議論は中断した。

ブー・ムガイファート村はファライガート一族の村で、サハインは「クッラ」、つまりこの地区の首長で、重要な世襲の地位だった。年齢は四〇歳くらい、無言の権威を漂わせているところがほかの人と違っている。彼はほかの部族民と比べて小柄だったが、体格はたくましく、昼食前の言い争いでも、彼だけは興奮しなかった。短い顎髭、それに普通の短い口髭がある。彼の弟で一八歳くらいのハーファズが、ほかの二人の少年と一緒に食事を運んできた。

一年前、ハーファズが稲作地の夜警をしていたとき、イノシシと思われる物音を聞いた。彼は発砲し、行ってみると頭を撃ち抜かれた女性の死体を発見した。彼女もまた、近くの村に住むファライガート一族だった。彼女の家族は、結局、血の代償として、何人かの女性を提供してもらうことで同意した。ファライガート一族の間では、代償として差し出される女性は六人で、そのなかの「フィジィリーヤ」として知られる最初の一人は、一四歳から一六歳の結婚適齢期の処女でなければならない。ほかの五人は「タラーウィ」と呼ばれる。「フィジィリーヤ」は殺人者の家族から出す必要があるが、適当な娘や姉妹がいない場合、いちばん近い身内から出されることになっている。彼女は常に犠牲者の兄弟か従兄弟と結婚させられる。遺族は何人の「タラーウィ」を求めるか、あるいはその代わりに賠償金を受け入れるか、どちらかを選ぶことができる。後者の場合、最初の二人は各五〇ディナール、残りの三人は各二〇ディナールと評価される。女性あるいは金は、殺人者が属する部族の居住区で調達される。一人の命に対して六人の女性というのは不釣り合いな価格ではないかと私が批判したところ、サダムは、「アルブー・ムハンマド一族の代償は、族長の家族の一人に対して五〇人の女性と七年間の追放だ」と言った。

血の代償金のアラビア語は「ファスル」であるが、「賠償金」と言ったほうがわかりやすいだろう。罪の軽重は「ファスル」の額に影響しない。事故による障害で二〇年後に死亡した場合にも「ファスル」が要求され、支払われたケースを私は聞いたことがある。殺人事件の場合、殺された男の近親者は「ファスル」を断り、血に血を求めるのはほぼ確かだ。「ファスル」は傷害の程度に応じて評価される。片方の目の場合は殺人の半分、一本の歯には一人の女性など。理由はわからないが、中指を除くすべての指についても要求される。公衆の面前で顔に平手打ちを喰らった場合にも支払われる。サダムの話によれば、他人の犬を故意に殺した場合、血の代償金争いになり、三人の女性を代わりに差し出す以外に解決不可能な場合もありうるという。

私はアルブー・ムハンマド一族の起源に興味を抱いた。サダムの説明によれば、一四世代前にズバイド・アザー一族の一人でムハンマドという男が従兄弟を殺し、娘のバシャを連れてファライガート一族に庇護を求めた。彼は一五年間彼らとともに生活し、ファライガート一族の族長の美しい娘、マハニーヤと恋に落ちた。結局、族長は自分とバシャとの結婚をムハンマドが許すという条件で、彼がマハニーヤと結婚することを許した。ムハンマドは同意したが、結婚式の当日、族長は美しいマハニーヤの代わりに不器量な娘カウシャを入れ替えた。習慣に従って嫁入り集団が歌い、踊りながら彼女をムハンマドの家へ輿入れさせた。彼女がヴェールを外すと、彼は欺かれたことに気づいた。だが、彼女を拒絶せず、妻として受け入れ、「神に讃えあれ。これは私に下されたものだ」と叫んだ。カウシャは彼に二人の息子、サアドとアブドをもうけ、この二人から偉大なアルブー・ムハンマド一族の二つの分家、アムラ家とアルブー・アブド家が生まれたという。サダムはさらに、「わしらアルブー・ムハンマド一族には〝おいらはバシャの兄弟だ〟という鬨の声を上げる」という。彼らの習慣にはアラビアの遊牧民《ベドウィン》の流れを汲むものがたくさんあるが、これも明らかにその一つで、アラビアでは鬨の声に、姉妹の名や、好きなラクダの名を入れる。

私たちが出かける前に「サイイド」と名乗る男が入ってきた。顎に無精髭を生やした中年の男で、飼葉を刈ってきたらしく、古い破れたシャツを着ていた。だれもが立ち上がり、サダムのカヌーの漕ぎ手たちも彼のところへ行き、手にキスをした。イラク南部では、アラブ世界のほとんどの地方と同様、無数の「サイイド」がいる。湿地帯では、ほとんどどこの村へ行っても、自分たちは預言者ムハンマドの血筋を引いている「サイイド」だと自慢する家族が少なくとも一家族はいた。いくつかの小さな村では、全員が「サイイド」だった。のちに私は、水上の遊動生活者地区全体がこのような血筋を持っているのを知ることになる。血筋を証明する証拠を出す必要はないようだった。のちにファルトゥース一族の「サイイド」と呼ばれる家族のところに滞在したことがあるが、何人かの村人の話によれば、「彼らはサイイドではまったくない。われわれはみんな、彼らがどこから来たか知っている。その老人が頭巾を緑に染めたのはついこの間のことだ」と言う。それにもかかわらず、彼らはその老サイイドに対して『マウラーナー(わが主よ)』という尊称を使っていた。たぶん、数年も経てばこの家族の主張をだれも疑わなくなるだろう。

サハインの家は、自然の島か、あるいは古代村の跡地かと推定される島の上に建てられていた。だが、出発するときになって、土と分解した葦が交互に重なり合った層でできているのに気づいた。実際は、カバーブ村のザーイルの家の基盤を形成していたイグサの土台と同種だが、さらに手をかけたものだった。建設の方法は、最初、家と庭に十分な広さの場所を丈六メートルの葦の垣根で囲む。次に葦とイグサを垣根の内側に詰める。詰め物が水面の上にまで達したら垣根の葦を折って詰め物の上に置く。マアダンはその上にさらにイグサを載せ、できるだけ固く踏みしめる。基礎が十分できたと判断すると、彼らは葦の束をアーチ状の柱にして地面に打ち込み、それらの柱を束ねて家を作る。床が沈んだり、水位が上がったりして浸水すれば、持ち主は新しく切った葦を何度も腕いっぱいに抱えて運び込み、重ね置くだけだ。このような場所は「チバーシャ」と呼ばれる。

マアダンは「チバーシャ」を恒久的な場所にするため、水中から泥をすくい上げて土台を覆う。彼らはこれを水位がいちばん低い秋に、しかも水があまり深くない場所でのみ行なう。さらにイグサを何層も置いては泥をかぶせる。こうやって「チバーシャ」はやがて「ディビン」になる。もし「ディビン」を造った家族が一年以上使わなければ、所有権を喪失し、だれでも使うことができた。長い年月にわたって泥と葦の交互の層が積み重なって、サハインの家が建っているような島が形成されたのだ。

カバーブ村へ戻る途中、数羽のマガモが近くの葦の群生地から飛び立った。残念なことに、私はカモ撃ちを想定していなかったので、銃に弾を込めていなかった。サダムはがっかりしたように見えたので、その夕方、帰ってから、マガモを探しに行ってもよいがと言ってみた。サダムは、「いいでしょう。それならアジュラムを一緒に行かせよう。彼ならどこへ行けばよいか知ってるから……」と言って、「この英国人が小さいカヌーをひっくり返さないように気をつけろよ！」と私たちがカヌーを漕ぎ出すと呼びかけた。「彼は慣れてないからな」とは一言余計だった。私が舟の扱いが下手なことをアジュラムはすでに知っているはずだったからだ。

途中で飼葉を積んで村に帰るカヌーに時折出会った。

「どこへ行くんだい、アジュラム？」

「カモ撃ちだよ」

「潟湖の端へ行ってみろよ、たくさんいるぜ」

しばらくしてアジュラムは、「銃の用意はできてる？　ここがその場所だ」と言った。

実際、奥まった入江にはカモがたくさんいたが、とてもはしこかった。葦の群生地の端に沿って、非常にゆっくり進み、ついにマガモの小さな群れに近づくことができた。最初の一発で水上の二羽を仕留めたが、もう一発はしくじった。アジュラムはカヌーを漕いで近づき、仕留めた二羽を拾った。

「見て、もっと来るよ」と彼は言った。

射撃音に驚いて、多くのカモが頭上を飛び回っており、私はその一羽を撃ち、鳥は少し離れた葦の群生地の中に落ちた。アジュラムはシャツを脱いで水に飛び込み、葦の茂みの中をかき分けて鳥を探した。彼が何も持たずに帰ってきたとき、私は驚かなかった。彼は胸まで水に漬かって水の中を歩いてきてカヌーに転がり込んだ。もし私がこれをやったら、カヌーをひっくり返していたところだったが、彼はカヌーを揺らしもしなかった。彼はシャツを着もせず、櫂を取り上げカヌーをほかの方向に漕ぎ出した。彼の肌は、日焼けしていない部分は、私と同じくらい白かった。

私たちがさらに二羽のマガモを獲ってカバーブ村に戻ると、ゲストハウス《ムディーフ》の外で数人の男女が私たちの帰りを待っていた。黒衣の若い女がショールで覆った幼児を腕に抱いていた。

サダムが、「かわいそうに、この子は大やけどをしているんだ。彼らは薬を欲しがっている。助けてもらえるか？」と訊いた。

女は幼児からショールを外し、一歳くらいの男の子を私のほうへ差し出した。その子の胸、腹部、左足が濡らした水牛の糞で覆われていた。

「いつやけどしたの？」

「今です、数分前なの」と女は言った。「夕食のライスを料理していたんです。水の入った鍋が火にかけてありました。私がちょっと後ろを向いた一瞬に、この子がその鍋をひっくり返しちゃったんです。だんなさま《サーヒブ》、この子は一人っ子なの。神があなたをお守りくださいますように、だんなさま《サーヒブ》、この子を助けて、だんなさま《サーヒブ》、この子を助けて。神のご加護がありますように」

子供の親は結婚して一年になるのだとサダムが私に言った。

外のほうが明るくてよく見えるので、私はゲストハウス《ムディーフ》から薬箱を持ってきた。そして母親に、座ってかすかにぐずっている子供を押さえていてくれるように言った。それから私はできるだけ注意深く濡れた糞を取り除いた。子供は足を蹴って、鋭い泣き声を上げはじめたので、若い父親は私のそばにうずくまり、子供の両足を押さえた。やけどはかなり広範囲にわたっていた。場所によっては、皮膚ははがれ、露出した肉の上にくしゃくしゃになったティッシュペーパーのように付着しており、ほかの場所には大きな火ぶくれができていた。私は皮膚の全面にゲンチアナ・バイオレット軟膏を丁寧に塗った。

「今、布をかぶせてはいけないよ。軟膏が乾いたらこれで軽く覆ってください」と私は彼女に大きく切ったガーゼを手渡してから、アスピリンを与え、水に溶かして子供に飲ませるように言った。彼らはカヌーに乗り、家へ帰っていった。それからほかの数人が薬を求めた。一人は足の切り傷が化膿しており、二人は頭痛、三人目は痔痛を訴えた。私たちが訪問した商人は、目薬を欲しがった。最後の患者が帰ったときにはすっかり暗くなっていた。

夕飯に食べたカモは抜群に美味しかった。そのあとで、私たちは五人ずつ二組に分かれ「マハイビス」、つまりリング探しをして遊んだ。リングを持った側はマントの下に手を隠し、一列に並んで座った。彼らに面した反対側の組の一人が、だれがリングを持っているか、またどちらの手に持っているかを当てるゲームだ。順番に持っていない人を除きながら、「だれだれさんの手にあるよ、だれだれさんの手にあるよ」と声高に早口でしゃべりまくる。私はこの早口の言葉がわからなかったので、ゲームが退屈でたまらなかったが、ほかの人たちはとても楽しそうだった。私はリング探しゲームをいろいろな機会に、さまざまな村でしなければならなかったが、このときと同じように、インチキを非難したり、たしなみを忘れたりして終わるのが常だった。

とうとうサダムが彼らに向かって、この英国人は疲れているので寝たいそうだと、多少事実に近いことを言ってお開きにしてくれた。

第8章 中央湿地帯を渡る

翌朝、サダムは約束どおり私を連れて湿地帯を横断し、ユーフラテス川に至る旅に出発した。まだ早朝で、陽が昇りはじめてから一時間も経っていなかった。カヌーが一列になって飼葉を刈るために村を出て行くところだった。どのカヌーも魚獲り用のやすの先を前方に向けて舳先に置いてある。サダムと私は同じカヌー、サハインは別のカヌーに乗り、どちらにも三人の漕ぎ手がついていた。彼らはみなライフルを持っている。湿地帯では、ほかの部族の縄張り地帯を通過するとき、男たちは武装なしでは通りたがらなかった。

ユーフラテス河畔でほかの人たちが私を残して帰るとすると、私はまったく一人になり、荷物を見守ってくれる人も、新しい村に着くたびに私を紹介する人もいなくなる。そこで私はアジュラムに一緒に来ないかと誘い、六週間後くらいにはカバーブ村へ戻るからと約束したが彼は断った。「彼は怖いんだよ」とサダムが言う。「だれもあんたと一緒に行かないだろう。湿地帯住民《マアダン》は無知なんだ。連中はこの湿地帯で水牛みたいに暮らしていて、お上を恐れている。わしは英国人に会ったことはあるし、奴らがいい人だと知ってるが、マアダンはよそ者をすべて疑ってかかる。アジュラムはあんたが彼を連れ出して軍隊に入れちまうのではないかと思っているんだろう」。同行者を見つけるのが難しいとは思ってもいなかった私は意気阻喪した。

一五歳の少年がカヌーを漕いで私たちの横に来て、「おいらを連れてってくれよ、だんな《サーヒブ》。金くれれば、ついて行くよ。そうすりゃあ、毎日冷たい水の中で飼葉刈りにうんざりしなくてすむからさ」と言った。

「やめとけ、あいつを連れて行くな。やつはよくない。怠け者だ。おいらを連れてってくれよ」ともう一人の少年が叫んだ。

「バカ言うな、二人ともだめだよ。おいらを連れて行きなよ。おいらは歌えるし、踊れる。いつもあんたを楽しませてあげられるよ」と一三歳くらいの小柄な少年が叫びながら、私たちのカヌーの反対側に漕ぎ寄せてきた。しし鼻で大きな口、笑っているような目をしたその子は、ひどく痩せっぽちだった。

「みんな冗談言っているだけだよ」とサダムは私に言い、それから小柄な少年に、「歌を続けてよ、ヘルー」と声をかけた。

「何を歌ったらいいのかわかんないよ、サダム」

「いいから、歌ってよ。葦の群生地に着くまで楽しませてくれ」

サハインもまた、彼のカヌーから、「歌えよ、ヘルー」とけしかけた。

サダムは私に、彼は美声の持ち主だと語り、少年を「美声くん」と呼んでいた。その子は生意気そうににやりと笑い、きれいなボーイソプラノで、「アラブ人が教えてくれた／あんたは暴君だとよ／昔から」と歌いはじめた。その歌は魅惑的な節まわしで、軽快だが、哀調を帯びていた。それは、チグリス川の向こうにいる族長に虐待され、離婚させられた妻が族長のことを歌にしたにものだとサダムが慌てて説明したのは、私が思うに、もしかしたら、この歌が彼のことを歌っているのだと私が思うのを恐れたためだろう。そういう可能性は大いにあったからだ。

湿地帯では一つの歌が六カ月から一年にわたって流行した。やがて人々がその歌に飽きると、別の歌が流行《はや》る。だいたい、同時に五、六曲の流行歌があったが、この歌はヒットしていた。その後二年ほど、私はこの歌をあらゆるところで聴いた。結婚式、夕刻の即興ダンスのとき、あるいはいま聴いているように、葦の群生地へ行く途中で聴いたものだ。

「ヘルー、ほかのを続けてよ。ほかのを歌って」。するとヘルーはふたたび歌った。数隻のカヌーが私たちが追いつくのを待っていた。水路を下る私たちの脇をぶつかり合いながら漕いでいたカヌーは、一二隻から一五隻はあったに違いない。二人の少年が船尾を先にしてカヌーを漕いでいた。マアダンはカヌーに一人で乗るときにこうすることが多いことに、私はのちに気がついた。ヘルーが歌うのをやめるたびに聴衆は、「どうした、ヘルー、別のをやれよ」と叫んだ。一四歳の美しい少女が黒いマントで頭と肩を包み、座っているカヌーがあった。一人の少年が彼女のカヌーの先端を手で横に押して葦の茂みに押し込んだとき、彼女は少年に向かって怒った。私は彼女の言ったことを聞き取れなかったが、他の人たちはどっと笑い、ばかな行為を我慢することはないと彼女を励ました。ほかのカヌーでは小柄な少女が兄の後ろで一緒にカヌーを漕いでいたが、これは女性なら必ずそうしなければならないことになっていたからだ。飼葉の刈り取りに女性も手伝うことがあるのかと私がサダムに訊くと、サダムは、「ああ、家族の手が足りないときはね」と答えた。ようやくカヌーの列は向きを変えて、次々と葦の茂みに入っていった。ヘルーが私たちから離れるとき、「おいらを要らないのかよぉ、だんな《サーヒブ》?」といたずらっぽく叫んだ。

行く手には直径約三キロほどの広々とした水域が広がっていた。その濃い青色の水面には微風でさざなみが立ち、きらきら輝いていた。ここは「ディーマ」と呼ばれているとサダムが私に言った。地元のマアダンは、池くらいの大きさのものを含むすべての開けた水域、あらゆる水路や葦の群生地に固有の名前をつけていたが、彼らの知識はおおむね家の周辺に限られていた。

「縁《ふち》を回る？　それとも突っ切って行くかい？」とサダムが尋ねると、サハインはちらりと湖と空を探り見てから、「突っ切るよ。風に向かって進む。大丈夫だ」と答えた。

　頭上には三羽のワシが雲ひとつない空に舞っていた。私は湖のはるか彼方にカモの一群が飛んでいるのを観察していた。何羽かが空高く旋回し、近くまで飛んできたのを見て、それらはマガモとハシビロガモであると同定した。ほかにも、コガモかシマアジらしい鳥の群れが葦の群生地の上で編隊を組んで、急降下しては上昇し、一斉に向きを変えるときに白い羽の裏がちらりと見えた。何が鳥を落ち着かなくさせているのだろうと思っているうちに、二隻のカヌーがはるか向こうの葦の群生地の近くにいるのに気づいた。カモ撃ちをしているのかと尋ねると、サハインはその方向を一瞥し、「いや、やつらは魚に毒薬を撒いているんだ。おいらがこれから昼飯を食いに行くクブール村の連中だよ」と答えて、「せっせと漕げ。風が強くならないうちに渡りたいんだ」と漕ぎ手に言った。途中で彼が、「銃を用意して、だんな《サーヒブ》」と叫んで左の方向を指差した、そこには数百羽のオオバンが群がっていた。私たちが眺めているうちに、一羽のワシがオオバンの上に低空飛行してきて飛びかかったが、オオバンは一斉に羽で水を打ち、砕ける波のような水しぶきを上げてワシを追い払った。

　風が強くなり、オオバンのほうへ向きを変えると、カヌーの両側から水しぶきが上がりはじめた。オオバンの射程内に近づく前に、ワシは二、三回飛びかかっていたが、私たちが四〇メートル近くまで接近しても泰然としていた。私は二連発銃を発砲した。オオバンは一列に黒く浮かんだ死骸を残し、散り散りに風の中へ舞い上がった。死んだ鳥を拾い集める間、ほかの人たちはカヌーが近づくと潜水しようとする傷ついた鳥を仕留めにかかった。舳先に立ったサハインは、浮かび上がってくる鳥を魚のやすで次から次へと集め、近いものはやすで突き、離れている鳥はやすを投げて仕留めた。鳥が拾い上げられると、男たちの一人が、メッカの方を向いて、「神の名において……神は至大なり」と、ムスリムにとって適正な食品にするお祈りの言葉をつぶやきながら、鳥の喉を掻き切った。そうしないと、マアダンにとってさえ鳥は腐肉となり、捨てられる。イスラーム法によれば、血を抜くため鳥の喉を切るとき、すべての鳥はまだ生きていなくてはならない。だが、ここの男たちはそれほど作法にこだわってはいなかった。

「この鳥は死んでる?」と男たちの一人が水の中に一〇分くらい頭が浸かっていた鳥をすくい上げて尋ねた。

「いや、もちろん死んじゃいない。さっさと喉を掻き切れ」

腐肉、豚肉、血は、すべてのムスリムにとって不適切な食品とされている。さらに、ところによって、また部族によって異なる多くの禁令がある。たとえば、水かきのある鳥を食べないムスリムもいれば、イラクではシーア派は野ウサギを食べないが、スンナ派は食べる。マアダンは鵜《ウ》やヘビウを食べるが、ペリカンは食べない。トキ、サギ、ツルは食べるがコウノトリは食べない。彼らはナマズもけっして食べない。

死んだオオバンすべてを集めると、サダムは漕ぎ手に急ぐように言った。なぜなら、二人の乗客と私の薬箱を乗せた私たちのカヌーは、かなり水をかぶっていたからだ。葦の群生地の安全地帯に着いたとき、私はほっとした。そこでサハインのカヌーと合流し、袋の中の獲物を数えた。二組で収穫は一八羽だった。「これで昼食には十分だ」とサダムは満足そうに言った。

クブール村に着いた頃には、灰色の靄《もや》が空一面に広がり、風が葦の天辺をぴゅうぴゅうと吹き抜け、天候はぞくぞくするほど寒くなっていた。この村はカバーブ村に似ており、大きさもほぼ同じくらいだった。私たちは大きな家の一つへ向かった。ぬかるんだ黒いスロープを一・五メートルほど上がると狭い入り口があった。家の中では二人の少年が小さな囲炉裏《いろり》を囲んで暖をとっていた。

「親父さんはいるかね?」とサダムが尋ねた。

年上の少年が、「はい、商人のところへ出かけたところだけど」と答えた。そして弟に、「早く行ってアルワンにお客が来たと言ってこい」と命じた。

私はコート、シャツ、セーターを着て、グレイのフランネルのズボンをはいていたにもかかわらず、非常に寒く、火のそばに座れるのが嬉しかった。アルワンの息子は一六歳で背が高く、痩せていたが、薄い綿のシャツ一枚しか着ていなかった。彼は家の奥に行き、女の子が手渡した何枚かの敷物とクッションを持ってきた。

「あなた方の荷物を運びましょうか?」と彼がサダムに言った。

「いやいいよ、われわれは食事のあと、アブー・シャジャルへ行くから」

「だめですよ、今夜はここに泊まらないと。天候が悪いから旅は無理だし、それにここに寄ってくれるのは久しぶりじゃないですか」

サダムは部下にオオバン一二羽を持ってこさせ、それを少年に与えた。

中年で愛想のよいアルワン自身が数分後に戻ってきた。彼もまた、荷物を持ってきて今夜は泊まったらどうかとしきりに言ったが、サダムは行かなくてはならないと言い張った。

「マアダンはまだアブー・シャジャルにいるかね?」と彼が訊いた。

「いますよ」とアルワンが答えた。「今年は水位の上昇が遅れているから、彼らはまだ移動していない」

彼は茶道具を持ってきて、「あんたたち、オオバンをたくさん撃ったね」と言った。

サハインがワシの話をすると、彼は、「今年一羽のワシがあの葦の群生地に巣を作ってね、近くの水路を通る者を相手かまわず襲うのよ。この子たちは飼葉を刈りにしょっちゅうそこへ行くので、葦に火をつけ巣を焼き払った」と言った。

彼は話しながら九九個の小さな黒い数珠球の長い鎖をまさぐっていた。これはムスリムのロザリオだが、サダムがまさぐっていた琥珀色をした三三個のビーズの鎖は単にもてあそぶだけのものだった。たいていの人はポケットにこのような数珠を入れており、何もすることがないときに長々といじくる。サダムが彼の数珠を私に投げて寄越したことがあり、少したって私が返そうとすると、彼は、「いいよ、とっておいて。あんたにあげるよ。わしはカバーブに別のを持ってるから」と言った。そのとき以来、私もまた、この慣習が癖になってしまった。

私たちは昼食に九羽のオオバンを食べた。肉は美味しく、カモのような味がした。だが、それは私が寒くて空腹だったせいかもしれない。サダムとサハインは、私が「もう結構」と言うのに、自分の肉の一部をせっせと私にくれた。そのあと、ライスに肉汁をかけて食べ、残りのライスをバターミルクに浸した。私はそれを指で食べるのは難しかったが、他の人たちも同様にこぼさずきれいに食べてはいなかったので、皿を片づけてから、こぼれた米粒を掃き取らねばならなかった。アルワンがライスとトリの残りを一つの皿に盛り上げた。彼の息子の一人がさらにバターミルクを持ってきて座り、彼らの食事を始めた。紅茶をお代わりしたあと、私たちはカヌーに乗り込み、辞去の挨拶をしたが、だれも食事のお礼を彼に言わなかった——礼を言うものだとは思っていなかったのかもしれない。

私たちは風で倒れた葦の間の見分けがつきにくい水路を進んだ。頭上には葦の先端の白っぽい穂が、もっと白っぽい空を背景に強風の中で三角旗のようにひらめいていた。カヌーの漕ぎ手がサダムに強く勧められて民謡《バラッド》を歌った。彼は力強くハスキーな声を持ち、声を張り上げると顔が真っ赤になった。リズムのメリハリのない民謡《バラッド》は長々と続いた。ほかの人たちのようにそれを楽しむには、歌詞の理解が必要なことは明らかだったが、私には無理だった。

一時間半後、アブー・シャジャルに到着した。この島は剝き出しの黒土でできており、直径は約二七〇メートル、いちばん高いところで水面から三メートルほどあった。岸は葦の茂みに囲まれていた。三、四〇軒の家が水辺に沿って無計画に密集して建てられていた。水牛はスペースがあるところではどこにでも立っており、動物が壁に身体をこすりつけるのを防ぐため、どの家の周りにも、小さな穴がずらりと掘られていた。ここの人々はシャガンバ一族だった。

どの家がもっとも裕福そうに見えるか話し合ったあと、それらしき家の前にカヌーを乗り上げた。一人の男と少年が出てきて、私たちに歓迎の挨拶をし、私の荷物を陸に揚げるのを手伝った。ほかの人たちはライフル以外に何も持ち出さなかった。棹と櫂も運び込んだ。なぜなら、習慣によれば、通りすがりの人はだれでも、それらを使ってもよいことになっていたからだ。棹にできるのは大葦《カサブ》の茎だけだが、これに適した素材は発見しにくいので、人はそれぞれ自分専用のものを持っている。櫂はシャベル状に削った木を長い竹の棒に差し込んだもので、この地方ではめったに代替品は手に入らなかった。

いつものように、小さな家にはまもなく人がいっぱいやって来た。ホストがいくつかの質問をしたが、ほかの人たちはただ座ったまま、黒い瞳で無表情にじっと私を見つめていた。私は彼らの不信感を感じた。「あいつはだれだ？　どこから来たのか？　何でサダムがあいつをここに連れてきたのか？」などなど。そのうちに、サダムとホストが私をお決まりの島見物に連れ出したとき、背後でにぎやかな会話が始まった。

　土壌には塩分が染み込んでいるため、ここでは何も育たなかった。石もなく、岩のかけらもない。湿地帯では、本当にどこにもそれらは見当たらなかった。地上に散らばっている煉瓦や土器の破片から判断すると、アブー・シャジャルは忘れられた都市の遺跡のようにも見えた。サダムは、「この島には黄金が埋まっていると言われ、マアダンがそれを探し求めたことがあった。ごらん、彼らが掘ったところがわかるでしょう？」と言いながらいくつかの浅い穴を指差し、「何も出てこなかったけどね」と付け加えた。

　するとホストが、「去年、シャガンバ一族の一家がアル・アッガールで家を建てるために穴を掘っていたら、コインが詰まった二つの壺を見つけたんですよ」と口を挟んだ。

　私は、アル・アッガールはどこかと訊いた。

「西のあの辺です。ここと同じような島でね。多くのシャガンバ一族がそこに住んでいます」

「コインはどうなったの？」

「知りません。族長に取られないように隠したんじゃないですか」

　サダムは、「数年前、カバーブ村でわしのゲストハウス《ムディーフ》を造っていたとき、石像が出てきましたよ。女の石像でね、乳房がこんなに長いんだ」と両手を二〇センチほど離して見せた。

「今でもそれを持っているんですか？」

「いやいや、マジードが持っていっちゃった」

私は湿地帯にいる間、考古学的関心を引くものを集めようしたことは一度もなかった。だが、私はかつてヒッタイトの印章をもらったことがり、別の時に、フェニキア文字とわかる刻字の入った鉛板をもらったこともある。それをくれた男の話では、それは大きな円筒の一部で、残りはすべて弾丸用に熔解してしまったという。三度目のときは、こっそりと一軒の家に連れて行かれ、素焼きの犬の像を見せられた。その底部には「日本製」の文字があった。

太陽は低く、風は収まったが、どこまでも続く葦の群生地は、どんよりとした光の中で荒涼とした風景だった。北と東の数カ所で濃い煙が上がっていたのは、マアダンが水牛用飼料の葦の新芽を育てるために、群生地を焼き払っているのだった。

「フファイズのことを聞いたことがあるかね?」とホストが尋ねた。

「ああ、しかし、もっと詳しく話してよ」

彼は手を振って南西の方向を指した。「フファイズはあの方向のどこかにある島だ。そこには宮殿、ヤシの木、ザクロの庭園があり、水牛はわれわれのより大きい。だが、それが正確にどこにあるか、だれも知らない」

「だれも見たことないの?」

「ああ、しかしフファイズを見た者は、だれでも魔法をかけられてしまい、以後、だれもその人の言葉がわからなくなるんだ。アッバースにかけて、本当だよ。昔、わしが子供の頃、ファルトゥース一族の一人がフファイズを見た。彼は一頭の水牛を探していたんだが、帰ってくると、彼の話は支離滅裂で、それで彼がフファイズを見たことがわかった」

サダムは、「アルブー・ムハンマド一族の大族長だったサイフートが、トルコ統治時代にカヌーの船団とともにフファイズを探したが、何も発見できなかった。近くに人が来ると、精霊《ジン》が島を隠すんだそうだ」と言った。

私がちょっと懐疑的な感想を述べると、サダムは、「いやいや、だんな《サーヒブ》。フファイズがそこにあるのは間違いない。族長でも役人でも、だれにでも聞いてみるがいい。みんなフファイズのことは知っているよ」と断固として言った。

私たちは水辺に沿って、一・五センチから三センチほどのもろい白の巻貝が敷物を広げたように一面に散らばっているところをぶらぶらと散歩して村に帰った。巻貝は空《から》であったが、これらの貝は淡水巻貝類に属し、夏になるとビルハルツ住血吸虫症を媒介する寄生虫が宿るようになるのではないかと私は疑った。この小さな扁平な寄生虫は暖かい季節に水の中に棲息している。機会があればこの寄生虫は人の皮膚を貫通して膀胱に達し、そこで増殖して貧血を引き起こし、さらに激痛を起こすことがよくある。しまいには卵は尿中に排泄されて体外に出て、また同じライフサイクルをたどる。ビルハルツ病は湿地帯の風土病で、マアダンはみな、彼らの生活様式上、避けられない厄災として苦しむことになるのだ。

数人の少女が頭上に土器の壺を載せて水を運んでいた。彼女らは水を汲むために一メートルほど水の中に足を入れるだけだった。岸辺は公衆便所として使われていたから、どの壺にもこの地方の細菌の興味あるサンプルが含まれているに違いない。理論的には、湿地帯のすべての人たちは赤痢やその他の疫病に感染しているはずだが、実際には、たいていのマアダンには何らかの免疫があった。いずれの場合でも、おそらく強い日光が多くの細菌を殺しているのであろう。個人的には、夏の季節に村の近くで足を水に入れないようにするほかは、用心のしようがないことがわかっていた。私は彼らと同じものを食べ、同じ水を飲んだ。しばしば私は彼らの寝具を使い、蚊、チョウバエ、蚤に始終刺されていた。私の全滞在期間を通して、副鼻腔炎と軽度の赤痢に一回ずつかかったが、赤痢は四日間で治癒した。それ以外は頭痛以上のひどい病気にかかったことはない。

病気にかかることを心配しても無駄だが、食事と水について神経質にならざるを得なかったことが何度かあった。とくに狼狽した経験が二回ある。どちらも夏の真っ盛りのことで、湿地帯の北側の耕作地帯を馬に乗って旅しているときだった。一回目は、目的地の村までの三、四キロほどを、浅い灌漑用水路に沿って進んでいたときのこと。三、四〇センチの深さの水路には、水が同一方向にゆっくりと流れていた。私は通りがかりにその中に犬の死骸と、さらに行くと、水に浸かった皮膚が肋骨からはがれている仔水牛の死骸があるのを見た。どちらもひどい悪臭がしていた。村に近づくと、水路の周辺は不潔だった。アラブ人はあとで水で洗えるからと、水のそばで排便するのが常だったからである。ゲストハウス《ムディーフ》は水路のほとりにあり、そこの水は緑のヘドロで覆われ、ほとんど流れていなかった。いくら彼らでも、この水は飲まないだろうと私は思った。

私はじりじり焼きつくような午後のさなかに到着した。彼らは部屋の奥にある水差しから水を一杯私に持ってきたが、それは冷たくて新鮮だった。私がここへ来たことを聞いて多くの人たちがゲストハウスへやって来たが、そのなかには、ただものめずらしさから来た人もいれば、治療を求めてきた人たちもいた。普通の挨拶を交わしたあと、私は屋外に出て建物の日影に入り、そこで手術や注射をし、薬を配った。そこにはそよ風が吹いていたが、それでもまだ耐えられないくらい暑かった。というのは、夏にはこの平原地帯では日陰でも五〇度以上に達することがあったからである。水がもっと必要だったので、私は少年にボウルを与え、水を汲んでくるように言った。彼が水路へ行こうとしているのを見て、私はいらいらして、「だめ、その汚い水じゃなく、ゲストハウス《ムディーフ》からきれいな水を持ってくるんだ」と叫んだ。

彼はびっくりした表情を見せたが、私の言うとおりにした。そのあとで、水差しが水路の水でふたたび満たされるのを見て、私はもう一日ここにいる約束をしたことを後悔した。

二回目は、私が友人の族長の家に滞在しているときのことだった。私は前日の夕刻に到着したが、翌朝早くにはいつもの患者の群れが現れた。その日は窒息しそうな暑さとすごい湿気で息もできないくらいだった。じっと座っているだけでも、私の顔や身体からぼたぼたと汗が落ちるほどだった。もてなしのよい老人の族長は、いまや一〇〇人以上にもなった客を歓待するためにヒツジを一頭殺した。大男の黒人奴隷一人を含む四人の男たちが、直径一・二メートルほどの銅の大皿の上にライスを盛り、その上に舌をだらっと出し、眼がふやけた、茹でたヒツジが載った料理を、その重さのため腰を曲げて、よろめきながら運んできた。彼らが料理を運ぶとき、汗が鼻と顎からライスの上にしたたり落ちた。彼らが約一〇〇メートル以上もある距離を担いできたことを私は知っていた。ボウルの溶けたバターをライスの上にかけてから族長はわれわれに向かって、「お客さん方、よくいらっしゃいました、よくいらっしゃいました。今日はおめでたい日です」と言った。

私が料理に向かって座ると、彼は、「さあ、だんな《サーヒブ》、あなたが私を気に入って下さったしるしに、たくさん召し上がっていただけるでしょう！」と言った。

第9章 湿地帯のど真ん中へ

サダムと私がホストと一緒に戻ってきたとき、太陽はちょうど沈んだばかりだった。サハインは日没の祈りの言葉を唱えていた。湿地帯住民《マアダン》のなかでは何人かの老人、それも「ザーイル」と呼ばれるマシュハドに巡礼をすませた人が大部分だが、彼らは時間どおりに礼拝した。ほかにも少数だがサハインのような人たちは夜明けと日没に祈りの言葉を唱えるだけですませていた。大部分の人たちはまったくお祈りはしない。彼らが祈るときには、まずカルバラーの聖なる土で造られた長方形の小片を前に置き、ひざまずいて、それに額を触れる。この小片はいつも、壁に吊るした小さな籠に入れておくのだった。

祈りを終えたサハインは、聖なる小片を籠に戻し、乾した糞の固形燃料に火をつけ、私にそこに来て温まるように言った。少年がランプを持ってきたが、それは灯油を瓶に半分まで入れ、細く切った布芯を、つぶしたナツメヤシのかたまりで瓶の口のところで押さえてあるランプだった。二人の男が隣の家で静かに語り合っていたが、私には彼らが話している言葉が全部聞こえた。二軒の家の壁はそれぞれマット一枚の厚さしかなく、六〇センチくらいしか離れていなかった。ここの人たちは生活上、何のプライバシーもなく、またまったくそれを期待していないことを私はまもなく知ることになる。彼らの一人に何か心配事が起これば、みなの関心事になるという事実を承知していた。もし、ある家族のメンバー同士で争いが起こると、近所の人たちがすぐに駆けつけ、忠告したり、どちらかの肩を持ったりし、それによって最初の騒ぎにさらに大きな声が加わるのだ。プライベートな会話をする唯一の方法は、だれかとカヌーで出かけることだ。たとえそうしても、会話の内容はすぐに知れわたる。なぜなら、彼らはきわめて詮索好きであるとともに、秘密を守ることができないからだ。

夕食後、訪問客が続々とやって来た。子供一人分の席もないくらい混んできたとき、二、三人の男たちが割り込んできて、がむしゃらに群集の中に座り込んだ。マットの壁が外側に少したわみ、彼らはようやく座れた。火の傍らしかスペースは残っていなかった。私たちのカヌーの漕ぎ手たちが歌っている間、ほかのみなは相手に聞こえるように声を張り上げてしゃべった。ホストが煙草を回すと、小さな子供まで燃えさしを拾い上げて煙草を吸った。茶が煎じられ、真っ赤に燃える火にさらに燃料が継ぎ足され、そこから出る幾筋もの青い煙が頭上のマットの方へ昇っていった。すべてがきわめて原始的で、快適とはいえなかったが、私は満足していた。

無理矢理に隅に押し込まれていた私がうとうとしていると、ようやく彼らは先を争って立ち上がり、もう一つの囲炉裏《いろり》にある残り火のそばで幼児を抱いている女の横を通り抜けて出て行った。私たちはマットとぼろぼろの敷物をうまく並べ、鞍嚢から毛布を取り出した。ホストが部屋の反対側の奥から寝具を持ってきてくれたので、私たちは横にくっつき合って寝たが、ホストは火のそばに座って見張り役を務めた。固い土の塊が私の横腹に当たり、蚊はしつこく顔に止まろうとし、蚤が何匹もシャツの中で動き回った。犬が吠え、水牛が私の頭から数メートルのところを絶えず動いていた。やがて私は眠りに落ち、明け方、仲間たちが起き上がるまで目が覚めなかった。

夜のうちに風は止み、外は明るく、陽が輝く朝だった。水牛はすでに、勝手に草を食べる場所へ出て行っていた。遊牧民と異なり、定住者であるマアダンの間では、人が水牛の番をせず、出入りを自由に放置していた。家の中ではサハインとサダムが、ズィクリ湖を渡るべきか、あるいはそれを避けるかについて議論していた。私はズィクリ湖を見たかったので、そこを経由して行きたいと言い張った。サダムは、「湖上で風につかまりたくはないからね。こういう大きな湖は非常に危険なんだ。去年、ディーマ湖でクブール村へ帰る結婚式参列者が急な嵐で遭難し、二隻のカヌーに乗っていた八人全員が溺れ死んだ。あんたはディーマ湖を見たでしょう。ズィクリ湖と違って小さい湖なのに」

サハインも加わって、「ほんとだよ、だんな、湖《サーヒブ》は危ない。わしらはここに住んでいるからよく知ってる。四年前、この季節に二人の男が溺れ、三人目は大葦《カサブ》の小さな浮島に這い上がった。発見されるまで五日もそこにいたんだと。カヌーを二回見かけたが、叫び声を上げたのに聞こえなかった。もう少しで飢えと寒さで死ぬところだった」と話した。

朝食後、ホストと息子は私たちが荷物をカヌーへ運び込むのを見守っていたが、まったく手を貸さなかった。あとで私が「気が利かないね」と言うと、ホストは客の荷物を家へ運び込むのは必ず手伝うべきであるが、帰るときは違う。もし手伝えば、客を早く追っ払いたいと思われるかもしれないからだとサダムが説明した。「あんたがズィクリ湖を見たいと言うから、湖を横断し、ラムラーのバニー・ウマイル一族のところで泊まることになるはずだ。だが、もし風が出たら、遠回りするかもしれないよ」

私たちは丈の高い葦の間を抜ける狭くて目立たない水路に沿って二時間ほどカヌーを進め、湖に出た。日光に輝く開けた水面を見たとき、私は最初、がっかりした。というのは、湖は昨日横断したディーマ湖と同じくらいの大きさにしか見えなかったからである。開けた水面の向こうに大葦《カサブ》の壁に見えたが、そばまで行かないうちに、大葦はそれぞれがかなり離れた多数の小さな浮島の上に生えていることがわかった。ズィクリ湖はこうした島々の縁を越えた先にあった。カヌーの床板に座っている私には、この湖の奥行きが五キロか一〇キロか判断できなかった。かすかにそよ風が吹いていたが、ほかの人たちは漕ぐのを止め、不安そうに見えた。このような静けさがどんなにあてにならないものか知らない私はいらいらしてきた。

四年後の水位の高い時期に、私は湿地帯の西側に沿った砂漠が、幅二〇キロにわたって、深さ二メートル近い水で覆われ、大きな湖面のようになっているところをたまたま横断することになった。出発は明け方だった。湖面は死んだように静かで、風ひとつなかった。その頃には私は族長専用船《ターラーダ》を所有していた。アマーラ県を半分横切ったところで、四人の漕ぎ手の一人が突然、おびえた声で、「何てこった！あれが聞こえるかい？」と叫んだ。耳を澄ませると、静かな水面を渡って北風がこちらに吹いてくるのが聞こえた。前方、一〇キロほど先に、私たちが向かっている村の目印である一列のナツメヤシがちょうど見えてきたところだった。後方を振り返ると、葦の群生地はもはや視界にはなかった。そのとき、漕ぎ手の少年の一人が興奮して、「見て！　帆船が来る。神に讃えあれ！　早く、だんな、ライフルを撃って、合図してくれ」と叫んだ。その船がこちらに近づいたときには、私たちのカヌーはすでにコントロールを失っていた。漕ぎ手たちが私の箱を吊り上げて移し、空《から》の族長専用船《ターラーダ》を曳航してくれた。村に着く頃には、大波が湖岸に打ち寄せ、ナツメヤシの木々は強風を受けてお辞儀をしていた。

今、私はズィクリ湖の静かな水面を見ながら、ほかの人たちに湖を渡るように促した。サダムは仕方なく、「わかったよ、だが湖の縁を回ろう。そうすれば、もし風が吹き出したら葦の群生地に逃げ込める。少し遠回りになるが、そのほうが安全だ」と言った。

私はズィクリ湖がディーマ湖と同様、固定的な葦の群生地がはっきりした境界を形成しているものと思っていたが、いくつもの浮島の間を縫ってカヌーを漕いで行くうちに、境界と思っていたものが、実際は一連のさらなる浮島群で、その奥に開けた水面と、さらに多くの浮島が隠れていたのだ。湖水の深さは二、三メートルほどだが、水はとても澄んでいた。水面下には海草に似た弾力ある濃い色の藻が水流にしたがって揺れていた。これはイバラモ（学名 *Najas Marina*）でマアダンは「スワイカ」と呼んでいた。このような藻の群生している水底は魚が好む繁殖地だと彼らは言う。強い日差しに白く輝くたくさんのペリカンが、大きな黄色いくちばしをこちらに向けて私たちをじろりと見ながら、やれやれというふうに遠ざかっていった。マアダンはペリカンの喉袋をドラムの打面に張るために使うので、一羽を撃ってくれないかとサダムに頼まれたが、ペリカンは滑稽なくらい憤然とした様子だったので、助けてやろうと思い、発砲すれば、銃声で向こうの水面に黒く一列に並んでいるカモを驚かせることになると私は言った。一羽の大きなサギが射程外の葦の群生地からばたばたと音を立てて立ち上がり、大きな羽をゆっくりと動かし、長い足を後ろに引くようにしながら飛んでいった。「あれを撃ちとめてくれていたら、みんなが腹一杯になるほど食えたのに。あの鳥はヒツジ一頭分くらいの肉があるんだ。くせのある味だけどね」とだれかが言った。頭上では数羽のワシが羽ばたきをせずに滑空していた。湿地帯では、アフリカのハゲワシと同じように、ほとんどいつもワシが空を舞っている。

ズィクリ湖の端にある小さな湾で、少年一人乗りのカヌー三隻に出会った。彼らの舟のそばに、死んでいるように見える数匹の魚が水面に浮かんでいた。サハインの部下の一人が魚をすくい上げたらどうだと言ったが、彼はいらいらして、「ばかなまねをするな。わしらの知らない連中だ。怒らせないほうがいい。頼めばきっと何匹かくれるよ」と言った。少年たちはユーフラテス川に近いラムラーから来たと言って、一キロ近い魚を五、六匹、私たちにくれた。「ブンニ」と呼ばれるその魚はコイの一種だった。見た目は黄金色で、この辺にいるほかの魚と違い、触鬚がない。マアダンは冬と春の湿地帯の水位が上がる前に魚を麻痺させて獲る。彼らはこの地方の商人からチョウセンアサガオを買い、小麦粉と鶏の糞と混ぜて丸薬にするか、淡水エビに挿入する。チョウセンアサガオで麻痺した魚が水面に浮上したところを、容易に捕獲できる。少年たちはエビを使っていた。

マアダンは魚を獲るときに網を使うかとサダムに訊いたら、「いやいや、絶対使わない。網を使うのは〝ベルベラ〟だけだ。部族民はやすで突く」と彼は答えた。

「〝ベルベラ〟はどんな人たちなの?」

「ああ、連中のことかね。〝ベルベラ〟とは魚を網で獲る下層民のことさ。連中は部族民の間で暮らしている。アルブー・ムハンマド一族の間に多いな」

〝ベルベラ〟は織工、行商人、鉄工、市場向け菜園経営者、サービア教徒などと同様、境界を越える通商に従事しているので、部族民とは仲間として付き合いにくいのだとサダムは対句を口ずさむように説明した。すべてのアラブ部族民と同様、マアダンの間では、富はあまり重視されず、通商は基本的に軽蔑すべき行為なのだ。人間の価値はひとえに、その人の性格と人徳、血筋にかかっている。

ズィクリ湖を離れると、繁茂する葦の群生地に戻った。ラムラーまでまだかなり距離があるところで水は浅くなり、カヌーを進めるのが容易ではなくなった。大葦《カサブ》の棹は折れやすい。のちに私がこうした棹を使ってカヌーを進めようとしたとき、最初の一押しで棹を折ってしまったが、湿地帯の人たちはカヌーを一押しで三〇センチ進めるために、全体重を棹にかける。この棹は族長たちのゲストハウス建設《ムディーフ》に用いる長さ七メートル近い大葦《カサブ》と同じものだが、この葦は湿地帯のいくつかの決まった場所にしか生

Pitt Rivers Museum, University of Oxford [2004.130.10674.1]

やすで魚を獲りに行くマアダン

えていなかった。マアダンは常に数本の棹を携帯しているが、同じ棹を数カ月にわたって使い続ける人もいる。その朝、私は下手にカヌーへ乗ろうとして、三本の棹を折ってしまった。

　湿地帯を横切って、ついにラムラーに着いた。近くの村には葦や蒲が生え、男たちはカヌーで往き来していたが、家々の間にはナツメヤシの木々があり、村の向こうには開けた平原が広がっていた。私たちはゲストハウス《ムディーフ》に立ち寄った。ホストは村の中を案内してくれた。村には水をいっぱいためた深い水路が縦横に走り、その上にナツメヤシの丸太で橋が架けられていた。私たちは積み上げた葦のマットの後ろに隠れてよく見えない商人の店を通り過ぎ、その少し先で止まって、家族がマットを作っているのを眺めた。一人の老人が、長さ二メートル半、太さは私の中指ほどの乾燥させた大葦《カサブ》の茎の束の傍に、あぐらをかいて地面に座っていた。彼は反りのついたナイフで大葦《カサブ》の茎を縦半分に裂き、それを女に投げると、彼女は短

Pitt Rivers Museum, University of Oxford [2004.130.16808.1]

マットを編む

い横木の重しを先につけた杵でそれを叩き、しなやかにした。彼女は一本の茎を二〇回ほど叩いてからそばに並べた。それから、少年が茎を杉綾模様に織っていった。マットは縦およそ二・四メートル、横は一・二メートルほどの大きさで、ホストが私に語ったところによれば、一枚のマットを作るのに二時間かかり、約一シリングに相当する五〇フィルズで売れるという。

私たちは平原を突っ切るように歩き出した。収穫を諦めて放置された麦藁のように横倒しになったスゲで地面が覆われているのを見ると、この地にはかつて洪水があったと思われる。今のこの土地は鉄のように硬く、漆喰の鋳型のような蹄の跡が残っていた。チドリが鳴きながら風に向かって飛び上がり、旋回してふたたび地上に降りた。私たちが近づくと、アオサギやシラサギが飛び立ち、灰色のチュウヒワシが地上近くを漂い、羽を横に傾けて飛行したり、旋回したりしていた。遠くユーフラテス川沿いの村の目印であるナツメヤシの木立が見えた。同行者が遠くに見える小山を指差し、「トルコ軍がわれわれと戦ったとき、彼らはあそこに大砲を一門据え、われわれの村を砲撃して多くの死者を出した」と説明した。それはおそらく、バスラから北上してきた討伐隊によるものと思われる。なぜなら、この辺りの部族民はトルコ軍と始終問題を起こしていたからだ。

ゲストハウス《ムディーフ》に戻ったのは日没時だった。客は私たちが旅で疲れているだろうと言って早く辞去した。私たちは落ち着いて眠りについた。村のどこかで、女が死んだ子供のことを嘆いていた。休むことなく、何時間も、「おお、息子よ、息子よ」という言葉を繰り返し、悲嘆の苦しみを夜の闇に吐き出していたが、何の慰めも得られなかった。

翌日、ほかの人たちは帰り、私は一人ぼっちになった。

第10章 歴史的背景

イラクで人類の歴史が始まったのは湿地帯の縁《へり》であった。はるか昔の暗黒時代に、すでに社会的・文化的に進歩していた人たちがイラン高原から降りてきてユーフラテス川のデルタに定住するようになった。彼らは紀元前五〇〇〇年頃にここに葦の住居を建て、舟を作り、魚をやすで突いたり、網で獲ったりしていた。彼らは今とほとんど変わらない環境のなかで、現在の人々と同様の生活を送っていた。それからおよそ一五〇〇年後、彼らはアナトリアからイラクに移住してきたほかの人種に同化させられたか、排除されてしまった。新参者は家畜化された水牛、金属加工の知識、文字などを持ち込んだ。どの人種もそれぞれ特有の陶器に移動の記録を残していた。その後、紀元前三〇〇〇年頃、「ノアの洪水」がこの地方を襲った。だが人々はなんとか生き延び、シュメール人は古代村落を埋めた厚い沈泥土の上に都市を建設し、これがおそらく世界で最初と思われる文明を発展させた。

こうして数百年が過ぎる間に、バビロン人が台頭し、シュメール人は衰亡した。紀元前七二八年、馬に曳かせた戦車に乗り、鉄製の武器を手にした恐るべきアッシリア人がアモリ人を絶滅させ、バビロンは焦土と化した。戦争と征服で疲弊した彼らは、今度はメディア人に滅ぼされた。紀元前六〇六年、偉大なアッシリア人の都市ニネベは襲撃を受け、「廃墟と化し、野獣の棲みかになった」。カルデア人が再建したバビロンは、ニネベより七〇年長く生き延びたが、キュロス大王によって滅ぼされ、ネブカドネザル王の空中庭園は炎上した。同じ二〇〇〇年の間に、シュメールを荒らした野蛮で手に負えないグッティ人、カッシート人、バビロンを略奪したヒッタイト人、インドから奇妙な神を持ってきたミタンニ人、それにエラム人など、ほかの人種もイラクへ侵入した。

紀元前五三九年、キュロス大王がバビロンを占領して以来、一〇〇〇年以上にわたって、イラクは、あるときは一帝国の重要な一州として、またあるときは競合する大国間の戦場として外国勢力の支配下にあった。ペルシア人、ギリシア人、セレコウス人、パルティア人、ローマ人、そしてふたたびペルシア人が、この地の保持、もしくは他国からの奪取を目指して兵を進めた。西暦七世紀初頭、征服によって波状的に勢力を伸ばし始めたアラブ人が砂漠からどっと出てきてイラクを侵略し、外国人征服者リストに名を連ねた。

征服の動機は略奪願望であったが、彼らの新しい宗教であるイスラームの信徒であることが、遊牧民諸部族を結びつける絆にもなっていた。先住民に歓迎されたところもあれば、仕方なく受け入れたところもあるなかで、新政権は占領地を専有したが、彼らの統治を認める人たちからはその土地の所有権を奪わなかった。アラブ人はけっしてイスラームへの改宗を推し進める狂信者ではなかった。彼らはイスラームの教えをアラブ人に与えられた特権と見なして、初めはアラブ人と契約による主従関係、養子縁組などによりアラブ人の一族と見なされる者以外の改宗を認めなかった。このような改宗を認められた非アラブ人は「マワーリー」と呼ばれていた。イスラーム教徒でない者は人頭税を払い、集団改宗は奨励されなかった。その後一六〇年間、イラクはアラブ帝国の一州で、第四代カリフのアリーがクーファから短期間統治していた時期を除き、最初はヒジャーズのマディーナ、継いでダマスカスの統治下にあった。この期間に、アラブ人は都市を基盤とする少数の軍人貴族階級を形成した。その大部分は、兵士もしくは政府役人として雇われた人たちである。彼らは尊大で、しばしば高圧的になることがあり、地元民を軽蔑していた。六八一年にアリーの息子フサインがカルバラーで虐殺されたあと、〔アリーの遺徳とフサインの殉死を哀悼するアリーの党派として〕シーア派が生まれたとき、既成秩序に対する不満を宗教的な言葉で表現する彼らの党是は、とくにイラクの「マワーリー」たちの心を打った。アッバース朝カリフがイラクで王朝を興し、七五〇年にバグダードを新しい首都にしたとき、ムスリムである彼の帝国は、もはや真の意味でアラブ国とは言えなくなっていた。ハールーン・ラシード〔第五代カリフ、アラビアンナイトに偉大な支配者として登場〕のような、豪奢な宮廷生活、きらびやかな衣装、凝った礼儀作法、儀式、宦官、宮廷死刑執行人などはすべて、ヒジャーズ地方で初期のカリフたちが生活した頃の簡素きわまりない生活とはまったく違ったものだった。

アッバース朝カリフ時代は五〇〇年続き、初期王朝の栄光は後代の混沌のなかに沈んだ。最後のカリフは、フラグ〔チンギス・カンの孫〕が一二五八年にバグダードを占領したあと殺害された。カリフの死骸は、蒙古軍がこの都市を強奪したとき殺された八〇万人という死者の数をもう一人増やしたにすぎなかった。一四〇一年、バグダードはふたたび略奪された。今回の征服者は、強大な蒙古軍の最後の将軍タメルランである。虐殺された者の数が前回より少なかったのは、すでにこの都市の人口が少なくなっていたからだ。タメルランのあとにトルクメン人がやって来て、最初は「白羊朝《アクコユンル》」、次いで「黒羊朝《カラコユンル》」を形成した。その後、一五〇九年にペルシア人、次いで一五三四年にオスマントルコ人が侵攻してきた。オスマントルコ人は、第一次世界大戦中に英国に追い出されるまでこの地を支配した。だが、その頃までには、イラクの命運はまったく地に落ちていた。オスマン帝国の役人たちは、いくつかの小都市から、崩壊寸前の帝国の極貧地方に在住する無法者部族に対して、見せかけの権威を維持することに躍起になっていた。

シュメール人の時代以来、数千年にわたってイラクは都市と安定した農業が営める定住地であった。次々とやって来た征服者たちは都市を略奪し、住民を虐殺したが、蒙古軍の襲来までは、人々は常に新しい都市を再建し、前からあった文明に自分たちなりの貢献を積み重ねた。彼らは、灌漑用水が流れる運河を何より大事にした。だが、チンギス・カンが外蒙古の砂漠から厳命によって召集し、世界に放った蟹股《がにまた》の黄色人種の騎馬軍団は殺戮にしか喜びを感じなかった。彼らの記念碑は人間の頭蓋骨のピラミッドだった。イラクに吹き荒れていた破壊の旋風がやっと止んだとき、何世紀にもわたって造られた建造物は破壊され、この国の繁栄がかかっていた灌漑システムは修復不可能な損害を受けた。損害の大半は意図的なものだったが、それ以上に、単なる怠慢が積もり積もったことによる影響が大きかった。運河を浚渫し、堤防を強化復活し、洪水を調節する水門を建設するためには行政組織とたゆまない労働が必要だった。蒙古軍団が通り過ぎたあとには、損害を修復するには生存者があまりにも少なく、またあまりにも意気阻喪させられていた。耕作地は砂漠に変わり、貴重な水は湿地帯に四散した。人々は相変わらず川岸沿いで耕作を続けたが、イラクは農業国であることをやめ、牧畜国に変わっていった。世界的な大都市に数え上げられていたイラクの諸都市は薄汚れた村々に退化していった。

ユーフラテス川以遠の砂漠からやって来たアラブ人遊牧民は、イラクに流れ込むと、かつての王宮があった高台に家畜を放牧した。最初に来たアラブ人は繁栄していた都市や町に定住し、次第に先住民に吸収されていったが、新しい移住者たちは黒いテントとともにラクダ、ヤギ、ヒツジを連れてきて、それぞれに放牧地の縄張りを決めて住み分けた。都市生活を基盤にした統治システムは、遊牧民のテント生活の掟《おきて》に置き換えられた。こうした状況のもとでは、部族の保護下にいなければ安全は保証されず、その結果、おびえて、組織的なまとまりのない農民たちは、遊牧民がもたらすものは何でも取り入れざるを得なかった。彼らは自分たちの社会的劣勢を認め、砂漠の貴族階級の流儀や習慣を取り込み、彼らの行動を真似しようと努めた。ときが経つうちに、古い区別は曖昧になり、二つの人種は混ざり合った。ある部族はこの土地に定着し、ある部族はラクダを諦め、ロバにテントを運ばせた。

イラクへ移民してきた砂漠のアラブ人は原住民と比較して数が少なかったが、彼らの習慣や道徳的規範は普及した。イラク人が、自分の先祖はシュメール人かバビロン人、エジプトを制圧したアッシリア人、キュロス大王やダリウス一世、クセルクセス一世のもとに従軍したペルシア人、ローマ軍を完敗させたパルティア人の末裔であると誇らしげに宣言してもおかしくはないのだが、彼らはどちらかというと遊牧民《ベドウィン》の末裔であることを自慢する。アレクサンドロス大王もまた、この道を通った。そして中央アジアでは、彼の名の抵抗しがたい魅力は山間の村々にも残っており、そこの人々は彼の兵士の子孫だと言い張る。だが、イラクでは彼の名は忘れ去られている。囲炉裏《いろり》を囲んで老人たちが勇気と寛大さの伝説を語るとき、それはけっして二本の角がついた兜をかぶったアレクサンドロス大王でもなければ、きらびやかなバグダードで統治したカリフたちの話でもない。それはアラビア砂漠のぼろをまとった羊飼いたちの逸話だった。

砂漠のアラブ人は常に苦労するために生まれてきたような人々だった。彼らには安楽も快適さもなく、長く苦しい旅のつらさと水汲みの重労働しかなかった。「おいらは遊牧民《ベドウィン》だ」と彼らは自慢し、彼らのものである自由だけを求めた。苦痛には平然とし、しばしば非常に勇敢になり、決められたルールに従い、常に偉大な騎士道精神のもとに行なう襲撃と反撃を生き甲斐とした。彼らは危機と苦難の克服に強烈な誇りを持ち、農民や都市居住者に対する自分たちの優越性をけっして疑わなかった。彼らは自分の血筋のことを言うとき、「サラブレッド」を意味する「アシル」という言葉を使う。彼らは実際、習慣に従っていとこ同士の結婚のような近親結婚を何世紀にもわたって続けてきた、世界中でもっとも純血な人種である。彼らは、最良の人が生き残り、そうでないすべての人は残酷にも淘汰されるという、環境による衰退を免れてきた人たちだ。子供のときから始終空腹で悩まされることには慣れている彼らは、よくあることだが、雨が降らなければ飢え、喉の渇きなどは些細な日常的な不快として無視した。だが、目算を誤り、死に至ることもあった。長い夏の数カ月間、溶鉱炉の扉から吹き出す熱風に吹きつけられるような暑さに耐えた。夏は羊飼いの少年たちにとってはつらい季節だが、冬もまた、負けず劣らず厳しかった。凍りつくような冷たい風が草木一つない砂漠を吹き抜け、激しい雨にずぶ濡れになった。長い冬の夜、彼らはぼろ布にくるまって地面に横たわり、目覚めても身体が強ばって動けなかった。食べ物といえば、朝、夕、お椀一杯のラクダの乳があればいいほうだった。おまけに、いつも襲撃者の脅威にさらされ、血の代償を求める確執や突然死に襲われる不安があった。

定住しない生活のため、遊牧民《ベドウィン》は持ち物が少ない。不必要なものはすべて足手まといになる。着ている衣服、武器と馬具、数個の容器、革水筒、ヤギの毛皮の風よけなどが持ち物のすべてであった。自分たちと動物の健康次第で彼らのすべての行動が決まり、動物たちのためなら喜んでどんな困難にも立ち向かった。傲慢で、個人主義的で、きわめて誇り高い彼らは、どんな人でも喜んで彼らの主人に迎えることはけっしてなかったし、屈辱を受けるよりは死ぬほうを選んだ。もっとも民主主義的な人たちではあったが、彼らは血筋を非常に尊び、何世紀にもわたって彼らの血筋の純粋性を短剣で守ってきたのだった。族長に対しては、その血筋に対してある程度の敬意を示すが、尊敬に値する人物でなければ見向きもしない。一族の長は対等な者のなかの第一人者である。族長には召使いもいないし、彼の意のままに、その判断を実行する雇い人もいない。部族民は族長が自分たちの尊敬を集めている間は彼に従い、族長は部族民が従ってくれている間だけ彼らを統治できる。もし、その族長が気にくわなければ、彼らは族長の一族の別の人物に従い、族長のゲストテントは空っぽになる。何もない砂漠で肩を寄せ合って暮らしていれば、隠し事は不可能で、すべての行為は人に見られ、あらゆる会話は盗み聞かれてしまう。彼らは常習的なゴシップ好きで、何でも聞き逃さないところがあり、「何か変わったことはない?」という言葉が挨拶のあとに必ずつくのである。もしだれかが手柄を立てたら、彼をラクダに乗せて宿営地をパレードし、「神はだれそれの顔を白くした!」と叫び、不名誉なことをしたら、「神はだれそれの顔を黒くした!」と叫びながら引き回し、のけ者にする。称賛を熱望する彼らは、それを勝ち取るために何でもするから、彼らの行動は芝居がかっていることが多い。他人には嫉妬深いが、同じ部族民たちに対してはきわめて忠実で、武器も持っていない羊飼いの少年をふざけてナイフで刺したとき、その血の代償として人の命を奪うことを何とも思わない人たちであるのに、仲間を裏切ることは殺人よりはるかに重い、もっとも非難されるべき罪とされている。彼らは自分自身の受難にも他人の受難にも無頓着だが、けっして意図的に残酷であったわけではない。彼らは名誉に敏感で、実際にであろうと、想像上であろうと侮辱されたと思えばすぐに報復するが、普段の彼らはユーモラスで陽気な人たちだった。

遊牧民《ベドウィン》の性格には相反する特徴があった。彼らは本来、おしゃべりではあったが、常に自分の威厳を気にし、あらたまった集まりでは何時間も黙ったまま座っている。自然の美しさには無関心だが、詩は熱烈に愛した。しばしば非現実的なほど気前がよく、だれかがシャツを欲しがると、それが自分のたった一枚のものであったとしてもあげてしまう。彼らの気前のよいもてなしは伝説になっていて、たまたま自分のテントを訪れた見知らぬ人をもてなすために、貴重なラクダを一頭殺して食を供することなど、何とも思わない。だが、彼らはセム族特有の金銭欲のかたまりで、心の底では強欲だった。彼らは信心深く、あらゆるものに神の手を見た。彼らにとって神の存在を疑うなどということは考えもつかない、冒瀆的なことだった。だが、彼らは生まれつき狂信的でもなかったし、受動的な運命論者でもなかった。厳しい生活のなかでとことんまで戦い、その挙げ句、自分の運命を神の意志として威厳をもって受け止めた。

舟でしか動き回れない、方向感覚を麻痺させる迷路のような葦の群生地を持つ湿地帯そのものが、敗軍の落ち武者たちに恰好の隠れ家を提供してきたに違いなく、はるか昔からここは無法と反乱の中心地であった。偉大なアッシリアの王サルゴン二世（紀元前七〇五年没）が、ここに住むカルデア人に敗れた。一〇年後、エジプトを平定し、イスラエルを征服したサルゴン王はふたたびこの地を攻め、紀元前七一〇年に湿地帯に戻って戦いに勝利した。この勝利はコルサバードにある宮殿の外壁に浅浮き彫りで記録されている。彼は恐ろしい報復を行ない、最後にカレドニア人をシリアに連行し、そのあとを北部山岳地帯のヒッタイト人捕虜で置き換えた。

それから一〇〇〇年後、湿地帯はザンジュ一族の本拠地となり、彼らの反乱はアッバース朝カリフ位の存在そのものを脅かした。大部分はアフリカ人の末裔である無数の奴隷たちがバスラ付近の湿地帯の干拓に使われた。言語を絶する残虐な扱いを受けた彼らは、反乱を起こして監視人を殺し、付近一帯を恐怖に陥れた。有能な指導者がいなかったら、彼らは無惨に鎮圧されてしまっていたであろう。ペルシア人のアリー・イブン・ムハンマドの指揮下で、八六九－八八三年に至る一四年間にわたって、彼らはカリフが送った軍勢を次から次へと打ち負かして勝利した。彼らはバスラを襲撃、略奪し、現在のイラン南西部のアフワーズを占領して、バグダードまで三〇キロ余りのところまで荒らし回った。だが、最後には多勢に無勢となった。それでもアリーは降伏を拒否し、軍勢は敗北、彼の首は勝利軍によって意気揚々とバグダードに運ばれた。

一七世紀には、湿地帯の内部もその周辺部も、部族の暮らしは現在のようなかたちをとり始めた。ユーフラテス川下流地帯を三〇〇年以上も支配していた「ムンタフィク」と呼ばれる部族連合は、メッカから逃げてきた一人の男が紛争に決着をつけるため、骨折りがいもなく殺されたことに起源を持つ。彼の属していたバニー・マーリク一族は、彼の幼い息子とともに砂漠へ逃れた。そこでこの少年は成長し、やがて彼らを率いてユーフラテス河畔に戻り、敵を敗北させた。彼の名声と勢力が広がると、さらに多くの部族が彼の指導力を認めるようになった。そのなかには砂漠の貴族的血筋を持つ遊牧民や、出自の明らかでない羊飼いたちもいたが、大半は軽蔑されていた湿地帯住民《マアダン》だった。ムンタフィク部族連合は、その勢力の絶頂期には、オスマントルコ政権と同格に戦えるほどの、事実上、独立した国家であった。ユーフラテス川をさらに下ったチバイシュの辺りには、バニー・アサド一族が現在の本拠地を樹立した。彼らもまた、最盛期にはオスマントルコ軍を悩ませたものだった。同じ時期に、バニー・ウマイル一族がクルナの西方に定住するようになり、カアブ一族はすでに東部湿地帯の有力部族だった。チグリス川周辺では、ムハンマドとファライガート一族の妻との混血の二人の息子が、現在、アルブー・ムハンマド一族と自称している混合部族を支配下に入れ、統治権を確立した。さらに北方では、ラームと呼ばれていたらしい人の孫がラームの子供たちを意味するバニー・ラームという強力な牧畜部族を創立し、現在では人口一〇万人を数える。

数千年にわたってイラクを占拠したさまざまな人種の血筋は、湿地帯という砦《とりで》の中でうまく生き延びることができたのかもしれない。だが、砂漠のアラブ人の掟は、マアダンの生活に規律を与え、部族間の同害報復から食事の作法に至るまで、彼らのすべての行動パターン形成の規範であった。

第11章　湿地帯住民《マアダン》に受け入れられる

チバイシュはユーフラテス川の北側にある。この付近ではユーフラテス川は深く、ゆったりと流れており、川幅は一〇〇メートル近くあった。川の片側には岸に沿って密生したナツメヤシの木立が数キロにわたって伸びており、川向こうには葦の群生地と湿地帯が広がっていた。街灯を備え、セメントで舗装した遊歩道の背後には、村役場、警察官派出所、小さな薬局、学校、クラブハウス、公務員住宅などの薄汚い煉瓦造りの建物がずらりと並んでいた。そのうちのいくつかは新しいものだったが、すべての建物がそのうち遺棄されることを前提に建てられているように見えた。もしこれらの建物が、近隣の村々とくらべてずっとレベルの高い快適さや物質的豊かさを提供するように見えたとしたら、この場違いな建物の外観にもおそらく納得できたであろう。もしこれらの建物が芝生と花壇の中にあったなら、私は温い風呂に入れるだろうと期待したはずだ。だが、ずたずたになった葦の垣根、壊れた瓶や錆びた缶、ちぎれた新聞紙などのごみに囲まれたこれらの建造物は、悪臭の立つ排水路のようにしか見えなかった。

遊歩道の一方の端に、屋台に毛が生えたような店が一列に並んでいるところが市場だった。もう一方の端に飾りのような小さなコンクリートの橋があったが、この橋を渡った先は深い水をたたえた広い潟湖なので、何のための橋なのかわからなかった。給料をもらう役人になる前は大工だった村長《ムディール》が自ら監督してこの橋の建設したのだという。ウォーターフロント付近を除けば、チバイシュは魅力あるところだった。役所の建物群の正面からは見えないが、ナツメヤシの木陰があり、蜂蜜の香りがする小さな薄黄色の花である水生キンポウゲが絨毯のように広がる水路には、小さな島々が連なっている。ナツメヤシの木陰には、葦葺きの家々やいくつかのゲストハウス《ムディーフ》があり、その一つに私は滞在した。

ラムラーでサダムとその一行と別れて数日後、私はチバイシュに立ち寄った。目的は村長《ムディール》に私が行きたいところへはどこへでも旅行してもよいという内務大臣の手紙を提出するためだった。イラクでは「リワー」と呼ばれる各県は県知事《ムタサッリフ》によって統治され、県はさらに二つ以上の郡《カダー》に分けられ、郡長《カーイムマカーム》がこれを治める。郡はさらに村《ナーヒヤ》に分けられ、村長《ムディール》が管理する。チバイシュ村はナーシリーヤを県庁所在地とするムンタフィク県〔現在のディーカール県〕スーク・アッシュユーフ郡の一村である。

私は到着するとすぐに村長《ムディール》を訪問し、彼は私をクラブの食事に招待した。このクラブの建物は安普請のレンガ造りで、ここの気候では、夏は暑く、冬は寒くて、じめじめすることは避けられない。この建物はマットの垣根の奥に建っており、そこでは水不足からヒャクニチソウが枯れたままになっていた。緑色の鉄製の椅子と数個の丸テーブルがところどころ擦り切れた芝生の上に置かれていた。すでに二、三人の役人たちがそこにおり、ほかの人たちはあとからやって来た。私はそのほとんどの人に、その日の朝会っていた。私たちはテーブルの周りに座り、大きすぎるカーキ色のズボンをはき、きつすぎる上着を着た、疲れきった老人が茶をついでくれた。学校の先生の一人が建物からラジオを持ち出し、アンテナを立て、それから四、五時間、ノブをいじっていた。世界中の音楽、歌、朗読とときどき起こる電波障害の音を背景に、ほかの人たちは給料や、アラブ政治、それにナーシリーヤの役人仲間で最近起きたスキャンダルを話し合っていた。私はアラック〔アニスの独特の香りがする蒸留酒〕が好きでないので、ほかの唯一の飲み物である甘い紅茶を何杯も何杯も飲み続けた。私の好き嫌いなど眼中にないホストはアラックを延々と飲み続けて議論に熱中し、私を夕食に呼んだことを忘れてしまったようだ。葦のマットの垣根の裏では一台の発電機が喘息持ちのような音を立てて動き、頭上にぶら下がっている裸電球に電気を供給していた。そしてこの光に誘われて不愉快な虫の集団がテーブルに降ってきた。退屈なうえ、私が座っている鉄製の椅子も肉体的不愉快さを付け加えた。村長《ムディール》が食事を注文することを思い出したのは真夜中過ぎだった。待ったからといって串焼き肉《カバブ》やライスがうまかったわけではなかった。

これらの役人の大半はチバイシュ村から一六〇キロ以内に生まれた人たちだが、受けた教育のせいで、都市部でしか気持ちよく暮らせなかった。気性が合わない部族民の生活環境のなかで、異郷の悲哀を味わっている彼らは、転勤を夢見て、その実現の画策に多くの時間を費やしていた。彼らは赴任中、自宅と役場、クラブを含む数百メートルの範囲に生活圏を限っていた。私のイラク滞在中、彼らが統治する部族民に積極的な関心や、親愛感を抱いている役人に一人も会ったことがない。「湿地帯住民《マアダン》と一緒に暮らすなんて、よく耐えられますね」と一度ならず尋ねられたことはある。「やつらは野獣同然なのに」と彼らはいつも付け加えるのだった。

役人たちは田舎にも興味がなかった。前年の夏、私がクルディスタンで見たもっとも美しい場所の一つで、若いイラク人警察官と一日を過ごしたことがあった。彼はここに赴任して二カ月になるとのことで、大きな遊牧民の一族がその辺りにやって来ていた。麓の樫の森からそびえ立つ標高三〇〇〇メートル近い山々は、山頂まで樹木のない緑のスロープをなし、氷のように冷たい水が下方の紫色の山並みに向かって谷を流れ落ちていた。森にはクマが、尾根には野生のヤギが棲んでいた。天気は最高だった。

私が彼をテントに訪ねたとき、彼はラジオと吸殻がいっぱいの灰皿の横に座っていた。「こんなところに住めてラッキーだね」と私が本気で言うと、彼は、「ラッキーだって！　とんでもない。このラジオがなかったら気が狂っちゃうよ。こんなひどいところじゃ文明人はすることがない。自分の前にいた男は一週間で移ってしまった。賄賂を払って転勤させてもらったんだ。自分は金がないから、そうはいかないので、ただ座ってラジオ・バグダード放送を聴いているだけだ」と大きな声でまくしたてた。

ユーフラテス川沿いにあるチバイシュ村と隣接するいくつかの村々には、アラブ人部族の一つであるバニー・アサド一族が住んでいた。彼らは征服と敗北に彩られた歴史を経て、三〇〇年前に湿地帯に追い込まれた。最盛期には、たとえアラブ系でなくても、保護を求めてくるさまざまな弱味のある人たちを吸収し、そうした人たちを味方につけて勢力を増大させた。彼らは湿地帯から断続的に出撃し、オスマントルコ軍に勝利することもしばしばあった。第一次世界大戦後でさえ、彼らは英国軍の手を焼かせ、一九二四年、ついに英国軍が彼らを破り、族長たちを処分した。それ以来、部族組織は崩壊してしまった。チバイシュ村の農業は常に不安定だったので、近年、数万人を数えるこの一族は、葦のマットを編むことにますます依存するようになった。だが、湿地帯に住んで三〇〇年にもなろうというのに、彼らは自分たちをマアダンとは違うと思っている。彼らは牛を飼うが、水牛飼育を軽蔑している。

チバイシュ村には与太者的な雰囲気があったので、私は村を去るとほっとして、あてもなく東へ進み、ハーミシーヤで砂漠の端に出た。そこから私は元の道を引き返すことになる。午前中にある村に着くと、昼食を振る舞われ、ホストが次の村へと私を送っていってくれた。貧しい人たちが多く、なかには極貧の家もあったが、私はどこでも気持ちよく迎えられた。だが、一カ月の間、私は黙って注視する顔に囲まれて、気兼ねを感じないわけにはいかなかった。どこへ行ってもプライバシーはなく、私の動作は常に観察されていた。リラックスするために外へ出ても、野犬から私を守るために少年が一人ついてきた。私が部屋を出るなり、どんな推量が行なわれているかわかる。「あいつは何が欲しいのか？　なぜここに来たんだ？　よっぽどの理由がなければ、町の者が蚊に刺されたり、おいらと同じ食事を食べたりしに来るわけがない。若者の数を数えるか、水牛を視察するために役人が送り込んだスパイに違いない」などなど。

迎えてくれたホストたちはみな、とても礼儀正しかったが、私を厄介払いしたいのは明らかで、私を不浄者みたいに扱った。シーア派の人たちは浄不浄のしきたりを守ることを宗教的義務と見なしており、厳格な人は異教徒の飲んだカップからはけっして飲まない。ここの人たちはほかの宗教的慣習にはひどくルーズなので、この特殊な差別は意図的な軽蔑を表しているように思われた。キリスト教徒として、また西洋人として、彼らと自分が願っていたようにうまくやっていけるのかどうか、私は疑問を感じはじめた。

その気持ちは、北上してファルトゥースに至る途上、アマイラ郡のある大きな村の住居兼ゲストハウス《ラブァ》に偶然泊まることになるまで続いた。

住居の持ち主は不在で、背の高いハンサムな若者が私たちを出迎えた。私を連れてきた人たちはお茶を飲むとすぐ、自分の村に帰った。「神の奴隷」を意味する短縮語「アビド」という名のホストは、日が暮れる頃、帰ってきた。

「その箱に何が入っているの？」と、彼は食事のあとで尋ねた。

「薬だよ」

「あんたは医者かね？」

「医薬の心得はある」

「割礼はできる？」

私はこの手術をしたことがなかったが、病院や部族民の間でたくさんの施行例を見てきたので、いいチャンスだと思って、「ああ」と答えた。

「うちの息子ハライビドの割礼をしてくれるかね？　割礼ができる人がしばらく来ていないんだが、息子が結婚できるように割礼を受けさせたいんだ」と言って、彼は私を出迎えた若者を指差した。少年はこのとき、忙しそうにコーヒーを注いで回っていた。多少気がかりではあったが、私は翌朝手術することに同意した。

割礼については『クルアーン』のどこにも書いてないが、預言者ムハンマド自身がアラブの慣習に従って割礼を受けているので、ムスリムにとって義務であると一般的に考えられている。割礼を受けていない人間はメッカへの巡礼はできないという掟がある。マアダンであれ羊飼いであれ、イラク南部の部族の間では、割礼の手術は今回のように成人になるまで延期されることが多く、思春期以前に行なわれることは稀である。この手術は夏に村から村へと巡回してくる施術師によって行なわれてきた。伝統的に費用は雄鳥一羽とされていたが、五シリングを要求されることのほうが多かった。のちに私が見た彼らの施術はぞっとするものだった。彼らは汚れたかみそりの刃一枚と一本の糸を使い、何の消毒剤も用いなかった。施術後、傷口に前の患者の包皮を乾燥させた特殊な粉末をふりかけ、ぼろで局部を固く縛るだけだった。こういう環境で生きている人たちは感染に対して強い抵抗力を持ってはいるが、それでも感染に抵抗できず、治癒するまで二カ月もかかり、その間、ひどい痛みに苦しむことが多かった。ある若者が割礼手術から一〇日後に私に治療を求めてきたことがある。私は不快な光景や匂いにはかなり慣れてはいたが、そのときの悪臭は吐き気を起こさせるほどだった。彼のペニス全体、陰嚢と大腿内部が化膿し、皮膚がはがれて、膿が脚部に垂れていた。結果的には、抗生物質を与えて治癒させることができた。割礼を受けていないことは社会的な不名誉であるにもかかわらず、それを受けたがらない者も当然ながらいた。水牛の世話をする者がいなくなるからと、父親が息子の施術を許さない場合もあった。エジプトではよくある迷信だが、子供たちが出生時に天使から割礼を受けたと考える人たちも少数ながらいた。後年、とくにスウェイド一族とカウラバー一族の村々を訪ねたとき、だれも割礼を受けていないという話を聞いたが、これはムスリムの間では信じがたいことだった。

翌朝、アビドは室内を血で汚さないように、手術は外で行なったほうがいいと私に言った。庭には水牛に混じって何人かが集まっていたが、理想的な施術場所とはいえなかった。ハライビドと同年代の若者が大勢集まっていたのは、彼を励ますためだと思われた。私は頭のよさそうな少年を助手に選んだ。ハライビドは大きな木製の臼を持ち出し、それを逆さまにして、その上に座った。

できれば最初はやりやすそうな手術であってほしかった。ところが、彼の局部を診察すると、いわゆる〝包茎〟だった。私は局所麻酔薬の入った注射器を用意すると、ハライビドはすぐに、「これは何のため?」と訊くので、痛み止め用の注射だと答えた。「だめ、だめ、絶対針を刺さないで! 切り取るだけにしてよ」と言って、何を言っても彼の心を変えることはできなかった。彼は表には出さなかったが、私と同様、神経質になっているのではないかと疑った。この施術には時間が少しかかったが、手術中、彼はまったく動かず座ったままだった。手術が終わると、「ありがとう」と言って立ち上がった。私の助手は持っていたいろいろなピンセット類を水牛の糞の上に落とし、ほかの少年たちを押しのけて臼に座り、「さあ、今度はおいらの番だ」と言った。私はハライビドの九人の友達全員が割礼をしてもらい

Pitt Rivers Museum, University of Oxford [2004.130.10382.1]

割礼施術直後のアルブー・ムハンマド一族の少年たち

に来ていたことを知ってショックを受けた。いちばん若い子は一五歳、最年長は二四歳だった。彼らは全員、数日で傷が治癒したことをあとで知った。スルフォンアミド粉末とペニシリンが包皮粉末よりもよく効いたのは確かだった。私が次の村へ行ったとき、そのニュースはすでに伝わっていて、大勢の少年たちが私を待っていた。

そのうちに、だれも地元の施術師に割礼を頼まなくなってしまった。彼らは私が村を訪れるのを待つか、どこかほかのところにいる私を探して、やって来るようになった。あるとき、一一五人もの青少年が現れ、夜明けから深夜まで懸命に働いて、くたくたになったことがある。彼らは施術後、パンを焼く匂いなどを嗅ぐと、傷が炎症を起こすと信じていた。そこで彼らは鼻孔に布切れを詰めるか、店でタマネギを見つければ、それを首の周りにかける習慣があった。彼らは傷が治るまで、魚、凝乳、スイカを食べず、水はほんのちょっとしか飲まなかった。地元の施術師らはこうした迷信を、自分たちの無能を隠す恰好の口実とした。ある惨めな若者が足を大きく開いて、苦しそうによろめきながら通り過ぎると、彼らはもったいぶって、「あの馬鹿野郎、鼻の穴をしっかり詰めなかったからだ。やつはパンを焼く匂いを嗅いだか、もしかしたら水を飲みすぎたに違いない」と説明するのだった。

マアダンは医師の往診を受けることはまったくなかった。彼らはチバイシュ村の薬局へ行くが、効きもしない薬に金を払わされたとしきりに言う。どこへ行っても手術数は日ごとに増し、以来、患者の治療なしに湿地帯で過ごすことはなくなってしまった。患者数は五、六人のこともあれば、一〇〇人を超えることもあった。最初の患者が到着したとき、私はまだぐっすり眠っていることもしばしばで、老人がぜいぜい咳きをしながら私をゆすって起こすこともあった。たいていは単なる風邪や頭痛、便秘、軽い切り傷や打ち身などの患者であった。こうした患者の処置は、時間がかかるにしても容易であった。だが、重病で治る見込みのない患者もいた。助けることができた患者もあったが、何もしてあげられない人たちもいた。そんなとき、私が適切な医学研修を受けていたら、もっと何かできただろうと思うこともあった。

患者の訴える疾患のうち、ほんのいくつかを挙げれば、トラホームその他の眼疾患、疥癬や痔核、結石、さまざまな腸内寄生虫、アメーバ性や細菌性下痢、ビルハルツ住血吸虫症、バジャル病があった。バジャル病はもっとも一般的な病気の一つで、おそらくもっとも不快な疾患である。症状は梅毒に似ているが、性病ではなく、フランベジア疹の一種で伝染性が高い疾患である。病巣は身体のどこにでも発生し、広範囲にわたり、恐ろしく悪臭がすることが多い。この病気の患者が数人、部屋にいると、私は気分が悪くなるのが常だった。バジャル病であると思った症例のいくつかが、実際は梅毒であったこともある。だが、ペニシリンはどちらの疾患にも有効であった。淋病はほとんど聞いたことがなかった。七年間に三例の治療しただけで、そのいずれも、アマーラで感染したものだった。だれもが感染するビルハルツ住血吸虫症については、私は何もしてやれなかった。治療のための注射は一カ月続くのだが、私はそんなに長く一カ所にとどまっていなかったからである。私のカヌーボーイたちの治療はしたが、彼らはすぐに再感染する。はしか、水疱瘡、おたふく風邪、百日咳などの伝染病のほか、一九五八年には「アジア風邪」が流行して、マアダンのほとんどの人たちが感染した。私の薬がこのインフルエンザからくる肺炎を起こした多くの人々を救った。くる日もくる日も、朝から晩まで、薬を求める患者たちに囲まれたが、カヌーボーイと私はなんとか逃げ出してほっとした。このような衛生状態で夏にインフルエンザに感染するのはなんとしても避けたかったのだ。

驚いたことには、マラリアの典型的な症例には出会うことが少なく、しかも、マラリアの患者の大部分は多分、湿地帯の外で感染したものだった。その反面、マアダンの多くは周期的に起こる低体温症に苦しみ、多数の子供の脾臓が肥大していた。ここによくいる蚊のアノフェレス・プルケリムスはマラリアの媒介力が弱い種類だった。もっと感染力が強い蚊のアノフェレス・ステフェンシは湿地帯自体には比較的稀だった。

それに事故もあった。家が火事になり、被災者のなかにはひどいやけどを負う者がいたし、小さな子供が沸騰する湯のポットをひっくり返すことは始終あった。イノシシの牙に刺された男が運ばれてきたこともある。狩りをしていてイノシシに襲われる場合もあるが、葦を刈ったり、農作物を収穫しているときのほうがもっと多かった。ある男の場合、腕と腿に傷を受け、腹部に一〇センチほどの穴が開き、そこから腸が飛び出ていた。幸い腸には穴が開いていなかったので、腸を腹腔に戻し傷を縫合した。彼は驚異的にも生き延びた。自家製の拳銃が暴発して、ある少年の手の半分がちぎり飛ばされたケースの治療に呼ばれたこともある。私にできるのは、ぐしゃぐしゃになった三本の指を切断することだけだった。ほかにも、二人の少年が夜中に私を起こしてカヌーに乗せ、三時間漕いで夜明けに彼らの村に着いたことがあった。彼らの父親が手で眼を押さえて、床で身もだえしていた。話によれば、彼は二年前に片方の眼に打撲傷を受けて失明したという。いまや内部の圧力のため死んだ眼球が眼窩から飛び出そうとしており、唯一できることは眼球を摘出することだった。私は動物の剝製づくりから、眼の構造についていくらかの知識があった。私はこの老人にモルヒネを与え、彼らが老人を押さえこんでいる間にこの眼球を摘出しようとした。モルヒネの投与にもかかわらず、彼は身もだえし、うめき声を上げたので、私はかなり動揺した。彼が意識を取り戻しとき、痛みがだいぶよくなったと言った。私は彼のところに二日間とどまった。六カ月後に会ったとき、彼はすっかり回復していた。

だが、私が治療を試みようとしてもできないことも多々あったし、また多くの失敗もあった。いままでも赤痢で死にかかった少年の顔が目に浮かぶことがある。さらに、私が何もしてやれないということを納得させるのが非常に難しいことがよくあった。多分、ずいぶん遠くから、癌で苦しみ、死にかけている老人や、結核で激しく咳込んでいる少女を連れてきて、私が治してくれるものと確信し、「薬だけでもください、だんな《サーヒブ》。薬をください」と悲しげに請い続けるのだった。アマーラかナーシリーヤの病院へ行っていたら治ったかもしれないのに、病院を怖がり、行くことに同意する者はほとんどいなかった。

マジャール、チバイシュ、アマーラの医師たちは、私に医師資格のないことを怒っても当然だったが、彼らはけっしてそうはしないように見えた。それどころか、数人の医師たちは私に助言したり、薬をくれたりして助けてくれた。バグダードの内務省は、私の湿地帯における医療行為を認めてはくれたが、私の処置のせいでだれかが死んで、家族とのトラブルが発生した場合、私を刑事告発から守ることはできないと警告した。私はそのリスクを甘んじて背負うつもりだった。私はすでに死にかけているたくさんの人を治療したが、あとで私が彼らを殺したと言う者は一人もいなかった。

第12章　ファルトゥース一族とともに

アビドの村を離れたのち、私は「チバーシャ」と呼ばれる葦やイグサを積み重ねた土台の上に建てられた小さな家に滞在したが、私の患者たちの重みでその土台が沈んだ。私は足首まで水に浸かったまま彼らの治療を終えた。ホストは「構いませんよ」と言ってくれたが、それでも私がそこを去るときは、ほっとしたような顔を見せた。

次の村のマブラドは、運河の両側に四、五〇戸の家屋があった。その一つ一つが「チバーシャ」にさらに盛り土をした「ディビン」の上に造られており、家と家の間には浅い水路が通っていた。ここでもまた、大勢の騒々しい群集が集まり、私は日没まで三時間、彼らと格闘しなければならなかった。私は村長のマフシンというあまり取り柄のない老人の家に泊まっていた。私は彼の息子たちに手伝ってくれと頼んだが、彼らはふざけてばかりいるうえ、必要としない薬をうるさく求めた。彼らは父親とそっくりで、鼻が高くて、目と目の間が狭く、泣くような声で話した。ついに私は根負けして、いちばんうるさい男にキニーネ二錠を与え、しゃぶるように言ったが、まもなく家の後ろで彼が吐く音を聞いた。夕食まで何時間も待たされ、やっと出てきたものはかたまりだらけの冷めたライス一皿と汚ならしいバターミルク一鉢だったので、機嫌の直しようがなかった。そのあとで、今度はマフシンがお茶を淹れてくれるのを待ったが、いつになってもその気配がなかった。すると突然、彼の息子の一人が振り向いて、「あっ！　あれは何だ？」と叫んで戸口に突進し、外に出た。「火事だ！　火事だ！」という彼の叫び声に、私たちもわっと外に出て、水牛を押し分けて彼のあとを追った。

風下にある二軒先の家が燃えていた。見る見るうちに屋根全体に火がまわり、オレンジ色の炎が唸りを上げ、暗闇に火の粉がはじけた。私たちは急いでカヌーに乗り込み、その家目指して漕ぎ出した。そこに着くまでに、その先の家に火がつき、強風にあおられて両家から燃え上がった火の粉がほかの家々に降り注いだ。いろんなカヌーが炎に照らされた水面を右往左往していた。家の所有者たちがせわしなく家に出たり入ったりしながら、手に持てるものは待機中のカヌーに放り込み、また何かほかのものを持ち出そうと家に急いで帰っていった。女が泣き叫び、男たちは怒鳴り合い、犬は吠え、水牛は水しぶきを上げながら闇の中へ逃げ惑い、その喧噪に加えて、火炎がパチパチ、ごうごうと恐ろしい音を立てていた。私たちが一軒先の家に上陸したとき、三軒目の家に火がついた。取り乱した女が腕に幼児を抱いて私を押しのけて行き、小さい男の子が彼女の着衣にしがみつきながら大声で泣いていた。彼女は幼児をカヌーに乗っていた女の子に渡し、泣き叫ぶ子供をその傍に押し込んだ。彼女は家に走って戻り、数秒後にキルトを一抱えして現れた。

私は戸口で穀物の袋を運び出すのに苦労していた老人と少年にぶつかった。私は袋を舟まで引きずって行くのを手伝い、さらにもう一袋取ってきた。まだ数袋が残っており、どれもひどく重かった。いまや隣家はすっぽり火に包まれ、火炎を背景に一人の女のシルエットが燃え盛る屋根を見つめ、胸を叩いていた。屋根は崩れ落ち、火の粉が上がり、数人の人々が水しぶきを上げて境《さかい》の水路を逃げて行った。

私たちが別の袋を運び出したとき、だれかが、「火がついたぞ」と叫んだ。見ると、頭上の屋根が燃え出している。まもなくものすごい熱気と火焔が迫ってきた。あと一袋残っていたが、もうとどまることはできなかった。「急げ」と老人が叫んだ。私たちは溝に飛び込み、隣の家まで水の中を歩いて渡った。延焼を免れようと、人々は屋根に水をかけていたが、食い止められないのは明らかだった。

その晩、マブラド村で一二軒の家が焼けた。家並みの最後の家は積んだ焚き木のように燃え上がり、黒い水面を赤と黄金色で照らした。私たちは対岸に渡り、その家が燃えるのをじっと見つめた。辺りは漆黒の闇で、星は冷たく瞬き、火炎の熱気が収まったあとの風は冷たかった。いたるところで灰の塊が赤みを帯び、風でちらちらと炎を上げていた。男たちは火事場の奮闘に興奮し、その功績を声高に語り合っていた。遠くでは、女たちが失われた家や持ち物を嘆く泣き声が聞こえた。

見知らぬ人がやって来て、「お茶を飲みに来ないかね、だんな《サーヒブ》」と言った。私がマフシンの家に戻ると、焼け落ちた火元の家の家族がいた。その家の父親は頭巾をなくし、白いシャツはひどく焼け焦げていた。背が低くがっちりした体格で、しわだらけ顔に前歯の一本が欠けた白髪の男が二人の息子と囲炉裏《いろり》のそばにうずくまっていた。一七歳くらいの年上の若者は肩にひどいやけどを負っていた。部屋の奥には多分祖母と思われる老婆が声高に嘆いており、子供の一人を膝に乗せ、二人の子供を両側に座らせた若い女は黙って座っていた。やっとお茶を淹れてくれたマフシンが、「みんな眠っているときに、火が出ないでよかったよ。先月、サーダの火事ではサイイドの女房と子供が焼け死んだものな」と言った。

父親の話によれば、火が出たとき、彼は二人の息子と一緒に隣の家にいた。「わしは子供らを助け出してから、ライフルを取りに戻った。銃は夜具の下に置いてあったんだが、見つからなかった。アリーが火傷をしたのはそのときだ。何もなくなっちゃったよ。ライフルも、箱に入れておいた八ディナールも、夜具、衣類、すべてだ。穀物もみんな、みんななくなった。でも、わしの家が焼けたのはこれが初めてじゃない。今夜、一二軒の家が焼けたが、そのときもこんなだったさ！　やれやれ」と諦めたように付け加えた。

一晩中、老いた祖母は泣いていたが、だれも構わなかった。父親と二人の息子は私のそばに寝たが、私はその一人に手持ちの毛布を貸してやった。少なくとも、彼らの水牛とカヌーは無事だった。本当に大事なのはこちらのほうだった。一家は地面が冷えたら、すぐに新しい家を造るだろう。近くにはそれに適した大葦《カサブ》がたくさんある。村の人たちも穀物や夜具をもってきてくれるだろうし、料理用の鍋は焼け跡から見つかるかもしれない。いちばん深刻な損害はライフルだった。翌朝、私はそのお見舞いに数ディナールを渡した。

前年、ドゥーガルド・スチュワートと一緒に滞在した小さなファルトゥース一族の村アワイディーヤまで二時間かかった。そこへは、丈高の葦で囲まれた小さな湖を漕いで渡り、そのあと開けた浅い水面に棹を差して進んだ。葦の向こうに最初の家が現れる少し前から、湿地帯の村のものに違いない、人声のざわめき、女たちの脱穀する単調な音、水牛の唸り声、犬の吠え声、時を告げる雄鳥の鋭くはっきりした鳴き声が水面を渡って聞こえてきた。村は葦の群生地の間に散らばっていた。ジャーシム・アル・ファリスの小さなゲストハウス《ムディーフ》はそのいちばん奥にあった。水面より少し高く造られた「ディビン」の上のその建物は、全体が左に傾いていた。ジャーシムは背の高いやせた男で、白いシャツを着て戸口に立っていたが、私は彼を見てすぐに好きになった。彼の顔には深く刻まれたしわがあり、鼻はまっすぐに伸び、きりっとした口元と親切そうなまなざしをしていた。前年に私たちをもてなしてくれた年下の息子ファーリフが敷物とクッションを急いで持ってきた。彼は一五歳になっていて、ハンサムだが少しすねた顔つきをしていたが、頭部がカビによる感染症にかかっており、頭皮全体が大量の汚らしい乾いたかさぶたに覆われていた。だが、彼はいつも注意深く頭部を覆っていたので、治療を求められて初めて、私はそれを見た。この感染症は子供によくある病気だった。一四歳くらいで、かさぶたは次第にとれてくるようだが、後遺症で一生禿頭《はげあたま》になることが多い。

私はジャーシムの家に一週間滞在したが、彼らの一員として扱ってくれるファルトゥース一族にすぐに心を許せるように感じはじめた。ここでは、初めから私たちは同じカップを使用した。朝に晩に、ファーリフはカヌーを漕いで私を近くの湖にカモ猟に連れ出してくれたが、カモは常に用心深いので、湿地帯住民《マアダン》が食べるオオバン、アオサギ、鵜《ウ》で満足しなければならなかった。彼らが魚のようにうまいと勧めてくれた鵜を試食してみた。私は一口食べただけで、何時間もこの味を口から消すことができなかった。

ある朝、ファーリフと従兄弟のダーウドの二人が、私の乗った舟を陸部のほうに向けて棹で進めてくれた。まもなく大葦《カサブ》地帯を離れ、倒れた蒲《がま》が広範囲にわたってそのままになっている地帯に突入した。枯れて灰色になった昨年の蒲の間から新芽が伸びはじめていたが、まだ丈高になっていないので、カヌーの船底に座る私の視界を遮ることはなかった。この辺りは鳥でにぎやかなところだった。舟の傍らからシギが飛び立ち、ジグザグ飛行をしながら去った。また小さい渉禽類の鳥の群れがさっと通り過ぎていった。エリマキシギ、オグロシギ、ダイシャクシギ、アカアシシギ、ソリハシセイタカシギや私が知らない鳥たちが開けた泥沼のあちこちで餌を食べていた。ヘラサギ、コウノトリ、シラサギ、灰色や紫色のサギもいた。遠くでガンの鳴く声が聞こえたことも一度あった。チュウヒが獲物を追って低空飛行し、ワシがいつものように頭上を旋回していた。ファーリフとダーウドは行けるところまで棹を使ってカヌーを進め、それからシャツを腰上にたくし上げてぬかるみに入り、小さなカヌーをイグサの間を押して動かした。

陸部まで行きたかったが、黒いテントに住むムンタフィク部族連合の遊牧民がいる大平原との間に数キロの幅の水の引いた泥地が立ちはだかっていた。ファーリフは彼らのことを「アラブ人」と呼び、また今度、私を連れて行くと約束した。「バドルの子孫のマフシンを訪ねよう」と彼は言った。「彼は最高だよ。親父の友人でね。親父は彼が英国軍に追われているときに匿ってやった。バドルって聞いたことがないですか？『バドルのように寛大だ』とかアラブ人は今でも言うけど、息子は父親に似るってね。水位が高い時期に来てください。そうすれば会いに行けるから」

帰りの旅で、私はファーリフがしきりに美味しいと言う紫色のバンを数羽撃ち落した。形や大きさもオオバンに似ているこの鳥は、長い脚を振りながら葦の群生地から飛び上がった。夏季には、この鳥と春やって来る斑《まだら》模様のカモしか食用に適した鳥はいなかった。

口数の少ないダーウドが、父が刑務所に収監されているアマーラに連れて行ってもらえないかと、ためらいがちに私に尋ねた。「父はサイガルでアル・イーサ一族の族長に仕えていた」と彼は言った。「ある日、族長はトラブルを起こしているアザイリジ一族の三人の男を捕えるように父に命令しました。父は彼らを族長のところへ連れて行き、族長は彼らを鞭打った。その後、彼らは父を襲い、そのうちの一人が棍棒で頭を殴って意識不明にした。父は、意識が戻るとライフルを持ち出し、その男を撃ったんです。その男は死にました。族長はひどい男で、父をかばうどころか、役人に引渡し、役人は父に一〇年の刑を宣告した。お袋とおいらはここに来て、叔父のジャーシムと一緒に住んでいる。六年前の出来事でね。おいらは親父に会いたいんだ」

ダーウドは変わった少年だった。普段は快活でおしゃべりだが、ときどきふさぎこんで黙ってしまうことがあった。彼が私と一緒にアマーラへ行くと聞いて、ジャーシムは喜んだ。「あいつは親父が大好きだったが、投獄されてから会っていない。親父が連行されたとき、あいつは何日も話も食事もしなかった。去年、またおかしくなり、だれもその原因がわからなかった。あいつは『ダーウドは死んだ』と言いながらうろつき回ってね。わしらがやつをフワダの聖廟にお詣《まい》りに連れて行ったら、治った」

毎晩、男衆と少年たちはカヌーを漕いでジャーシムのゲストハウス《ムディーフ》に集まり、カヌーを入り口に停めると、室内で壁を背にして車座になった。最初の数回はおしゃべりをしていただけだったが、ある日、ジャーシムが歌おうじゃないかと提案した。「そうだ、そりゃあいい、歌って踊ろう」とほかの者たちも同意し、一斉にしゃべりだした。「さあ、楽しもうじゃないか。ハイヤールはどこだ？　今日、マブラドから帰ってきたはずだ。ドラムはどこだ？　おれたちはこの英国人に、マアダンがどんな楽しみ方をするのか見せようじゃないか。ファーリフ、行ってドラムとタンブリンを持ってこいよ。ダーウド、ハイヤールを連れてこい」

ファーリフがドラムを二つ持って戻り、ほかのだれかがタンブリンを二個持ってきた。ドラムは陶器製で先細の花瓶のような形をしており、長さは四六センチ、太い部分の幅は二〇センチで薄い皮が張られていた。反対側は空いていた。やがてやって来たハイヤールはファーリフやダーウドと同年代だった。彼はファーリフのドラムに合わせて何曲か歌った。鳴り物に引き寄せられてほかの少年たちがカヌーを漕いでゲストハウス《ムディーフ》に集まってきて、すでにかなりいっぱいだった部屋はまもなく混雑してきた。ハイヤールの声は魅力的で、うきうきとした陽気な曲や、悲しい曲も含めてレパートリーはたくさんあった。そのあと、ハイヤール、ファーリフ、ダーウドと五、六人の少年たちが小さな輪をつくり、そこへ嫌がる、痩せたいたずらっぽい少年二人を引っ張り込んで、踊るように命じた。二人は兄弟で、兄は一三歳くらいだった。ハイヤールがドラムを手にし、ファーリフにもう一つのドラムを持たせ、指の先だけを使って、速い断続的なリズムで演奏しはじめた。二人の少年はタンバリンを打ち始めた。残りの少年たちは手を合わせ、両手の中指で調子をとる一方、右足のかかとで床を打ち鳴らした。

二人の兄弟ははじめ、ひじが肩の高さになるように腕を上げ、ゆっくりと、物悲しげに身体を揺らしながら輪を描いた。リズムが速くなると、腕をもっと下のほうで振り、身体をよじったり、くねらせたりし、両足を前方や横、後ろへといっそう速く動かした。ほかの少年たちも気兼ねなく歌うようになった。ダンスはクライマックスに達した。すると突然、少年たちは立ち止まって両足を開き、だんだん速くなるリズムに合わせて身体を前後に振り、腰を突き出す速度をどんどん上げていった。その速度が緩むと、引きつった筋肉の痙攣が遠のくにつれて身体が震えた。やがて彼らはさりげなく動きを止め、聴衆にウインクして、腰を下ろした。

だが、彼らは座ったままでいることは許されなかった。次から次へと彼らは、毎回少しずつ違う芸を繰り返した。子供による性行為のパロディとしてはすぐれたものだったが、猥褻な感じはしなかった。夜が更けると、聴衆は聖歌吟唱に見せかけてムスリムの祈禱の冒瀆的で淫らなパロディを演じ、一人の少年がお尻を突き上げた他の少年の後ろから、それらしき行為を思わせるジェスチャーをした。イスラーム教徒の間でのもっと陳腐な行為に慣れていた私ではあったが、今朝、割礼のため二人の成人した息子を連れてきていた「サイイド」の尊称で呼ばれている人物のほうを、心配になってちらりと見た。三人ともだれにも負けずに声を合わせていた。

第13章 部族同士の諍い

翌日の夕方、夕闇も迫る頃、ダーウドと私は、薬をもらいに来たが今夜はもう泊まっていくことになりそうな人たち数人と一緒に、ゲストハウス《ムディーフ》に座っていた。戸口の向こうには、水牛を蚊から守るためのかがり火と、そこから立ち上る煙が水面を這うように厚く覆っているのが見えた。蚊が出るようになると、葦の群生地が近いこの辺りは、湿地帯住民《マアダン》でさえ、夏はとてもここには住めないだろうと想像される。それまでほとんど気にしていなかった遠くから聞こえるリズミカルなカエルの鳴き声が、突然何かが進入してくるような音に代わった。ほかの連中もそれに気がついて、「ヘビがあいつを噛んだぞ」とダーウドが言った。「この辺にはヘビがいっぱいいて、この間、屋根で一匹殺したばっかりだ」。そのおぞましい、耳障りな音は長い間聞こえた。

二年後の夏、私は同じゲストハウス《ムディーフ》を訪れ、葦の葉の扇で少し風を入れようとしたとき、背後に何か気配を感じた。もう少しでそれを摑み降ろそうとしたが、本能的にそれを避けた。身体を前方に移して下をちらりと見ると、五〇センチ余りの薄い色のヘビがいた。私はその頭部を扇の柄で叩き殺した。

ヘビはめずらしくなく、とくに夏場は多かった。マアダンは、通常一メートルちょっとの太い、暗赤色に黒の混じった「アルビド」と呼ばれる猛毒のヘビから上手に身を守っていた。それでも一度、イラク南部でヘビに嚙まれた患者を診たことがある。それは断食月《ラマダーン》のお祭りがたまたま夏に当たる年のことだった。一四歳の娘を連れた男がチバイシュへ自家製のチーズを売りに行こうとしていた。日中の暑さを避けるため、暗いうちにカヌーに乗りに行った。舟に乗ろうとした少女はヘビを踏んでしまい、足を嚙まれ、三〇分もしないうちに死んだ。顔はひどく黒ずみ、遺体を動かそうとすると、口と鼻から黒ずんだ血が流れ出た。私がその村に着いたのはその直後だった。マアダンはまるで本物のヘビはあまりないかのように、「アンフィシュ」と「アファ」と呼ばれる二匹の怪物がいると固く信じていた。前者は毛むくじゃらで、後者には足があり、両方とも湿地帯の真ん中に棲んでいて、嚙まれたら死ぬという。

ファーリフが夕食の後片づけをすませたころ、長身で細面の男がゲストハウス《ムディーフ》に入ってきた。左手をじっとり血のにじんだボロ布で包んでいる。葦を刈り取っている最中に深く手を切ってしまったらしい。男の目は濃い琥珀色で、一見、険悪な雰囲気がある。サイガルまで二時間ほどのところにあるカビーバという大きなファルトゥース一族の村から来たという。

数年前、ドゥーガルド・スチュワートと私は、砂漠地帯の端にあるアル・イーサという同じような遊牧一族の露営地に泊まったことがある。彼らはサイガルの大きな湿地帯の村と、その周辺の豊かな米作地の支配権を獲得し、そこからカビーバ村を占領して小さな土塁の要塞を造って守備隊を駐屯させた。だが、カビーバ村のファルトゥース一族は反乱を起こし、やがて独立を取り戻した。ドゥーガルドと私が急いでその村を通り過ぎたのは、反乱の一年ほどあとのことだった。私たちのカヌーの漕ぎ手はアル・イーサ一族で、そこの村人との間に流血事件があったため、ライフルを構えたまま、挨拶ひとつ交わさなかった。

　ジャーシムのゲストハウス《ムディーフ》で私が包帯をしてやった男は、たまたまその反乱のリーダー格の一人であることがわかったので、戦闘について訊いてみた。「アル・イーサ一族には何の権利もない」と彼はぴしゃりと言った。「やつらはマアダンじゃない。砂漠から来た羊飼いだよ。カビーバは湿地帯にある。それはファルトゥース一族のもので、おいらの先祖が葦床に土を積み重ねて〝ディビン〟を造ったんだ。あいつらの族長どもがカビーバを分捕ってからはいざこざ続きで、おいらの大半は村を出てほかのところに家を造った。何でおいらは故郷を追い出されなくちゃならならないんだ？」

「まったくだよ。アル・イーサ一族にアッラーの呪いあれってんだ！」とほかのだれかが叫んだ。

「それで戦うことになった。おいらはクサイール月の一二日目の夜、砦《とりで》を包囲した。日が暮れてから三時間後で、月は明るかった。そこには六人の兵士がいて、リーダー格はファライジだとわかった。ザーイル・アリー爺をやって降伏するように説得させたが、連中は、『おまえらマアダンは、犬畜生、犬畜生の倅《せがれ》』と怒鳴り返し、『近づいたら殺すぞ』と叫んだ。そこでおいらは、『おいらは高貴な者《アリアー》の兄弟』と鬨の声を上げながら、四方八方からカヌーで攻撃をかけた」

　その頃には、みな身を乗り出して彼の話に耳を傾けていた。部族戦争物語の大半は、すでに何十回も聞いているに違いないのに、やはりわくわくするものらしい。

「やつらはマシンガンを持っていて、弾丸が雨あられのように、おいらの後ろの葦をなぎ倒した。ありがたいことに、発砲した奴隷は撃ち方を知らなかった。そうでなきゃあ、あの晩、おいらはもっと大勢死んでたよ。おいらはカヌーを飛び出して、砦に突進した。行き着く前に連中のうちの二人をおいらの弾で撃ち殺し、さらに二人をナイフで殺した。おいらが階下の部屋に大勢いるところへ、残っていた二人のアル・イーサ一族のうちの一人が、上から床を貫通する弾を撃ってきて、仲間の一人の鼻が吹っ飛んだ。負傷した男は、『上から撃ってきやがった』と叫んだ。そこでおいらも、天井めがけて一斉に撃ちまくり、もう一人殺した。残ったのはファライジ一人だった。降伏しろ、と呼びかけたが、拒否した。まったく勇敢なやつだよ。ファルトゥース一族の何人かが階段を上がって行くと、やつはそのうらの二人を射殺した。二人は兄弟だった。やがて彼は鬨の声を上げながら屋上から飛び降り、おいらの弾丸で穴だらけになって倒れた。やつの幼い息子が一緒でね。助けてやってくれと頼むから、その子は撃たなかった。子供を殺したってしょうがないしね。その子は今、アル・イーサ一族の族長たちと一緒にサイガルで暮らしている。ファルトゥース一族はこの戦いで一二人死んだ」

彼が話し終わったとたん、ファーリフが飛び出して、足を踏み鳴らしながら歌い出した。

「おお、カライムのお袋さんよ、嘆くなかれ、

カライムは戦いの真っ最中に死んだのだから」

次の瞬間、残りの者たちも立ち上がって、足を踏み鳴らしながら輪を作り、それに唱和した。

ファーリフは走り出て、ライフルを持って戻り、それで天井を突き抜けるように、間隔を置きながら発砲した。私も仲間入りし、自分のライフルで一〇発発砲した。人がどんどん部屋に入ってきて、どよめきが次第に深く、大きくなっていった。やがてみなくたびれて騒ぎが鎮まると、ジャーシムはダーウドを、砂糖とお茶の追加を買い出しに商人のところへ走らせた。カライムとはだれのことかと私が尋ねると、砦の攻撃の先陣を切っていて殺された男だとみなが口々に言った。

それから三年後、私は本土のアル・イーサ一族を訪ねて、そこに滞在した。日が暮れると、断食月の終わりを告げる新月が見えた。翌日、あちこちに散らばっている部族民が族長に敬意を表し、彼の大きなゲスト用テントで開かれる宴会に集まってきた。彼らはグループごとに深紅の幟《のぼり》を掲げ、一部は馬に

乗り、ほかの連中は徒歩で、明け方に出発して平原を渡ってきた。ようやく全員が集合すると、馬に乗った者たちは突撃と反撃を演じ、徒歩の者は輪になって足を踏み鳴らし、ライフルを発砲して、歌を唄う。

「おいらは水べりに戻り、

ファライジを連れて帰るぞ」

――すると私は、ファライジを殺した男たちの一人から、彼がどんなふうに死んだかを初めて聞いた夜のことを思い出した。

翌日の早朝、ジャーシムを残し、ダーウドと一緒に出発。ジャーシムの二人の使用人は、リー＝エンフィールド・ライフルで武装していた。私たちは背の高い葦の間の狭い水路を通っていったが、マツモなどの水草で水がせき止められていて、まるで藻の生い茂った小道を行くみたいだった。カヌーの漕ぎ手たちは、この鬱蒼《うっそう》とした植生の間にボートを進めるのに苦労した。今回は、三〇〇戸の家のある大きな村カビーバを通り、小さな沼の連なりに出た。その向こうには、サイガルの西端の米作地が広がっている。村の東には、湿地帯と本土を分ける幅五キロから八キロの湖が横たわっていた。一年のこの時期なら、アザイリジ一族地域まで、わずか二〇数キロしか広がっていない。だが、そのあと水位が最高に上がる時期には、あちこちで氾濫した水が砂漠の相当な面積を水で覆ってしまうのが常だった。

サイガルは私が見たなかではいちばん大きな村だった。村は広い水路で二分されていて、その両側の細長い乾いた地帯には、ゲストハウス《ムディーフ》や店がたくさんあった。それ以外の四、五〇〇戸ある家の大部分は、マアダン特有の葦やイラクサで造った水浸しの土台の上に建てられていた。村への東側の入り口を見張るために、レンガ造りの砦があった。村がアルブー・ムハンマド一族に襲撃されそうになったとき、ア

Pitt Rivers Museum, University of Oxford [2004.130.3867.1]

断食明けを祝うアル・イーサー族

ル・イーサ一族が大急ぎで造った砦の壁には、すでに深い亀裂がいくつも見られた。南側の土手の上のこれと反対側には平屋根の煉瓦の建物があった。これもやはり戦時の防衛用に建てられたもので、小さな中庭を囲むようにいくつかの部屋があった。そこから三〇メートルほど先の湖に向かって舌の先のように突き出た乾地には、一個のアーチで支えた見事なゲストハウス《ムディーフ》があり、どちらの建物も、マズィアドのおじで、サイガルの代理人をしているアブドゥッラーが所有していた。族長のマズィアド自身は自分の部族と一緒に本土に住んでいた。サイガル村に住んでいるアル・イーサ一族は、彼の身内の数家族とその使用人だけで、ほかにファルトゥース一族、シャガンバ一族、わずかながらアルブー・ムハンマド一族、アザイリジ一族もいた。

アブドゥッラーは留守だったが、その息子で、砂漠のアラブ人らしい物腰の丁寧な、愛想のよい一六歳の少年ターヒルが家にいた。彼が私を、黒装束の武装した数人の男たちが座っているゲストハウス《ムディーフ》に案内してくれた。本土の露営地から数人のアル・イーサ一族が訪れていた。アル・イーサ一族にまったく好意を持てないファルトゥース一族のジャーシムの二人の使用人は、客人へのしきたりで出されたコーヒーを飲み終えると、さっさとアワイディーヤへ帰って行った。ダーウドはサイガル村にいても安全だった。彼の父のハーシムは、ファルトゥース一族ではなく、湿地帯のあちこちの村に二家族、三家族というふうにばらばらに分かれてしまっているジャラ一族という小さな部族の出身だったからである。だが、その彼も、湖の向こう側のアザイリジ一族の村に行けば、身の危険にさらされる可能性があった。父親のハーシムが彼らの一人を殺したことがあったからだ。今では自分の父親がアブドゥッラーに裏切られたと思っている彼は、手元の数珠をもてあそびながら無言のままで、ターヒルが打ち解けようと愛想を振りまいても、まったく反応しなかった。

　私がハーシムを知ったのは、ちょうど彼が刑務所から釈放されて、アワイディーヤに住むことになったときだった。彼は私の会ったマアダンのなかでもっとも魅力的な人物の一人だった。彼は四〇歳という年齢よりは老けて見えた。一〇年の刑務所生活で頭は白髪混じりになり、顔はしわだらけになっていたからだ。彼は貧しかったのに、いつも私をもてなすと言い張り、マアダンや彼らの風習についていろいろ私に教えてくれた。彼は未だにアザイリジ一族との血の確執から解放されてはいなかった。部族の間では、服役で殺人を帳消しにできるとは考えられていないからである。彼らにしてみれば、報復として相手の身内のだれかを殺すか、血の代償金を払ってもらうしか、問題の解決にはならないのである。ハーシムの部族は人数も少なくて、あちこちに散らばって住んでいるため、たとえアザイリジ一族が血の代償金を受け取ることを承諾したとしても、その金を集めるのは困難だった。だが、彼がアワイディーヤのファルトゥース一族のところにとどまっている限り、復讐からはまず安全に身を守ることができた。

ところが、運悪くそこを出なければならない羽目に陥ったのである。

ハーシムがまだ刑務所にいる間に、彼の従兄弟のジャーシムは、彼の娘を七五ディナールの結納金をもらって、アルブー・ムハンマド一族の一人に嫁にやった。ジャーシムは慣習に従って、その金の一部で、キルトやクッションその他の嫁入り道具を彼女の新婚家庭用に買ってやった。ハーシムは出所後、その残りの金は自分のものだと要求したが、ジャーシムはそれを、ハーシムの家族を養うために使ってしまったと主張した。部族のしきたりによれば、父親は嫁いだ娘を、彼女が望まなかろうと、子供がいようとお構いなく、取り戻すことができるが、その場合、結納金を全額返さなければならない。娘には子供がいたのに、ハーシムはこの権利を行使した。娘の夫が結納金の返却を求めると、ハーシムはジャーシムから返してもらえと言った。ジャーシムが納得しなかったので、夫は役所に訴え、役所は、ハーシムをアマーラへ連行して事情聴取をするため、二人の警察官を派遣した。運が悪かったのか意図的だったのかはわからないが、その二人の警察官はアザイリジ一族で、彼と血の確執がある一族が、ハーシムがその居住地域を通って行くように画策させた。ハーシムはその予定経路を示されると、断固として抗議した。だが、警察官らがその経路の途中で仕事があり、彼の身の安全についてはまったく心配ないと保証したので、それに従うことにした。

彼らはスーク・アッターウィルの警察官駐在所で昼食をとりに上陸し、そのあと旅を続けるために外へ出てくると、群衆が彼らを待っていた。死んだ男の兄弟が進み出てきて、族長から借りてきた拳銃でハーシムの胸を撃った。ハーシムは自分のダガー・ナイフ抜いたが、そのまま倒れた。襲撃者はさらに二発を発砲して逃げ、警官は追いかけるふりをした。ハーシムは出血多量で倒れた場所に横たわり、だれ一人彼に近づかなかった。一時間ほどして警察官が戻ってきて、彼を駐在所内に運んだ。まだ意識があった彼は、連中を人殺しだとなじり、やがて死んだ。

私がダーウドに会ったのは、彼の父が死んでから六カ月後のことだった。彼は自分用の拳銃を買っていて、父を殺した男を見つけに、アザイリジ一族領内に単身で出かけようとしていた。不安定な性格だった上にショックが重なって、箍《たが》が外れてしまったように見えた。私は彼が一人で行くのを思いとどまらせようとしたとき、彼は無意味な独り言のように、「ダーウドは一〇年前に死んだ」と繰り返すだけだった。その後、二度と彼を見かけることはなかった。

第14章 カバーブ村に戻る

夕方、ターヒルが族長専用船《タラーダ》で私を湖へ連れて行ってくれた。私たちは漕ぐのをやめて、漂流しながら気持ちのいい環境を楽しんだ。彼は人当たりのいい相手であることがわかった。彼と一緒に、金糸の縫い取りのある服を着た、無口で行儀のよい小さな男の子がついてきていた。私はその子をターヒルの身内の者に違いないと思っていたが、実はカビーバ村の戦いで父親が死んだとき、一緒にいたあのアル・イーサ一族のファライジの息子であることがあとでわかった。日暮れ時にゲストハウス《ムディーフ》に戻ると、小さなコウモリの群れが村から湿地帯のほうへ飛び立っていくところだった。コウモリはゲストハウス《ムディーフ》の天井が見えなくなるくらいたくさんいて、部屋を糞で汚していた。ゲストハウス《ムディーフ》のアーチ型に束ねた大葦《カサブ》をばらばらにしてしまうスズメもまた、厄介者だった。どうやって、なぜスズメがそんなことをするのか、私はとうとうわからずじまいだった。翌年、私は英国から空気銃を持参した。これは初対面でかしこまっている人たちのなかで、話の糸口にちょうどよい道具だった。私が実演して見せると、白髪混じりの髭を生やした、もっとも気難しそうな人物でさえ、一発撃たせてくれと叫んだ。何かを撃ち殺す手助けをしてやることによって、人は仲良くなれるものであるらしい。

翌朝早く、ダーウドと私はアル・アッガールへ連れて行ってもらった。銀色の湖面に漕ぎ出すと、灰色のアジサシがツバメのように軽やかに、きらめく水面すれすれに飛び、春の渡りを前に集まっていたたくさんのカモが、私たちが近づいたときに一斉に飛び立った。背後のサイガル村では、起き出した家々の間をカヌーが音もなくゆっくりと往き来していた。その村もやがて地平線の彼方に沈み、アブドゥラーのゲストハウス《ムディーフ》だけがその位置を示していた。やがて私たちは、このところ数日の狩場だった一面の湿地帯のなかに戻った。葦の新芽はすでに古茎をしのぐほどの丈高に成長している。二時間ほどすると、思いがけず広い水面に出た。その真ん中にアル・アッガール村の二つの島があった。大きいほうの島はシャガンバ一族のもので、二五〇戸の家が地面も見えないほどぎっしりと立ち並んでいる。九〇メートルほど離れたもう一つの島は、かろうじて三〇戸の家が建っている小さなもので、アルブー・ムハンマド一族の一部の人たちが住んでいる。どちらの村も、アルブー・ムハンマド一族の族長マジード・アル・ハリーファに忠誠を誓っていた。私たちは低い柵を越えて水浸しのイラクサを積み重ねたところへ上陸し、「ラブア」と呼ばれる両側に入り口のある大きな住居兼ゲストハウスに入っていくと、知的で如才ない風貌の細身の男ユーニスに迎えられた。控えめな性格だが、人当たりはよさそうだった。

　部屋は人でいっぱいだった。上座には、クルナから来た「サイイド」と尊称で呼ばれている若い男が座っていた。クルナにモスクを建てるという名目で金を集めながら、彼はこの機会を利用して「最後の審判の日」は近いとみなの者に警告していた。彼は私の侵入を腹立たしく思っていることに気づいた。まもなく彼は、不信仰者に家を汚されるのを許せば、あなた方はどうして救いを期待することができるだろうと問いかけたのである。コーヒーを淹れていたユーニスは無言のままだった。コーヒーが入ると、彼はポットを手にして立ち上がり、「サイイド」のところへ行って、こう言った。「わしは無学の湿地帯住民《マアダン》で、神学者じゃないが、おいらの目に映る英国人はいつも、おいらより潔癖に見える。おいらのうちにも英国人に会ったことのある者がいるが、英国人がトルコ人を追い出してこの土地を統治するようになったときからの彼らのことを、だれもが聞いている。英国人は嘘をつかないし、袖の下も取らない。貧しい者を抑圧もしていない。おいらムスリムのほうが、みんなやってるのはご存知のとおりだ。だが、それはさておき、この英国人は私の客だ。だんな《サーヒブ》、ようこそ」と彼は私に向かって言い、さらに言葉を続けた。「この家ではお客はおいらと同じカップで飲んでいただく。それがわが家の流儀だ。それが嫌な人は、飲まずに出て行ってもらいたい」。彼は少し離れて座っていた私のところへやって来て、手にしたたった一つのカップにコーヒーを注いだ。私が飲み終えると、彼はもう一度コーヒーを注ぎ、それを次の人に渡した。くだんの「サイイド」を除き、全員がそれを飲んだ。

のちになって、アル・アッガール村の別の「サイイド」がやって来た。人生の大半を自分の飼っている数頭の水牛の飼料を刈って暮らしてきた貧しい男で、緑色のターバンを除けば、ほかの貧しいマアダンとほとんど変わらないように見えた。彼は私のそばに座り、私の健康状態について何度も尋ねた。彼は自分の同僚の振る舞いについて聞いていて、それを何とか修正しようとしているのではないかと私はいぶかしんだ。夕食後、彼はユーニスに、「あのだんな《サーヒブ》は歌や踊りが好きだと聞いている。わが祖先の地ヒジャーズ地方の踊りを披露させてくれ」と言って、マアダンのハメをはずした戯れとは違う、爪先立ちでくるくる旋回する荘厳な舞を演じて見せてくれた。その仕草は見事なものだった。もう一人の「サイイド」のほうは部屋の隅に引っ込んで、何やらつぶやきながら、数珠を数えていた。私に無礼な態度を示したのはこの「サイイド」だけだった。たいていは初対面のときには素っ気なかったが、時間がたつにつれて打ち解け、親しい友達になった人も何人かいる。なかには変わった人もいて、同族の女性を治療のために連れてきたり、本来なら同じムスリムにやらせたいはずの宗教儀礼である割礼を、息子たちに施してくれと頼みに来たりした。

翌朝、ユーニスはこの村のいちばん端にある大きな住居兼用ゲストハウス《ラブア》で行なわれる結婚式をぜひ見ていくように私たちに勧めた。この日のために、マジャールから有名な男娼《ザカール・ビンタ》にきてもらう手はずが調えてあるという。しばらくの間、遠くから歌やドラムの音が聞こえていた。その少年は、深紅の長衣に模造真珠を幾重にもたらし、重たそうな金のイヤリングをしていた。肩を覆うほど長い髪はきれいに梳かして香料をつけ、胸はパッドで膨らませ、顔には化粧をしていた。見掛けは魅力的な女の子という感じで、男娼特有の気取った立ち居振る舞いではあるが、たしかに踊りはできた。彼はプロである証拠に、村の若者は使わないカスタネットを両手につけていた。ひどく奇妙に感じられたのは、彼の仕草が、私がアワイディーヤで見た少年たちのものとくらべて、少しもエロチックではなかったことである。彼の踊りの大半は、体育館で見る上手な体操のようなものだった。だが、私が又聞きした評判は、彼の別の性癖についてのものであったことは間違いない。

部族社会にはふしだらな女はいないし、売春婦の類もいない。娘の不品行を疑うのに証拠などたいして必要はない。たいていは噂だけで十分である。娘の家族は一族の名誉を守るために娘を容赦なく殺してしまう。殺人の執行義務があるのは娘の男兄弟で、彼女の命を助けたり、部族の一員としてとどまることを願うことはできない。そういうわけで、若者は女の子と寝るどころか抱擁したりすることさえできない。若い男は、男同士で性的充足を行なうが、これは絶対人に知られないように、異常な行為の徴候が人目に触れないように用心する。男娼《ザカール・ビンタ》は町にいるプロの売春婦で、マアダンの噂には上るが、彼らが同性愛について理論的にも、また自分たちの社会の特定の男性について言及するのも、私はまったく耳にしたことがなかった。われわれとさらに違うのは、彼らは自慰《マスターベーション》についてはおおっぴらにしゃべり、ロバとやることについて冗談さえ言うことである。

踊りのあと、ユーニスは彼のカヌーの塗り替えをしている作業場へ私を案内した。瀝青は一年以上はもたず、ひびが入って、そこから水が入ってくる。ひび割れは一時的に、葦のトーチで瀝青を加熱してふさぐことができる。マアダンは、寒い季節に塗装したものは夏に塗装したものほど長持ちしないといつも言う。葦の垣根の内側には、数隻のカヌーが水べりから引き揚げられていた。そのうちの一隻が底を上にひっくり返しにされ、四人の少年が底部と舷側の瀝青をこそげ落とす作業をもうじき終えるところだった。年上の少年が小さな火に載せた鉄板の上でかなりの量の瀝青を溶かしていた。板材の小片や壊れたカヌーの散らばった作業場には温めたタールのいい匂いが漂っていた。その少年が、「アリー、ユーニスが来たよ」と叫んだ。汚れたシャツを着た老人が、家の一つから出てきた。「わしのカヌーはすんだかい?」とユーニスが訊くと、「まだだ。もうちょっとだけどね。ひよっこたちがこそげ終わったとこだ」とアリーが答えた。湿地帯では、小さい子のことをよく「ひよっこ」と呼ぶ。彼は葦のマットを自分の家の壁に立てかけて広げながら、「できあがるまで座って、くつろぎなされ」と言った。彼は自分の息子である作業場の少年の一人を呼んで、「ハサン、お茶を淹れるように言ってこい」と命じた。私がすでにユーニスの家でお茶を飲み、

Pitt Rivers Museum, University of Oxford
[2004.130.16628.1]
私の族長専用船《タラーダ》に瀝青を塗り直す

踊りを見ながらも、また何度も飲んだと言っても、「いいじゃないですか、もう一杯」と言い張りながら、カヌーの修理具合を確かめに行った。

塗料をこそげた板材はぽっかり空いた穴や亀裂だらけだった。彼は地面に転がっている小さな木片を選んで、手斧で削ったり形を整えたりしてから、ひどい穴に詰め込んでいった。そのあと、いちばん年長の少年が煮立っているタールをシャベルで少しずつすくい上げてはカヌーの底にたっぷり載せ、それをアリーが数ミリの厚さに広げた。それが終わると、カヌーは黒々とした、ツルツルでピカピカの新品のように見えた。

アリーがやって来て、私たちのそばに座り、タバコに火をつけた。「もうちょっと待ってくれ。そうすればだんなにカヌーを戻せるから」と彼は言って、ハサンに櫂を取りに行かせた。夜にはすべてのカヌーは家から一〇〇メートルほど先の潟湖に係留しておくことに私は気がついていた。ユーニスによれば、村によっては天然瀝青を食べる習性のある水牛がいるので、水牛が来られないところに移しておくのだという。マアダンは、見知らぬ村に着くと、その辺りの水牛は瀝青を食べるかどうか尋ねるのが普通だそうだ。アル・アッガールの水牛による被害はとくにひどいという評判だった。

また、彼らが言うには、天然瀝青はバグダードに近いユーフラテス川岸のヒットから来るのだという。私もそこに行ったことがあり、どろどろに溶けた瀝青が地面から噴き出て小さな池のようにたまっているのを見たことがあった。瀝青が冷えてから、ローラーで伸ばしたマカダム道路の表面の砕石みたいにざらざらした小さくて堅いかたまりにして輸送する。南イラクにはカヌーに適した木材はなかった。舟の建造者は肋材にはクルディスタン産のクリの木を好み、板材には外国から輸入した木材を利用してきた。湿地帯周辺の大きな村には、アリーのような船大工のいるところがたくさんあった。チバイシュよりユーフラテス川を数キロ下ったところにあるフワイルは、大きな村全体がこうした造船業に従事していて、カヌーだけではなく、大きなマストが二本ある帆船なども造っていた。この村に住むハッジ・ハマイドは、こうした船大工のなかでもっともよく名を知られ、彼の造った族長専用船《タラーダ》はイラク南部のこの地方では知らない人はなかったが、ほかの船大工の建造したものも、ほぼ同じくらい評判はよかった。マアダンは族長専用カヌーを一目見れば、どの船大工が造ったものかわかるという。

フワイルの人たちはムスリムだが、ほかの場所にいる船大工の大半はサービア教徒である。彼ら「スッバ」と呼ばれているサービア教徒は、キリスト教徒やユダヤ教徒とともに「啓典の民」として『クルアーン』にも三回ほど言及されているが、一般的に軽蔑されていて、ムスリムはけっして彼らと一緒に飲み食いをしない。サービア教徒は肉体の損傷を禁じているため、彼らは割礼を行なわない。それゆえ、ムスリムは割礼を受けていない成人男子を「スッバ」と軽蔑して呼ぶ。立派な顎鬚と赤白のチェックの頭巾を特徴とするサービア教徒は全部で数千人ほどいて、その大部分がバグダード、バスラ、スーク・アッシュユーフ、アマーラに住んでいる銀細工師として有名である。集団から孤立して湿地帯周辺のムスリムの村に住んでいるサービア教徒の家族の特徴は、裏庭でカモを飼っているかどうかが目印である。あまり筋の通らないいくつかの理由から、ムスリムは野生のカモだけで、飼育したカモは食べないからである。サービア教徒は日曜ごとに浸礼による洗礼を行なう。そのたびに水を汚すが、そうしなければ、彼らのお浄めの儀式を守れないことになる。こうした理由から、知識不足の西欧人のなかには、彼らを洗礼者ヨハネの流れを汲むキリスト教徒だという人もいる。実際の彼らは、神を信じてはいるが、異教徒だ。私の理解では、彼らの宗教はイスラームではなくて、マニ教の要素を含んでおり、儀式用語はアラム語だった。

湿地帯では、子供たちがよく蒲《がま》の束の一部を上手に上向きにそらせて舳先のような形に整え、小さな筏をこしらえ、その原始的な手づくり筏に乗って村の周囲を漕ぎ回っていた。私は一度、ユーフラテス川支流のスーク・アッシュユーフの先で、「ザイマ」と呼ばれる面白い形をした釣小舟を見たことがある。大葦《カサブ》を骨組みにして、外側に瀝青を塗ったその舟は、長さ約三メートル、幅は七〇センチくらいのものだった。舟の持ち主の話によると、「ザイマ」は瀝青の塗り直しができないため、一年しかもたないという。彼はその小舟をどうやって造るか、やって見せてくれた。まず、想定する舟の長さよりもやや長い大葦《カサブ》を五、六本をきつく束ねたものを半ダースほど造る。次にそれらをしっかりと横につないで平底を形成し、両端それぞれ五〇センチほどは上向きに曲げるために残しておく。次に、長めの葦五本をU字型に曲げ、両端のつなげずに残してあった部分に通して、平底のほうに引っ張り上げて締める。両端に交互にこの作業を行なって、船体の艫《とも》と舳先を形づくる。この船体の骨組みに、二本か三本のヤナギのしなやかな枝で作った肋材をくくりつけて補強する。数本の葦を束ねたものを、肋材の上半分を覆うように交互に船体の内側にしっかり結びつけ、内張りとする。最後に太めの木材を三本、漕ぎ手座として横に押し込み、両端を瀝青の固まりで固定する。これで「ザイマ」はできあがり、あとは外側を瀝青で塗装するだけだ。今日では、マアダンのもっとも貧しい者でも木造の舟を持っているが、昔は情報交換も不十分のうえ、木材の入手も難しかったので、たぶん、多くの人たちはこのような小舟を利用していたと思われる。「クッファ」と呼ばれる巡回網代舟は、バグダード周辺でもよく使われていた。私がそれを見た最南端の地は、クートの先のシェイフ・サアドの近くだった。

　私はアル・アッガールからカバーブ村に戻ることにした。そのほうがダーウドをアマーラに連れて行きやすかったからだ。ユーニスの二人の従兄弟が同行することになった。そのうちの一人がカヌーを漕ぐとき、不器用に舟を傾け、舷側から水が入ってきてしまった。するともう一人が、「おまえはアラブ人か？　おまえはクルド人か？」と言って叱りつけるのを聞いて面白く思った。マアダンなら、そんなに下手くそな漕ぎ方をするわけがないという意味だろう。ブー・ブガイファート村までの道中はずっと、びっしり生えた葦の群生地だった。出発してまもなく、私たちは一家全員で引越しする舟の脇を通った。カヌーに乗っている二人の少年が、老人と別の少年の漕ぐ平底舟《バラム》の後ろからついて来る数頭の水牛を追い立てていた。漕ぎ手の少年が裏声と地声を交互に発して、泳いでいる動物たちに節を付けながら気合いを入れていた。女性と三人の幼い子供は舟の後部に二頭の仔水牛、仔猫、たくさんの雌鳥と一緒に場所を占めていた。子供の一人は、銀の首輪以外、何一つ身につけていなかった。舳先に近いほうには、壊した家の古材、葦製のマット、水入れ、調理鍋、袋入りの穀物、キルトの山などを含む所持品がうずたかく積まれていた。これらすべての先端にある撹乳器の木製の足の間に座った犬が、われわれがすれすれに通り過ぎるときに、こちらに向かって吠えた。

私がアル・アッガールに着いたことを聞いていたサダムは、カバーブ村に戻る私を歓迎しようと待っていた。彼の若い息子アウダに健康状態を尋ねると、「親父は心からお待ちしてるよ。今、お店に買物に行ってるけど、すぐに帰ってくる」と答えた。私の上陸とほとんど同時に、最初の患者がやって来た。若い男がカヌーの船底で呻き声を上げながら身もだえている。痛みは腎臓の辺りから生じていて、苦しそうな発作を起こしていた。原因は胆石ではないかと私は推測した。少しでも楽にしてやろうと、私は唐辛子入りのワセリンをつけて、脇腹をやさしくこすってやった。発作が治まると、おかげさまで治ったと彼が断言したので、私はいつも以上にインチキ療法士になったような気がした。だが、私の〝ヒリヒリする薬〟はたいへん人気があった。マアダンのほとんど全員が、幼い子供たちも含めて、一度ならず「胆石痛《ハサラ》」と彼らの呼ぶ痛みを経験していたからである。一二歳くらいの少年が自分の体内から排泄したばかりの石をいくつか見せてくれたことがある。いちばん大きいのはエンドウマメくらいだった。別のあるとき、預言者《サイイド》の末裔だという尊大な感じの若者が、ときどき「胆石通《ハサラ》」が起こるので、このヒリヒリする薬をくれと言ってきた。私はマッチの空箱にほんの少し入れて、目のそばには付けないように、使ったあとは手を洗うようにと注意した。一〇分ほどして戻ってきた彼は、狂乱状態で、ほとんど理性を失っていた。何やら個人的な理由で、その唐辛子入りワセリンを自分のペニスに塗って、こすったのだという。顔をゆがめ、跳ね回りながら、痛くて死にそうだとわめいた。私は水と石鹸でよく洗えと言ってやるしかなかった。私のカヌーボーイの一人は、この預言者《サイイド》の末裔の災難がおかしくてたまらず、女房のあそこで冷やしてもらえよ、としきりに勧めた。

翌朝、まだ薄暗いうちに、ダーウドが私を揺り起こし、怪我をした男の子が運ばれてきたと言う。一組の男女が、一二歳の自分の子を支えながら部屋に入ってきた。少年の青と白の縞のシャツは破れて、血に染まっていた。顔の下半分は血だらけのボロ布で覆われている。血の気の失せた白い顔に大きな黒い目がじっと私を見つめた。どうしたのかと尋ねると、「飼い犬に嚙まれた」という。子供は震えていたので、私の毛布を何枚か出して彼を包んでやり、その間に火を熾《おこ》して、お湯を沸かした。それから包帯をぬるま湯に浸して彼の顔からそっと剝がした。頰がちぎれていて、肉片がだらりとぶら下がり、奥歯が露出していた。腕や肩にも嚙まれた跡があった。彼は一言もしゃべらず、瞬きもせずに私を見つめていた。私は傷口を洗って消毒し、化膿止めの粉末を添付し、そのあと、できるだけ丁寧に垂れ下がった頰肉を縫合した。彼は顔をしかめはしたが、泣き声ひとつ立てなかった。処置を終えると、「おじさん《サーヒブ》、有難う」とつぶやくように言った。それが彼の口にした最初の言葉だった。私はペニシリンの注射をしてやり、火のそばでくつろがせた。

サダムがやって来て、一緒にお茶を飲んでいると、湿地帯の東方にあるダウブという村からやって来たその子の父親が、寝る前にその子がちょっと外に出たときのことを話しはじめた。「うちの犬がさ、あんたも知ってるとおり、でかくて気が荒いやつでな――いきなり息子に飛びかかって、腕に食いついた。ほら、歯の跡が残っているだろ。それでこの子を地面に引き倒し、喉元に嚙みつこうとした。だが、ありがたいことに、はずれた。そうでなきゃ殺されてたよ。でも、ほっぺたに食いついたのさ。こいつときたら泣き声ひとつ立てねえ。ほんとだよ、サダム。水牛になにか邪魔ものでも現れたのかと思って、外へ出て初めて、この子が必死で格闘しているのを見たんだ。ありがたいことに、いつもの英国人がカバーブ村に来ていると聞いて、夜が明けるとすぐにここへ連れてきたのさ。犬は来る前に撃ち殺した」

私はその犬が狂犬病にかかっていたのではないかと心配したが、父親はこの犬は孤立した浮島から出たことはないから大丈夫だと言った。新しいシャツを買うようにと私が与えた一ディナール紙幣を小さな手にしっかり握ったその子は、その日の午後、両親に連れられて帰っていった。傷はよくなり、頰に大きな三日月型の跡が残ったものの、口の形がゆがんだりはしなかった。マアダンによれば、犬は成人女性と女の子には嚙みつかないという。たしかに私もそういう患者は診たことがなかった。

私が地元民の踊りを喜んで見たと聞いていたサダムは、私のいい思い出になるような一夜を開こうと心に決めていた。食事がすむとまもなく、彼はドラムとタンバリンを持ち出してきて、革張り部分に張りが出るように火にかざして温めた。音の鳴り具合をテストするため、試しに数回叩いているうちに、村人たちがやってきた。アジュラムは父親を連れてきたし、ヘルーは彼より小さくて、痩せた兄弟二人を伴っていた。彼らは二人とも兄よりずっと甲高い声の持ち主で、さっそく「大昔からの暴君」を彼に合わせて歌った。ブー・ムガイファート村の村長サハインも兄弟ハーファズと、ヤシン、ハサンの二人の若者を含む大勢の村人の一団を連れてやって来た。この二人の若者は、のちに私のカヌーボーイになる。

ダヒールという名のファルトゥース一族の少年もいた。孤児でまったく身寄りのないこの少年は、だれとでも次々に喧嘩をするため、村から村へと家畜番の仕事を探して渡り歩いていた。だが、彼には不思議な魅力があったので、人々は腹立たしいが憎めない少年だと噂していた。彼は自分のそばに座っている一四歳のワディという陽気な少年の妹にすっかり惚れ込んでしまった。ダヒールはおだてられて立ち上がり、踊った。彼の顔や仕草には、不当に扱われた腹立たしい思いを滑稽に表現しているように見受けられた。その夜の彼は上出来だった。ほかに何人かの少年が踊り、そのなかにはアジュラムもいたのだが、みんなが何度も何度も歓声を上げたのはダヒールだった。アジュラムの父親フサインが、自分が踊ると言い張った。彼は少年時代には踊りの名手で有名だったが、今では見せ物のゾウのようにどったんばったんし、冷笑を買うだけだったので、サダムはたまりかねて、「フサイン、座れよ。ダヒールにもう一度踊らせろよ」と言った。

その晩、私の知らない人たち数人がそばへ来て座り、私が戻ってきてとても嬉しいと語った。私はもう二カ月以上前に、わずか二日間をここで過ごしただけなのに、彼らは私が何年も彼らと一緒に住んでいたことがあるかのように私に感じさせた。パーティーが終わったのは明け方近くで、外へ出てみると、すでにかすかな光が東から射しはじめていた。足元の暗がりでは、櫂の立てる水音や、家に帰る人たちが互いに呼び合う声が聞こえた。こんなに人なつこい人たちの好意に報いないわけにはいかなかった。

第15章　ファーリフ・ビン・マジード

マジード・アル・ハーリファァはマジャール川一帯に住むアルブー・ムハンマド一族の族長で、湿地帯の大半についても同様の重責を担っている。イラクの国会議員でもある彼は、広大な領地の管理を長男のファーリフに任せて、バグダードにいることが多い。マジードに会ったのは、一年以上も前に私が湿地帯にいたときだった。カバーブ村を通り過ぎるとき、最近、彼はバグダードから着いたところで、サダムと村の長老たちが表敬訪問をしてきたと聞いていた。私もそうするべきだと思い、ある朝早く、ブー・ムガイファート村出身で、すでに六カ月ほど私と一緒にいるヤシンとハサンにカヌーを漕がせて出かけた。私たちの乗ったカヌーは、ヤシンのものだった。ヤシンの年齢は一六歳くらい、背が高くて均整のとれた運動選手のような体格で、モンゴル系の血筋を思わせる無邪気な顔が魅力的だった。ハサンも同じ年頃だが、背は低く、ずんぐりしていて、地元製の銃身に銅線を巻き付けた、恐怖を感じさせる前装銃を持った腕利きの野鳥仕留め人である。私は彼に、銃は私のものを使っていいから、自分のものは後ろに置いておくように説得した。二人のうち、ヤシンのほうが仕切屋的性格で、漕ぎ手としてもすぐれていた。彼はまだ少年にすぎなかったが、すでに湿地帯住民《マァダン》の標準からでさえ、際立って何でもよくできる人物と思われていた。

チグリス川の支流であるマジャール川は、マジャール・アル・カビールでアディル川とワーディヤ川の二つに分かれ、両方とも一〇キロあまり先で湿地帯に注いで消えるが、その辺りでは灌漑用水路に水をとられるため、水量はきわめて少なくなっている。私たちはそうした水路の一つをたどって、川沿いにマジードの村のあるアディル川に入ると、ハサンは前方の横材にロープをしっかり結び、ヤシンが船尾から櫂で舵を取りながら、上流へと舟を曳航した。いくつもの村を通り過ぎ、一〇時頃、辺りを威圧するような、大きな四角い平屋根の煉瓦の建物のある村が見えてきた。壁はひび割れ、古びているが、そこがマジードの私邸だった。その先に荒れ果てて、片側に傾いたゲストハウス《ムディーフ》が建っていた。大葦《カサブ》の束がたくさん近くに積み重ねてあったが、彼はまだ新しいゲストハウス《ムディーフ》を建てていないことは明らかだった。マジードが謁見するゲストハウス《ムディーフ》の外にはびっしり人垣ができていた。一人の男が進み出てきて、私たちをなかに案内した。マジードは専用のカーペットから立ち上がって、私たちと握手した。彼は肩幅が広く、どっしりした体格だったため、平均的な背丈よりも低く見えた。若いときには非常に筋骨たくましかった彼も、老年を迎えて衰え、今では腹部は幾重にも垂れ下がり、歩くとよろめいた。太くて短い首の上に乗った顔には静脈が浮き出て、銀色の剛毛に覆われていた。縁《ふち》の赤い小さな目はぎらぎらしていて傲岸な印象を与えた。彼は寝床から起き上がったばかりのように見え、従って、ご機嫌のほどは予断を許さなかった。彼は縦材でできた箱形の青いヴェルヴェット張りのアームチェア二脚を運び入れて部屋の中に向かい合わせに置くように命じ、私にその一つに座るように促し、自分はもう一つの椅子に座った。ゲストハウス《ムディーフ》の中には大勢の人がいたので、床に座れば、自分が目立たないと感じていたのであろう。

Pitt Rivers Museum, University of Oxford [2004.130.10424.1]

アディル川（マジャール川の支流）流域のアルブー・ムハンマドー族の村

Pitt Rivers Museum, University of Oxford [2004.130.16071.1]

マジャール・アル・カビール付近で舟を曳航する

マジードは私の健康について二、三尋ねると、またその日の仕事に関心を切り替えた。どの問題もてきぱきと迅速に片づけていくが、他人の気持ちを尊重することはほとんどない。もし抗議でもしようものなら、相手を傲然とにらみつけて黙らせた。おとなしそうな、あばた面の中年の書記が彼のそばに座って、決定事項を記録していた。マジードと同じように、彼も茶色の長衣の上に濃い黒の外衣を着ていた。だが、マジードの長衣のほうがずっと繊細に織られた、薄物ヴェールのように軽い材質でできていた。土地はすべてマジードのもので、彼の判断は公平だったから、心配の種はできるだけ高い生産高を保持することだけだった。欲が深いことで有名だった彼はまた、抜け目ない地主で、自分の領地内は隅々まで知り尽くし、半世紀にわたる経験によって、豊作のために必要な水位のレベルを承知していた。彼はいつ、どこにダムを建設するか、いつ、どの程度に水量を制限するかを正確に知っていた。

私はいつも、あっという間に洪水になって氾濫する幅五〇メートル近くもある深い川を、残材や葦、土などで堰き止めてダムにするやり方を見て驚嘆したものだ。そのようなダムを建設するばかりでなく、水路の清掃や土手の補強には、膨大な労働力が必要だ。アラブ人はみなそうであるように、ここの耕作者たちにも共同精神というものがほとんどなかった。彼らだけに任せておけば、どんなに緊急を要する仕事でも、一緒に働くことに合意を得るのに何時間もかかる。それでも、指定された日に、ほんの一部の人しか出てこないため、やる気をなくしてさっさと帰ってしまうのが落ちだ。マジードは必要な仕事は何かを承知していて、それに従って命令を出し、それに従うよう強制する。もしサボったり、仕事をいい加減にする者がいれば、地面に押し倒して鞭で打つ。

全般に役人階級や町のインテリ階級は、族長たちの裕福さに嫉妬し、何とかしてその政治的権力を撲滅しようと敵対意識が強い。彼らが族長たちの所有地を没収し、農民に分けると息巻くとき、族長たちに取って代われるだけの灌漑システムをイラクは持っていないという事実を見逃している。アマーラ県の大物族長たちはだいたいにおいて専制的な強奪者だが、大部分はマジードのように、子供のときから蓄えた自分の領地に関する知識を持った一流の農民だった。なんといっても、彼らは自分の利益よりも自分の土地を深く愛している。仮にバグダードかモスルから派遣されることになる役人が彼らに取って代わり、その地に長くとどまるような次第になったとしても、族長たちと同じくらいの地元に関する知識を獲得するには長い年月がかかるであろう。収穫の成功も失敗も、役人には個人的に何の影響をも及ぼさないから、彼らは必然的に水利用の許認可に心を奪われるようになり、水をもっとも必要としている農民にではなくて、いちばんたくさん金を払ってくれる人に与えるようになる。「水が欲しいのかい？いくらくれる？　半ディナール！　何のためにここへ来て、おれの時間を無駄にするんだ。出て行け」といった光景が想像される。正解は、族長を追い出すことではなくて、彼らが労働者たちに収穫の取り分の割合を増やし、土地の保有権をある程度安泰にしてやることである。

　ゲストハウス《ムディーフ》に来て三時間、面会者が退場しはじめた頃には、私は退屈し、腹も減ってきた。使用人がローストチキン、グリルした魚、ライス、パンとスープなどを持ってきた頃には部屋の半分以上は空だった。マジードの命令で、脚のぐらぐらした小さなテーブルが私の前に置かれ、その上にトレイが置かれた。私が手を洗ったところで、彼がどうぞ始めてくださいと言った。私は彼が私と一緒に食事をするのだと思っていたのだが、その気はない様子だったので、それなら、ヤシンとハサンも一緒に食べられるように、トレイを床に置いてほしいと頼んだ。すると、「いやいや、そこで食べてください。彼らは別に気にしちゃいない。連中はあとで自分たちで食べるんだから」とマジードはぶっきらぼうに答えた。私は仲間と一緒に食べるのが習慣だから、床に置いてもらったほうがいいと主張した。「いやいや、そこで食べてください」と彼は言って、さっさとほかの人と話しはじめた。そんな客の遇し方ってあるものか、と私は心底腹が立ったので、ライスを一口食べると、立ち上がって、手を洗う水をくれと要求した。何が気に入らなかったのかと私に尋ねるマジードを、みなが一斉に見た。

「別に。ありがとうございました。ごちそうさま」と私は答えた。

「もしそのほうがいいのなら、床に座って食べさせてやれ」と彼は大きな声で言った。

私はもう一度礼を言って、もう十分食べたと請け合い、自分の席に戻った。ヤシンとハサンは、私の節制のおかげでたっぷり食べられた。そのあと間もなく、私たちは辞去した。

その後、一年以上、私はマジードのそばには近寄らなかった。次に会ったときの彼の私への対応はだいぶ違っていた。彼は私にその晩泊まっていくようにしきりに勧め、食事も一緒にとり、アラブ人が通常、客に対するときと同じように丁寧だった。その後、何度も彼のゲストハウス《ムディーフ》に立ち寄り、彼をどうしても好きにはなれなかったが、尊敬はするようになった。

その朝、カバーブ村からの道中、私たちはその夜をワーディヤ川沿いにあるファーリフのゲストハウス《ムディーフ》で過ごそうと決めていた。前年、彼はとてもよくしてくれて、また必ず寄るようにと言っていた。だが、私はそうしなかった。これまでアマーラでドゥーガルド・スチュワートと一緒に泊まったときに会った族長全般に、あまりよくない偏見を持っていたからである。町の邸宅で見た彼らは、もったいぶった不作法な行動をとり、あまりいい感じではなかった。マジードの接待のあと、私はその息子を訪ねようという気はあまり起こらなかったので、このまままっすぐカバーブ村に帰ったほうがいいのではないかとほのめかしたが、ヤシンは、「いや、ファーリフのところに泊まりましょう。あの人は違うんだ」と言った。

二時間後、ファーリフは彼のゲストハウス《ムディーフ》で私をくつろがせてくれた。「ぜひまた来てほしいと願っていましたよ」と彼は言った。「あなたのしたことをマアダンからいろいろ聞いています。彼らはいつも医者としてのあなたのことを話してくれます。うちの村の者もきっと、薬をもらいに来るでしょう。湿地帯はあちこちご覧になりましたよね。今度は私たちにあなたの腕前を少し見せてもらいましょう。最近、全然イノシシを撃っていないんだって？　なんてことだ！　たったの一頭も？　水位が上がってくるまでちょっと待っていてください。そのあと一緒に行きましょう」

彼は水位が上がる前に用水路を清掃し、土手を補強する指図に忙しかった。私はマアダンとはまったく違う農民たちを知るよい機会だと嬉しく思って、この機会に一週間滞在することにした。私たちは毎朝、彼の族長専用船《タラーダ》に乗って出かけ、途中のどこかの村で昼食をして、午後に戻ってきた。彼が言っていたように、毎日、たくさんの患者がゲストハウス《ムディーフ》にやって来た。私は出かける前にも、帰ってきてからも彼らを治療した。ザーイル・マハイシンの村で、私たちはマナティにばったり会った。あのイノシシに噛まれた男だ。私はその老人がすっかり弱々しくなって腰が曲がっているのを見て衝撃を受け、「あの雌イノシシがマナティをやっつけた」という彼の言葉を思い出した。

「あれはいい若者だよ」とファーリフが、ザーイル・マハイシンの昼食の準備を手伝っている二人の少年の一人を指差しながら言った。「あいつの親父のスークブはもう働けないんで、アマーラが家族を養っている。一家はすごく貧しいんだ」。彼はその少年に尋ねた。「たしか、おまえのお袋がアマーラのマーケットの中でおまえを産んだんで、アマーラって名前になったんだよな」。アマーラは笑いながら、「そうだ、おれはまだそこに行ったことないけどね」と言った。すらりとした体格でびっくりするほどハンサムな彼は、仕事の手際がよく、沈着で、生まれながらのできのいい若者だった。それと対照的に、もう一人の少年は、どちらかというと不器用で、およそハンサムではなかったが、明らかに性格はよかった。ファーリフは彼のことをサバイティと呼び、彼の父親は村で店をやっていて、暮らしは楽で、とても人扱いがいいと付け加えた。サバイティはそれを聞いて嬉しそうだった。翌日の朝、私はこの二人の少年と、八キロほど離れた彼らと同じ村からきた数人が、ファーリフのゲストハウス《ムディーフ》の外にいるのを見た。彼らは私に割礼を施術してもらうためにやって来たのだった。施術のあと、どうやって家に帰る段取りになっているのかとアマーラに尋ねると、「痛みが和らいで、出血が止まるまでここにいて、そのあと歩いて帰る」と答え、実際、そうした。

ファーリフは、自分のゲストハウス《ムディーフ》にいるときは、有力な族長にふさわしい威厳を保っていたが、村へ出かけると、打ち解けた、気さくな態度で人々に接した。村人がみな、彼に挨拶するときのほのぼのとした雰囲気は、感動的と言ってよかった。子供たちは、「ファーリフがくるよ！」と叫びながら、われわれの前を敏捷に走っていった。われわれが到着すると、親たちが四方八方から彼を囲んで、ぜひ自分の家に来てくれとせがんだ。彼は場合によっては厳しく、冷酷になることもあったが、村人はそのためにかえって彼を尊敬していた。彼の判断が公平でないという評判は聞いたことがなかった。彼は村人にとって理想の族長だった。生まれがよく、彼らが賞讃し、信頼し、畏れを抱く指導者であった。彼らはみな、ファーリフの射撃の腕前、馬の乗りこなしのうまさを羨ましく思い、ほかの大勢の族長たちと違い、カヌーを楽々と操れるのを喜んでいた。ほかの族長のなかでは、マジードとムハンマド・アル・アライビーが、困難も多かったが、活気もあった時代を生き延びた高齢者にしては矍鑠《かくしゃく》としていた。それ以外の大半の族長たちのなかでも若いほうの人たちは、でっぷり太り、しまりのない体型になって怠惰な毎日を送っていた。彼らは絶えず健康のことばかり案じ、売薬をあれこれ試し続けていた。ファーリフに負けず劣らず評判のよかったのは、ムハンマド・アル・アライビーの息子のジャーシムだけだったが、すでに亡くなり、今では、「ファーリフだけになってしまった」と人々は言う。

一週間後、カバーブ村に戻った私は、自分専用にゆったりした、もっとも安定のよいカヌーを一〇ポンドで買った。ほとんど新品に近く、破損もないものだった。ヤシンは、「いよいよだんなもわれわれの仲間になったね。この舟でだんなを、スーク・アッシュユーフ、クート、バスラなど、どこへでも行きたいところへお連れしますよ」と言った。私たちはそれに乗って、さらに六週間後にファーリフの村に戻ってきて、上陸するなり私は彼に得意そうに、「私の新しい舟はどうです?」と尋ねた。

「悪くないね、だが、待ってください。あなたが来たら見せたいものがあるから」と彼は言って、使用人の一人に命じて取りにやり、新品の族長専用船《タラーダ》を漕いでこさせた。黒くてピカピカの、華奢な船体だが高性能のその舟が水面を渡ってこちらに近づいてきた。「昨日、フワイルから届いたところだ。この舟をあなたに献上する。あなたのために造らせたんだ」とファーリフは言った。「あなたは自分をマアダンの一人と思っているかもしれないが、事実上、あなたは族長だ。この族長専用船《タラーダ》はあなたにふさわしいものだ」。

「うわあ、きれいな舟だなあ！　ハッジ・ハマイド製だが、彼の造った舟のなかで最高だね。こんなのはほかにないよ」

私はたいへん感動して、礼を言おうとすると、ファーリフは自分の手を私の肩に置き、「だんなは私の友人だ《サーヒブ・インタ・サーヒビ》」と言った。

翌朝、ファーリフは、乗組員としてヤシンとハサンのような若者があと二人は必要ではないかと訊いた。年長者や所帯持ちは何カ月も家族と離れたがらないだろうと言う。これを聞いていたアマーフとサバイティは翌日の朝やって来て、自分たちが奉仕しますと言う。この前の割礼の施術のあと、回復にどのくらいかかったかと訊くと、アマーラは、「おかげさまで何ともなくて、三日後には葦を刈っていた。ほかの者もそうだった」と答えた。

アマーラの静かな魅力はとても人を惹きつけるのだが、長旅で族長専用船《タラーダ》を漕ぐほど体力があるかどうか気がかりだった。だが、同じファライガート一族のハサンによれば、彼は見かけよりも丈夫なのだという。ヤシンはシャガンバ一族に属し、サバイティに、われわれに仲間入りしてもよいと告げた。二人とも、私が聞いたことのない、あまり知られていない部族の者だった。私はアマーラとサバイティに、われわれに仲間入りしてもよいと告げた。二人とも、私がイラクを去るまで一緒にいることになる。アマーラはほかの三人よりもかなり年下だが、いちばん気骨のある人間だった。サバイティは文句なしに彼に従い、ハサンもめったに彼の判断に異議を申し立てなかった。ヤシンだけはときどき彼のリーダーシップを恨みに思い、さや当てにアマーラを仲間はずれにした。アマーラとサバイティはまもなく私の治療を手伝うことを覚え、アマーラはたいていの場合、注射をやってくれるようになった。私はカヌーボーイたちに使用人ではなくて、仲間になってもらいたいと言って、決まった給金を払ったことはなかった。その代わり、着るものはすべて買ってやり、事実上、彼らが望んだかも知れない賃金以上の金も与えた。のちに彼らが結婚するときには、結納金を調えてやった。あの英国人からいくらもらっているのだと訊かれると、彼らは誇らしげに、「おれたちは給金をもらっていない。あのだんなのお供をするのが楽しみなんだ。彼は寛大で、おれたちの面倒を見てくれている」と答えていた。

その年は、私たちの族長専用船《タラーダ》に乗って、湿地帯中央部を横切り、ユーフラテス川を下ってクルナまで旅をした。それからサイガル村に戻り、もう一度、本土のアル・イーサ一族のところに滞在した。そのあと、アザイリジ一族を訪問したが、彼らも、その族長たちもどうしても好きにはなれなかった。ジャーシムと彼の属するファルトゥース一族も訪問。カバーブ村で粋な踊りを楽しませてくれたダヒールという少年もそこにいた。彼は相変わらず見捨てられていたが、すっかり痩せ細り、住血吸虫病とその合併症で、明らかに死にかけていた。さんざん議論したうえ、私は彼にバスラに治療に行くようにと説得した。だが、彼は出発するときに涙を流した。私は副領事をしている友人のフランク・スティールに手紙を書いて彼に持たせた。

　季節は夏になっていて、湿地帯では蚊の大群が、日中でさえ、そびえ立つ葦の間の静かな水路を移動する私たちの裸の身体に吸いついた。夜になると、蚊は、暑くて薄物一枚さえまとう気になれない私たちの頭の周りにまとわりついた。私たちは喜んで湿地帯を去り、代わりに農民のなかに新しい友達を作ろうと、マジャール川沿いの村々を旅することにした。だが、私たちの旅が長かろうと短かろうと、いつもファーリフのゲストハウス《ムディーフ》に戻ってきた。だれかが私たちの族長専用船《タラーダ》を見かけると、ファーリフ自身が土手に立って、私たちを歓迎しようと待っているのが常だった。ときには夜更けや早朝に戻ってきて、だれもいないゲストハウス《ムディーフ》に忍び込んでひと寝入りすることもあった。すると、コーヒー係のアブドゥルリダー老人が明け方にそこにいる私たちを発見して、大急ぎでファーリフに、友人が来ていることを知らせに行った。

　大方の族長たちと違って、ファーリフは町の生活を嫌い、バグダードやアマーラへはめったに行かなかった。彼はときどき、一晩か二晩、マジャールに近い身内を訪ねて泊まってくることがあった。よく行くのは、マジードの末弟ムハンマドのところだった。

　ムハンマドは貧しいのに、いちばん気前がよく、もっとも人に好かれる性質《たち》だった。のちに不運に見舞われる彼の息子アッバースはがっしりした体格の二〇歳の青年で、ファーリフのお気に入りの従弟だった。ファーリフに同伴して、私も何度かムハンマドと楽しい一夜を過ごしたことがある。ゲストハウスでの夕食のあと、彼の家の個室で寝《やす》ませてもらったものだった。少年を含む彼の使用人《ムディーフ》たちは、歌や踊りが格段にうまかった。とくにある若者は物真似がうまく、私の期待どおり、わざと大げさに地元役人を真似て、暇な時間の余興にしていた。

ムハンマドの家の近くの湿地帯は、夜間に米作地を荒らすイノシシが好んで出没する季節があった。ファーリフと私は小さなカヌーに乗って、葦の群生地を二分する掘割に沿ってイノシシの跡をつけた。ある日は四七頭を仕留め、別の日には四二頭を撃ち殺した。これらのイノシシは、ヨーロッパやインドの野生のイノシシと同じ種類だが、身体はずっと大きい。二頭を計ってみたが、両方とも、肩幅が九〇センチ余りあった。本当にでかいと思ったやつを計っておかなかったのは残念だった。日中、イノシシは通常、堀の境目の低い土手に造られた水浸しの巣の中に寝ている。ときには、直径二メートル近くもあるその巣には、食いちぎって、口にくわえ、運んできたに違いない何メートルもあるような蒲《がま》が大きな山になっている。水位の高い時期になると、イノシシは湿地帯を逃げ出し、たいていは手入れを怠ってヤシとトゲのある低木のジャングルになっているナツメヤシ畑で寝ている。私も見たその一つには一頭のオオカミとその子供が三匹いた。ファーリフと私はどちらも徒歩でイノシシを追って行き、これはなかなか面白いのだが、たいてい仕留め損なう。馬で行って、イノシシを平野に追い出し、鞍に乗ったまま撃つのが普通のやり方だ。

ついにここを去らなければならないときがやって来た。その秋、私はパキスタン北部の山々へ旅行する計画を立てていたからである。その頃には、自分たちを私の家族と言うようになっていたアマーラ、サバイティ、ヤシン、ハサンの四人は、ファーリフの村の彼の家で、最後の晩を私と一緒に過ごした。夕方、私たちはみなゲストハウス《ムディーフ》の外へ涼みに出て、草の上に座った。六月以来、四〇日間続く風の季節は少し前に終わり、今では大気はまるで動かなかった。日が暮れると、ジャッカルのこの世のものとも思われないしばしの合唱が川下から聞こえた。月が昇り、コウモリが水面にちょいと顔をくぐもらせたり、私たちの頭上を旋回したりした。私たちは「サイイド」を名乗る男の果樹園で採れたメロンやブドウを食べ、ライム・ティーを飲んだ。アブドゥルリダーがゲストハウス《ムディーフ》からポットに入れたコーヒーを持ってきて、「これからおいでのところでは、こんなコーヒーは飲めませんよ。ここにいらっしゃる間に、もう少しどうぞ」と私に言った。そしてファーリフは、「早く戻ってきてくださいね」と言った。

第16章　ファーリフの死

「だんなのお帰りだ。お帰りだ！」とアブドゥルリダーの若息子は大急ぎで這いずり回って、もう一人の寝ている男を揺すった。「おい、起きろよ。あの英国人が帰ってきたんだ。ファーリフに言いに行け。おれは親父を呼んでくる」。ゲストハウス《ムディーフ》のマットの上には、布団をかぶって寝ている姿がいくつか見えた。やがて一人また一人と起き上がって、頭巾や衣服を整えた。彼らが私のほうへやって来て挨拶してくれたときには、ファーリフの使用人全員の顔と名前を思い出せた。「お帰りなさい、だんな《サーヒブ》。お帰りなさい。今日はいい日だ。待ち遠しかったよ」

出発したのは一九五二年七月の最後の週で、今は二月の昼下がりだ。七カ月になるわけだが、もっと長かったような気がした。その間、ヒンドゥークシュ山脈の雪渓を抜けて高い峠をいくつも越え、チトラル川の源流である冷たく青いコロンバル湖まで足を延ばし、ボロギル峠からワハンを見渡した。遠くにオクサス川がきらめいて見えた。私はパキスタン北西部の最高峰（七七〇八メートル）ティリチ・ミール山麓の氷河地帯で露営し、暗くなると、最後の黒衣のカフィール人が住むヌリスタン国境のクワ畑の中の汚い家に泊まった。今こうして湿地帯の端にあるファーリフのゲストハウス《ムディーフ》に戻ってみると、故郷へ帰ってきたような気がした。

歯が抜けて、腰の曲がったアブドゥルリダー自身も急ぎ足で入ってきた。「ファーリフがあなたのことを話しておられたのは、ほんの夕べのことでした。いつ頃お帰りになるんだろうってね。サダムも先日、カバーブ村からこっちへ来ておられる。彼もまた、あなたのことを尋ねておった。ようこそ、ようこそ。今日はお祝いだ」。私たちは囲炉裏《いろり》を囲んでコーヒーを飲んだ。やがてファーリフが入ってくると、全員が立ち上がった。彼は私を抱擁し、頬にキスをし、どうしていたかと尋ねた。「遅かったじゃないか？　先月には帰ってくると思っていたのに。そうだよな、アブドゥルリダー？　とにかく、帰ってきてくれてよかった。湿地帯住民《マアダン》はこのニュースを聞いて喜ぶと思うよ。アマーラとサバイティもいつもあなたがいつ帰ってくるか尋ねていた。あなたが着いたと知ったらすぐにここへ来るよ」。コーヒーを飲み終わると、彼は言った。「だんな《サーヒブ》、あなたはもうお客じゃないんだから、これまでのようにゲストハウス《ムディーフ》に泊まってもらうわけにはいかない。あなたは家族の一員だから、家へきて住んでもらわなくては」。そして自分の身内の一人に振り向いて、「ジャーシム、おまえ、だんな《サーヒブ》の持ち物をあちらへ運べ」と言った。

彼の家は、地元で焼いた煉瓦で建てた平屋だった。家の近くまで行くと、「ここはあなたの家だ。ようこそ。入ってください」と言った。部屋の一つに入ると、壁にはシーア派の聖者アリーとフサインが、血の海の中を敵をずたずたに分裂させながら進む、派手な乗馬姿の肖像画が掛かっていた。金ぴかの額縁に入ったマジードの大きな写真もあった。赤と緑のシルクのカバーを掛けたマットレスと、カラフルなクッションや長枕が部屋の周囲にぐるりとばらまかれていた。そのせいで、部屋は広々と居心地よさそうで、私がときどき閉じこめられたことのある、過去二〇年か三〇年の間にもっと裕福な族長たちがイラクの高官や外国人訪問客のために建てた風情のない煉瓦造りのゲストハウス《ムディーフ》とは大違いだった。そういう部屋は使われないときには締めて鍵をかけてあるので、たいがい埃が積もり、床にはタバコの吸いさしが散らばっていた。イラクでは典型的な、濃い色のヴェルヴェットを張った四角いどっしりしたアームチェアが、一定数壁に沿ってぐるりと置かれ、ペアになった二脚ごとに、間には小さなテーブルが押し込まれていた。そこでは、桟の着いた窓の背後にいる族長が、訪問者と面倒な会話を交わす間、ほかの人たちはそれぞれ距離を置いて座っているような設《しつら》えになっていた。

　ファーリフのお気に入りの従弟アッバースが彼のところに泊まっていて、マジャールの近くにある父親の家に帰りたがっていた。ファーリフは私の方を向いて、「明日、狩りに行きませんか？　湿地帯の端のほうでカモ狩りをしてみようと思うんですよ。イノシシも見つかるかもしれない。アッバース、この英国人がちょうどいらしたところで、明日、われわれと狩りに行きたいと言っているから、家に帰っちゃだめだよ。おまえの銃をだれかにすぐ取りに行かせよう。明日の夜には帰れるさ。何で急ぐんだ。結婚するわけでもあるまいし」と言った。こうして説得されてしまったのがアッバースの運の尽きだった。

　私たちは目玉焼きと、ライス・パンケーキと、熱くて甘い水牛のミルクの朝食をすませ、からりと晴れて冷え込んだ朝のなかを歩き出した。私たちは、毛布にくるまれ、四肢に足かせを着けられたファーリフの三頭の灰色の血統書付きアラブ牝馬を点検した。いつものようにゲストハウス《ムディーフ》に立ち寄ったあと、私たちはファーリフの族長専用船《タラーダ》のそばでカヌーの漕ぎ手が待っているところまで行った。「よう、ダーイル、ヒッル川の河口にカモはいそうかね？」。彼の使用人のなかでももっとも信頼の厚い白髪頭の老人ダーイルは、にやりとした。

「わかんねえな。ちっとはいるかもしれんが、最近移動しちまったようだよ。水位が上がってきたからね。オオバンはいっぱいいるはずだが」

ファーリフ、アッバース、そして私は族長《タラーダ》専用船に乗り、ファーリフの息子のアブドゥル・ワーヒドは別のカヌーに乗って、みな一緒に脇の水路を下流へと出発した。アッバースはファーリフと私の間の舟のちょうど真ん中に座っていた。彼は私の目の前の敷物の上にカートリッジ・ベルトをどさりと落としていたので、その中に〝LG〟というマークの入った弾丸が数発無造作に混じっているのに気がついた。彼の説明によれば、アブドゥル・ワーヒドがベルトに詰めるようにと言って、くれたものだという。「それはイノシシ用だよ。間違ってもカモを撃つときに使っちゃいけない。だれかを殺しちゃうからな」と注意した。私はその意味をわからせようと思って、その一つをばらして、七個の大きな散弾を見せ、それを私のポケットにしまった。ファーリフには息子に注意したほうがいいと言うと、彼はそれに従った。

湿地帯の端で、私たちはそれぞれ、漕ぎ手が一人ずつ付いた小型のカヌーに乗り換え、葦の茂みの中へ入っていった。他の者たちはカモを探しに行き、私はイノシシを狩りに別の方向に行った。だが、水位が上がっていたため、イノシシは明らかに乾地を求めて湿地帯からいなくなっていた。ほかの人たちの射撃音が聞こえ、私がランデヴー地点に戻ってくると、彼らはすでにそこに帰ってきていた。カモは見かけなかったが、オオバンはたくさん撃てたという。ファーリフは、昼飯にはまだ間があるが、狩りをもう少し続けるかと私に尋ねた。いいですよ、と私が答えると「オオバンを九羽仕留めたんだが、一〇羽にしたいんだ。昼飯ができるまで、あと一時間はかかるだろうから続けよう」と言うので、今度は彼らに同伴することにした。

私たちのカヌーはそれぞれ六〇メートルくらいずつ離れて一直線に並び、岸辺と平行に、蒲《がま》の群生地が散らばる間を抜けて漕ぎ出した。ファーリフとアッバースは私の右側に、アブドゥル・ワーヒドは左側にいた。オオバンがときどき飛び立ち、追い風に乗って、私たちの頭上に舞い戻ってきた。私は一羽を仕留め、それを引き揚げようと舟を停めたとき、間違いなく私のいる方角に向かって発砲された発射音を聞いた。弾は右側から来た。私は、「なんてことだ、自分の撃つ方角をよく見ろよ！」と叫んだ。少し離れたところにファーリフのカヌーが、葦の群生地から四、五〇メートルの開けた水面の真ん中に漂っているのが見えた。私のカヌーの漕ぎ手がそれをちらりと見て、「ファーリフがやられた」と叫び、気が狂ったように彼の方へと漕ぎ出した。

ファーリフは前屈みになり、ダーイルに支えられていた。彼は目を閉じ、意識はないように見えた。彼の白いシャツの前側に二つの血痕があった。私はカヌーの漕ぎ手にファーリフの舟の横につけて、その位置を保つように命じ、舟越しに身体を傾けて彼の脈をとった。脈拍はかろうじて感じられた。そこで私は彼のシャツをゆるめた。左側の乳頭のあたりに、明らかに一発の大きな散弾によってできた丸く青い穴から血が滴り出ていた。アブドゥル・ワーヒドも漕ぎ寄ってきて、どうしたんだと尋ねた。「アッバースの弾だ」とダーイルがその時初めて口を開いて言いながら、近くの葦の群生地の方角を見てうなずいた。私は辺りを見回したが、何の人影もなかった。

ほかの四人はたちまち狂ったように取り乱し、「おいらの父さんが、ああ、おいらの父さんが！」と嘆きの声を何度も何度も上げた。三隻のカヌーはまるで小さな筏のように波間に揺れた。私は腹を立てて向き直り、「黙れ！　じっとして嘆いている場合じゃない。すぐに岸辺に運ぶんだ。ダーイル、おまえは彼を支えておれ。私たちが両側で漕いで、あんた方のカヌー引っ張っていく」と叫んだ。彼らは突然泣きわめくのをやめて、動き出した。

岸辺までは三〇〇メートル近くあり、遠くに小さな村が見えた。その間にダーイルが事の顚末を話した。「おいらはオオバンの近くに寄ろうとしていた。あたりに人影はなかった。そのとき、突然、サギが一羽、そこの葦の群生地から飛び立った。群生地の向こう側にいたアッバースが、おいらの方向にまっすぐ撃ってきた。弾がファーリフに当たったのが聞こえ、彼は、『アッバース、おれを殺す気か！』と叫んだ。すると、アッバースが立ち上がった。葦の林越しに彼が見えた。彼は、『まさか、あんたらがそこにいるとは知らなかった』と叫び返したが、そのあと、彼の姿は見えなくなった」

水は深かったので、ダーイルがカヌーを何とか傾かないように保持してくれていなかったら、ファーリフは間違いなく溺れてしまっていただろう。岸辺に着いたとき、アッバースの漕ぎ手の男に会った。彼は一人きりだった。

「アッバースはどこにいる？」

「彼は舟を陸に着けるように命じ、上陸すると逃げ去った」

ファーリフはまだ無意識のままで、脈拍はほとんど感じられないくらい弱くなっていた。できるだけ早く彼を自宅に搬送し、それからマジャールへ出て、さらに車でバスラかアマーラへ運んで輸血をする必要があった。私はアッバースの漕ぎ手をその村へ走らせ、大型のカヌーを調達させた。それから、ファーリフの身体を温めなければならないと気がつき、別の男を村に床わらを取りにやらせた。アブドゥル・ワーヒドは父親をじっと見つめて立ちつくし、「親父は死んじゃうのか、だんな《サーヒブ》？　死んじゃうのか？」と何度も何度も尋ねた。

「神は生きていてほしいと願っておられる。だが、彼は重傷だ」

アブドゥル・ワーヒドはヒステリックになり、「アッバースはどこだ？　どこへ行っちゃったんだ？　ファーリフが死んだら、絶対、あいつを殺してやる。だんな《サーヒブ》、あんたはファーリフの友人だ。あいつを見つけ出して殺すのを手伝ってくれ。どこへ行っちゃったんだ、あのいまいましいやつ？」と言って泣き出し、発作的にすすり上げた。

二人の小さな男の子が、明らかに驚いた表情でどこからともなく現れた。二人はちょっと離れたところで、一緒に私たちを見つめていた。私はその大きいほうの子を呼んで、村へ行って、カヌーを早く回してもらうように言えと命じた。二人は走り去った。私はほかにするべきことが何も思い浮かばず、無力感に襲われながらファーリフと、まだ彼をじっと抱えたままのダーイルをじっと見ていた。老人の顔に涙が流れ落ちていた。

畑を横切って男女が走り寄ってきた。彼らは数人ずつ固まって立っていた。そのなかの一人が、大きなカヌーが村から水路を伝ってやって来ると私に告げた。時間を節約するために、ファーリフの横たわっているカヌーを、水路の反対側の河口まで持っていったらどうかとその男は言った。グループのなかの二人の男が浅瀬を歩いて渡り、カヌーを岸沿いに引っ張っていった。ようやく別のカヌーに出会え、その床には敷物が広げられていたばかりでなく、上掛けやクッションまであるのを見てほっとした。私たちがファーリフを持ち上げはじめると、彼は目を開いて、はっきりと、「用心しろよ、弾が入ってるから」と言った。それから彼はふたたび目を閉じ、静かに横たわっていた。私たちは注意深く彼を移した。ダーイルは後ろに座って彼の頭を支え、私たちは上掛けで彼の身体をすっぽり包んだ。外衣を脱いで、差し出す人たちもいた。

男が一人船尾に昇って舵を取り、もう一人が舳先にロープを結び、さらに別の二人が舟を上流へと牽引した。アブドゥル・ワーヒドと私は枯れたアザミと棘のある低木に覆われた土手沿いに歩いて舟のあとを追った。私たちは靴を族長《タラーダ》専用船に置いてきてしまっていた。私の足は何年も砂漠を裸足で旅していたので、まだ堅かったが、生まれたときから靴なしで外を歩いたことはたぶんなかったに違いないアブドゥル・ワーヒドは、すぐに足を引きずりはじめ、みなから遅れてしまった。ファーリフが目を開けて、何か話そうとしたので、私は舟を停めさせて、彼のそばにひざまずいた。

「ワーヒドはどこだ?」と彼はつぶやくように言った。

「あとから来ている」

「頼む……私が言ったと伝えてくれ、だんな《サーヒブ》。アッバースを彼の親父のところへ連れて行けと。親父の元で保護されるまで、放っておいてはいけないと。私に何が起ころうと、アッバースに何も起こらないように面倒を見ておけと。これは私の命令だ。すぐにそっちへ行けと言ってくれ」

彼はふたたび目を閉じた。私は男衆に船を進めるように合図した。アッバースはたぶん私たちより先に、死に物狂いで実家へと走っていたことだろう。

事故のニュースは、私たちがゆっくりと上流に向かっている間に近隣の村々に広がってしまった。無言の小さなグループがいくつもさまざまな村から私たちのほうへ走ってきた。彼らは私のそばまで来ると、金切り声を上げながら水に飛び込み、頭に泥を塗りつけ、服から水を滴らせながら、水の中に立っていた。女性たちは着ているものを引きちぎって胸を叩いた。「ファーリフはおいらの父さんだ、おいらの父さんだ」と彼らはわめきながら、私たちのあとについて来た。

ファーリフはカヌーの底に横たわり、ダーイルの黒いシャツに寄りかかった顔はひどく蒼ざめていた。わずか二四時間前には、彼の家に戻ってきた私を歓迎してくれていたのだ。今まで、私の心はすっかり麻痺してしまって、何が起こったのか十分理解できなかった。事故があり、ファーリフが重傷を負ったことは認識していたが、今は、彼が死にかけていると確信した。ほかの人たちと同じように私も大声で泣けたら、彼らには私の気持ちをもっとよくわかってもらえたであろうが、心の奥底にある自制心がそうさせてくれなかった。私は自分から選んで、彼らとたくさんのことを共有してきたつもりだったが、彼らのこうした悲しみの表現は分かち合えなかった。

午後遅く、ようやく私たちはファーリフの村に着いた。彼らは担架を持ってきて、それにファーリフを載せ、半狂乱の群集のなかを彼の家まで運んだ。これ以上は入れないと思うほど大勢の人が部屋の中に詰めかけ、無言のままそこにいた。だが、家の外では、女たちが一斉に剝き出しの胸を叩く、消音装置突きのドラムのような、鈍いがしっかりした鼓動を背景に、嘆きの声が高まったり、鎮まったりしていた。ファーリフは目を開いて、天井をじっと見つめた。出血のため、蠟のように白く、意識のない仮面のような顔に、その目だけが唯一の生きているしるしだった。人々は私に、彼に薬をやれと言うが、私にできることは何もないと言っても信じようとしなかった。私はアブドゥル・ワーヒドをそばに呼んで、唯一の希望はファーリフを輸血ができるところに運ぶことであり、瞬時の遅れも生存の可能性を小さくすると力説した。彼は私に同意したが、何もしなかった。ほかの者たちはベッドの周りに立ち、声を低めもせず、「彼は明らかに死にかけている」と口々に言った。

「ほんとだ。もうほとんど死んでるよ」

「まさか。ファーリフにこんな死に方はふさわしくない」

ファーリフはささやくような声で水を求めた。だが、口元まで持っていってやっても、彼は飲み込むことができず、水は顎を伝って流れ落ち、彼のシャツを濡らした。

彼のもう一人の従弟ハターブが到着した。幸いなことに彼は決断力のある人間で、命令に従うことにも慣れていた。彼は直ちに陣頭指揮を執り、ファーリフを運び出して自分の族長専用船《ターラーダ》に乗せ、自分も一緒にマジャールにある彼の父親ハムードの村へ向かった。私は別の舟でそのあとを追ったが、舟が重くて船足が遅かったため、すぐに引き離されてしまった。私がマジャールに着いたときには、ファーリフはすでにハムードの所有する煉瓦造りのゲストハウス《ディワーニーヤ》に運び込まれており、ハムードはバグダードにいるファーリフの父マジードに電話するために出かけていた。地元の医師が群衆に交じって廊下にいたので、私は病状をどう思うか訊いた。彼は首を振り、ファーリフは死にかけているのではないかと危惧した。彼は、唯一の希望は輸血のできるいちばん近い場所であるバスラにファーリフを直送することだという私の意見に同意した。

「英国人はどこにいる?」とだれかが尋ねた。部屋に入っていくと、ファーリフが私を呼ぶようにと頼んだという。私は彼の枕元に行った。彼は目を動かし、私をじっと見たが、何も話さなかった。その場にいたのは家族だけだったので、立ち入るのはためらわれたが、私は彼のベッドの脇にずっと立っていた。ずいぶん長い間待っていたような気がする。外は暗くなりはじめ、家人が持ってきたペトロマックスの灯油ランプが部屋の隅でシュッシュッと音を立てながら、わびしげに輝く炎で部屋を照らしていた。ハムードが戻ってきた。マジードに事故のニュースを知らせるのはさぞかし気の滅入る役割だったに違いなく、ひどく消耗した様子だった。「ファーリフを直ちにバグダードへ運ぶことになりました。これはマジードの命令です。車を三台用意させています」

暗闇の中、ひどいでこぼこ道の四〇〇キロの旅に、ファーリフが耐えられるはずがない。「バスラへ運びなさい。マジードがどうしてもと言うなら、翌朝、そこから飛行機に乗せることもできる。お願いだから彼をバスラに運びなさい。わずか三時間で行ける。そこで必要な薬も与えられる。アマーラでなく、バスラに直行するべきだ」と私はハムードに激しく抗弁した。

だが、ハムードは、「まずアマーラに行き、そこで様子を見ます」と言っただけだった。

車が到着した。ファーリフはもう一度動かされ、そのうちの一台の後部座席に乗せられた。彼の家族は全員、男ばかりでなく女も、別の車に場所を見つけて、ぎりぎりまでぎゅうぎゅう詰めに乗って発車した。ダーイルと私は暗闇の中をファーリフの村までカヌーを漕いで戻った。私たちはほとんど言葉を交わさなかった。だが、彼がこう言っていたのを思い出す。「オオバンをもう一羽撃とうとさえ思わなければ、こんなことにならなかったのに。ファーリフはオオバン一羽と命を引き替えにしたんだ」。彼は少し間をおいて、やがてこう言った。「そういう定めだったんだね、だんな《サーヒブ》」

私にとってもまた、偶然ではなく、運命がこの事故を定めていたように思われた。そうでなければ、なぜアッバースがいろいろなカートリッジをごっちゃにし、大粒の散弾をこともあろうにファーリフのいる方向に撃つときだけ充塡していたのだろうか？　そうでなければ、なぜ六〇メートル以上も離れたところにいる彼に一発の散弾が命中してしまったのか？　ファーリフの家に着いて、前の晩泊まった同じ部屋で服を脱いだとき、ポケットにあの同じ朝、ばらしたカートリッジから取り出した七個の〝LG〟散弾がポケットに入ってるのを発見した。

翌朝早く、私はマジャールに戻って、車を雇った。そこで私はファーリフがバグダードへ飛行機で運ばれたことを知った。人々の話では、状態はよくなったというので、私も希望を持ちはじめた。私は友人に電報を打ち、夜行列車の切符を取ってもらい、翌朝、バグダードに着いた。友人は駅まで迎えに来てくれて、私たちは車で町まで行ってマジードの家を探した。警察官が場所を教えてくれてから、ふと思いついたように、「だが、マジードは昨日、息子さんを葬るためにナジャフへ向かわれました」と言った。

それを聞いて、私はファーリフの死を知ったのだった。

第17章 葬儀

街のはずれにある邸宅は割と簡単に見つかった。ベルを押すと、中に案内された。アブドゥル・ワーヒドとファーリフの弟ハラフが小さな部屋に座っていた。私は彼らに挨拶して、マジードを待った。彼もほとんど同時に入ってきた。マジードは目を赤く泣き腫らしており、顔は悲しみに沈んでいた。形どおりの挨拶のあと、彼は私に長椅子の彼のそばに座るようにと言った。それから彼は私に健康状態や、いつ到着したのかなど、アラブ人の風習どおりの月並みな質問をした。私はお悔やみの言葉を述べたが、彼は向き直って、きわめてあっさりと、「だんな《サーヒブ》、私はあなたが息子の友人だったことを知っている」と言った。私たちは無言のまま座っていた。しばらくして、召使いがコーヒーを持ってきた。私が飲み終わると、マジードはもう一度、私の体調はどうかと尋ねた。私たちはまた、無言になった。息子の死で、希望も覇気もつぶされ、悲しみに打ちひしがれている老人のそばにいることは、私にとってほとんど耐え難かった。私はしばらく時間をおいてから、おいとましたいと願い出た。「ごきげんよう」と彼は言った。「お大事に」と私は答えた。家を出るときは雨になっていて、その日は一日中、降り続いた。

数カ月後、私はイラク政府に雇われてバグダードにいる英国人心臓専門医と会った。彼はファーリフが空港に運び込まれたときバスラにいた。事故のニュースを聞いて、すぐにそこに行ったのだ。ファーリフを診察して、心臓の周りに凝血している血液による圧迫を取り除くため、すぐに手術したかったが、マジードが息子をバグダードに送れと命じていると言われた。その医師は、自分はバグダードに任命された、この国でたった一人の心臓の専門医なのだと説明し、ファーリフの命を救うたった一つのチャンスは、彼にすぐに手術を受けさせることだと、確信をもってその場にいた人たちに述べた。だが、彼らは拒否した。実際、何をやってもファーリフの命は助からなかっただろうと彼は私に言った。死後の解剖所見によれば、散弾が彼の心臓を傷つけ、大事な神経を切断し、片肺の機能を停止させていた。彼はファーリフがあれほど長く生きていられたことに驚嘆するばかりだった。ファーリフは日頃、常人よりはるかに丈夫だったに違いないと彼は言った。

三日後、私は葬儀に参加するため、ふたたびファーリフの村に向かい、午後早めに到着した。まだ、かなり遠方からではあるが、女性たちが嘆き悲しむ叫びと、一定のリズムで胸を叩く音が聞こえた。たくさんのカヌーが土手に係留され、ゲストハウス《ムディーフ》の外には群集がひしめいていた。戸口には数本の部族の幟《のぼり》が立てられており、その長くて赤い吹き流しと竿の上の銀色の飾りが、春の日差しを浴びて葦の壁に映えていた。内部は非常に静かで、やや暗くしてあった。壁に沿ってぐるりと、黒衣に身を包んだ人たちが身動き一つせず座っていた。だれかが私に、「マジードはあちらです」とささやいた。私は部屋を横切り、彼に挨拶して握手し、自分の座るところを探した。見知らぬ人が何人か、少しずつ移動して、私に場所を空けてくれた。ゲストハウス《ムディーフ》の中には知った顔は少しで、知らない人のほうが多かった。緑色の布を頭に巻いた預言者の末裔《サイイド》とされる一族、黒衣に黒か白の小ぶりのターバンをきっちり巻いた、カルバラーかナジャフから来た神学者たち、遠くはクートやナーシリーヤから来た部族長たち、村長や長老、マジャール、アマーラ、バスラの町人や商人、マジードの身内全員などが来ていた。少年が私の前にタバコを一箱置いた。アブドゥルリダーが炉端から立ち上がって、長い注ぎ口の付いたコーヒーポットを持ってやって来て、私にコーヒーをついでくれた。近くにいた一人か二人の人が小さな声で、「こんにちは、だんな《サーヒブ》」とささやいた。やがて私の到着によるささやかなどよめきは収まった。

ときどきだれかが低い声で隣の人に一言、二言話す以外は、みなほとんど無言のまま数珠をもてあそんだり、タバコを吸ったりしていた。数人が立ち上がってマジードのほうへ行き、暇乞いをして部屋を出て行った。ほかの人たちもときには二、三人ずつ連れだって、ときには二〇人くらい一度にやって来た。彼らは私がしたのと同じようにマジードに挨拶し、腰を下ろすと、タバコやコーヒー、紅茶などを振る舞われた。それぞれの一行は辞去する前に、年長者が「お祈り」をしますと宣言して、一同が両手を神に哀願するように差し出しながら、『クルアーン』の開扉章の詩句を唱えた。葦のマットでできた壁の向こう側で、舟が到着したり、水面に押し出されたりする物音が聞こえた。頭上では、大きな葦の天井のアーチの間でスズメがさえずり、玄関先の人影は長くなった。辞去する人が増え、やって来る人は少なくなった。壁沿いに座る人たちの間には隙間ができ、それがだんだん広くなった。

長年アラブの風習に従って床に座ることに慣れていた私も、日暮れになってマジードが立ち上がり、ゲストハウス《ムディーフ》を出たときには、足が硬直して痛かった。ほかの人たちは夕拝の準備を始めたので、私は外に出て、ダーイルを探した。いつまでここにいるのが礼儀なのかと彼に訊いてみると、「あなたがファーリフの友人であることはみんな知っている。みんな、あなたがあと二日はいることを期待していると思うよ。まあ、来なされ、あなたの友人も一緒に、ちょっと座りませんか」と言って、私をこのところ数日間に建てられた長い葦造りのシェルターに案内した。ファーリフと私が初めて狩りに出かけたときと同じナツメヤシ畑の向こうに、オレンジ色に眩しく光る太陽が地平線にかかっていた。

シェルターの中には、哀悼の徴《しるし》に濃紺に染めたターバンを着けたファーリフの使用人たちが数人、小さな囲炉裏《いろり》を囲んで座っていた。彼らは優しく私を招き入れ、さらにコーヒーをついでくれた。アラブ人はカップに数滴しかつがないので助かった。その日はずっとコーヒーを飲み続けていたのだから。そのとき突然、川向こうの黄昏の岸辺からジャッカルの短い夕方の合唱が始まった。その声は高くなり、低くなり、ふたたび高くなって、傾聴する台地を震わせ、やがて苦痛に満ちた叫び声がひとしきり続いたあと、静まりかえった。

アッバースはどうしたと、私は訊いてみた。ダーイルは、「カラアト・サーリフへ逃げて、そこで警察に自首したそうだ。まだそこにいるが、神はやっこさんを生かしちゃおくまい」と軽蔑するように答えた。

「で、親父さんのムハンマドは？」

「親父さんもカラアト・サーリフへ行って、役所に助けを求めた。話によると、彼は弁護士を雇ったそうだ」

「弁護士か」とだれかが言った。「弁護士なんか大して役には立つまい。マジードは彼が役所に行ったことにひどく腹を立てている。まったく恥知らずな行為だよ」

「たしかに」と別の一人がわけを話した。「ムハンマドはアッバースを連れてきて、マジードに引き渡すべきだった。もしそうしていたら、マジードは彼を赦してやっただろう。だけど、こうなったら、彼はきっとアッバースを殺すだろう」

「ばかなことをしたもんだ。大問題になるよ」とダーイルが言った。

「今では、マジードはアッバースがファーリフをわざと撃ったと言っている。耕作をめぐる争いがあったからだ」とその男は続けた。

「彼がそう言っているのは知っている」とダーイルが答えた。

私がゲストハウス《ムディーフ》に戻ったときには、まだ三〇人余りの人がいた。顔見知りは一人もいなかったが、そのなかの一人が、「あんたはファーリフの友人の英国人かね?」と尋ねた。「そうだ」と答えると、「よく来てくれた。よく来てくれた」とその男は言った。別の一人は、アッバースが彼を撃ったときに、ファーリフと一緒いたのか、いったい何が起きたのかと私に訊いた。私が説明している間に夕食が運ばれ、私たちは慣習に従って、無言のままそれを食べた。そのあと、使用人たちが布団をもってきて、部屋のぐるりに寝場所を造るまで、私たちはまた話を続けた。

ゲストハウス《ムディーフ》は早朝からざわめいていた。一人一人がほかの人を起こし、身を清めると、夜明けの祈りを唱え、壁に沿って一直線に並んだ。使用人がきて寝具を巻き上げ、片づけた。コーヒーが沸かされ、それを飲み、少年が薄い丸形のパンを何枚も載せた皿を運んできて、それぞれの人の前のマットの上に置いていった。これと一緒に小さなコップに入れた熱いミルクを二、三杯ずつ振る舞われた。マジードが下の息子ハラフと、アブドゥル・ワーヒドと彼の身内の者たちを伴って入ってくると、私たちは立ち上がった。彼は私たちに挨拶すると、前日と同じ場所に座り、その間に私たちももう一度部屋の壁沿いに一列になって座った。そのあとまもなく最初の弔問客が訪れ、ゲストハウスは次第にいっぱいになった。マジードは青い顔で髭も剃らず、非常に疲れたように見え、大きなおなかを前に突き出していた。悲しみに打ちひしがれた老人は、「何でこんなことがファーリフに?　なぜファーリフが?」と突然わめきだした。「ああ、もうわしにはだれも残っておらん」。それを聞いて、私は彼の長男ハライビドが三年前に殺されたことを思い出した。

彼の隣の男が、「ハラフもアブドゥル・ワーヒドもおられるではありませんか」と慰めた。だが、彼は叫んだ。「いや、いや、だれもおらん。もう息子はだれもおらん。わが土地は、わが土地はわしが死んだらどうなるのだ？　ファーリフが死んでしまってはわしの土地はどうなるんだ？」

ほかの弔問客が訪れ、彼らに挨拶をすると、やがて陰鬱な沈黙に陥った。

私の背後の川岸がにわかに騒がしくなり、人の声や小舟のぶつかり合う音が聞こえた。全員がライフルを持った男性の大きな一団が、最上のラクダの毛に金色の刺繍を施した外衣を着た長身でどっしりした人物の後ろに列を作って並んでいた。「あれはだれかね？」とバスラから来た町人が訊いた。「スライマーン・ビン・ムトログだ」と隣の男が答えた。私はスライマーンのことを聞いたことがあった。マジードの土地に隣接する土地で米作をするアザイリジ一族最高の族長だが、私がその部族を訪ねたときに会ったことはなかった。彼の顔は青白く、ふっくらしており、長年の楽な暮らしのせいで柔和に見えた。裕福な族長たちの大半と同じように、彼もバグダードで過ごすことが多かった。彼はマジードの隣りに座り、従者たちはそれぞれ、身分の高いほうから順に列をなして腰を下ろした。全員がそれぞれ、外衣の下に短剣を身につけ、肩からかけた弾薬帯にはカートリッジがぎっしり詰まっていた。彼らにコーヒーと紅茶が振る舞われると、部屋はまた静まりかえった。やがてスライマーンが『クルアーン』の開扉章の読誦を呼びかけ、彼とその教友たちが声を合わせた。

「慈悲ぶかく慈愛あつき神の御名において。
神に讃えあれ、万有の主、
慈悲ぶかく慈愛あつきお方、

審判の日の主宰者に。
あなたをこそわれわれは崇めまつる、あなたにこそ助けを求めまつる。
われわれを正しい道に導き給え、
あなたがみ恵みをお下しになった人々の道に、
お怒りにふれた者やさまよう者のではなくて」

（『コーラン』藤本勝次・伴康哉・池田修訳、中央公論新社）

まもなく昼食が出されることを私は期待していた。そうすれば足が伸ばせるからだ。そのとき銃が一斉に発砲され、興奮した金切り声が、もう一つ別の一団の到着を触れ回るのが聞こえた。玄関先に、部族の幟《のぼり》と、頭や衣類に濡れた土がこびりついた一団がちらりと見えた。「カバーブ村からです」とだれかがマジードに告げた。カバーブ村ばかりでなく、ブー・ムガイファート村の人たちも混じった四、五〇人の集団だった。彼らは一人ずつ、次々にマジードの所にやって来て彼の手に接吻し、退場した。私はそのほとんどの顔を知っていた。ほんの少しあとにまた銃声と金切り声が響いて、アル・アッガール村からの大きな代表団が到着した。彼らもまた、泥だらけだった。その頃には、とっくに昼を過ぎていて、使用人がマジードに昼食の準備ができましたと告げにくる前に、さらに三団体の部族が弔問に訪れた。一度に四〇人から五〇人位ずつ呼ばれて、昨夜と同じ葦造りのシェルターに列を作って入り、ライスとヒツジ肉を山盛りにした大皿から食べた。それぞれのパーティー《ムディーフ》が食べ終わると、さらには料理が補充され、別のグループが招き入れられた。ゲストハウスの中にいた弔問客も、外で待っていた部族民もみな食事にあずかった。

そのあと、「ハウサ」と呼ばれる部族の出陣の踊りが行なわれた。それぞれの村から代わる代わるだれかが出て、ファーリフを讃える歌を即興で詠唱すると、それを聴いている部族が立ち上がって、大声で復唱した。彼らはライフルを頭上に掲げ、足を踏み鳴らしながら深紅の幟《のぼり》の周りの大きな輪に入ってきた。幟を持っている男たちは、戦場にそれを運ぶ伝統的な権利を持っている家長である。彼らがその竿を振ると、銀色の飾りがぶつかり合い、ジャラジャラと音を立てた。相変わらず彼らの歌に調子を合わせて足を踏み鳴らしながら、彼らはライフルを発砲しはじめた。最初はまばらに数発、やがて一斉に、戦争のときしか聴いたことのないほどすさまじい発砲音が響き渡った。鼻にツンとくるきつい、窒息しそうな弾薬の匂いが、人々をさらに荒々しい行動へと掻き立てた。「もう結構」とマジードがたまりかねて叫ぶと、使用人たちが輪を描いてひしめき合う群集を押し分け、「もう結構、族長がもう結構と言ってるぞ」と大声で告げた。私たちはぞろぞろとゲストハウス《ムディーフ》に戻った。

数時間後、マジードが去ってまもない日暮れ時、私は川岸で数人のグループの人たちとしゃべっていた。すると一人の少年が何か叫びながら走り去っていった。私は何か騒然とした雰囲気に気づいた。数人の男たちが自分の家の方へ急いだ。「何ごとだ?」と私は尋ねた。

「マジードがムハンマドを殺すために小隊を派遣した」とだれかが私に言った。「だが、ムハンマドはカラアト・サーリフ村の役場にいるはずだが」と私は言い返した。

「いや、マジャールの自宅に帰っているんだそうだ」

薄暗くなり始めた水面を、仇討ちのための近親者を乗せた二隻のカヌーが上流へ向かうのを、私はじっと見ていた。対岸からジャッカルの吠え声が何度も何度も聞こえた。だが、ムハンマドはカラアト・サーリフにいて、まだ無事だった。

第18章 東部湿地帯

ダーイルの忠告に従って、私はもう一日残り、それからマジードに改まって暇乞いをしてからカバーブ村へ向かった。前の晩、ゲストハウス《ムディーフ》に来て、一緒に泊まってくれたアマーラとサバイティも一緒だった。彼らもまた、ファーリフの死を深く悲しんでいた。湿地帯へ向かう私たちの族長専用船《ターラーダ》を漕いでいる間も、アマーラの顔から涙がこぼれ落ちていた。「おいらの父さんだったからな。おいらを自分の友人の友人、と呼んでくれていた。おいらの村へ来たときはいつも、おいらを呼び寄せ、元気かい、と尋ねてくれた」。それからの一年、イランとの国境や、ユーフラテス河畔のナーシリーヤなど、遠く離れた場所で、彼の死を残念がる声をたびたび聞いた。「あんたはファーリフの友人だったのか?」と、見知らぬ人からよく訊かれ、それゆえいっそう温かく歓迎された。彼がこれほど評判が高く、非常に尊敬されていたことを、私は実感として知っていなかった。

それからの六週間ほど、私たちは東部の湿地帯で過ごす計画を立て、サダムのゲストハウス《ムディーフ》に一泊した。父親の留守中、ホスト役を務めていたのは若い息子だった。カバーブ村も喪に服していた。訪問者はわずかで、ほとんどしゃべらず、すぐに帰っていった。翌朝、ヤシンとハサンが仲間に加わり、みなでアルブー・バーヒト一族のところへ出かけ、彼らの小さな村で、診療に忙しい二日間を過ごした。バスラからアマーラやバグダード方面へ向かう自動車道を支える橋桁の下をくぐって、アザーイルの南でチグリス川にたどり着き、緑と青のタイルのドームを持つエズラの墓の脇を通って上流へと船を漕いだ。ナツメヤシの樹間にあるその墓のそばには、巡礼者用の今にも壊れそうな宿泊所があった。アザーイル自体はタンクローリーやバスの休憩地として利用されているごみごみした場所である。村の彼方には数キロにわたって、まるで犠牲を捧げる祭壇のような、ずんぐりした煉瓦窯が、ほかには何もない土手に点々と続いていた。バビロンはこうした煉瓦窯で焼いた煉瓦で建設されたのではないかと思わせられた。そうした煉瓦はバスラの郊外のバンガローにも使われているらしい。

私の物思いを破るように、ヤシンが突然、「ここで最近、サメに捕まって片足を食いちぎられた男がいるそうだよ」と言った。バスラで泳いでいる人がときどきサメに襲われていることは知っていたが、二四〇キロも上流のアザーイルではまさかと思っていたので、びっくりすると、少年たちは口をそろえて、アザーイルはサメの災難に遭いやすい場所として知られているという。別のときに私がここに来たとき、ある村人から、彼の父親の時代に巨大な魚が水位の下がった川を堰き止めてしまったため、その場で魚を解体するしかなかったという話を聞いたことがある。

船を漕ぎ進みながら、私は湿地帯でサメを見たことがあるかと訊いてみると、ハサンは数年前、小さいのが槍で捕らえられたことがあったという。アマーラが口を挟んで、「だんながいない間にハイエナに食われて死んだ男のことを聞いた?」と言う。「マジャールの先の露天で寝ていたら、頭からがぶりとやられ、死んでいるのを見つけた人は、衣服でやっとだれだか見分けがついたんだって」。私も三年前にハイエナを見かけたことがあった。それは縞模様のハイエナだったが、もっと大きな斑点のある種類のものは、アフリカでしか見られない。四〇年前にはこの辺りにライオンもいたそうだが、第一次大戦中に近代的なライフル銃を部族民が持つようになって、一掃されてしまった。ファーリフの年老いた奴隷の一人から聞いた話では、マジャールの近くで三頭のライオンを見たことがあるという。アマーラからそれほど遠くないところで、ライオン狩りをした話を別の男から聞いてもいた。ハンターの一人が前装銃でそのライオンを仕留めた。私が会った別の男は、湿地帯住民《マアダン》の一団が仕留めた二頭の仔ライオンを族長のところに持ってきたのを見たという。夜、ライオンの吠え声を聞いたのを覚えている老人はたくさんいた。

　東部湿地帯へつながる幅広い水路へ進路をとると、チグリス川方面へ懸命に棹差して向かう葦のマットを高く積み上げた大きな二本マストの舟とすれ違った。そのあと、乾燥させた葦で造られた大きな筏の脇を通った。長さ一〇メートル、高さ三メートル近いその筏は座礁していて、一時的に放置されていたが、水面が上がれば、この葦の堆積物は浮上して川下のたぶんバスラ辺りまで流れていき、そこで解体されて売られるのだろう。

　その晩を過ごしたバイダート・アル・ヌアフィルは、湿地帯で私が見たいちばん大きな村だった。六四〇戸の家があったが、ゲストハウス《ムディーフ》は一軒もなかった。水面で隔てられた乾地の斜堤に沿ってさまざまな集落が形成されていた。時折、チグリス川の水位が下がって、水が干上がると、ヌアフィル一族は村を出て、川縁に露営した。近隣には、北にアルブー・ガナム一族、南にはアルブー・バーヒト一族がいて、〝水上の遊牧部族《シャッダ》〟と呼ばれ、アルブー・ムハンマド一族の大きくて御しがたいグループを形成していた。ヌアフィル一族は水牛をいくらか飼ってはいるが、マットを織ることで生計を立てており、たくさんのマットを輸出していた。私たちがすでに見たような大きな帆船が、通行可能なほど水位が上がってきたときに、このマットを輸送していた。この年は水位が異常に高かった。

私たちは村長のところに滞在し、一族の数人の病人を治療してやったのに、食事はひどいものだったので、私はむっとした。村人全体がひどくけちだと感じたので、私は未練もなく彼らと別れた。同伴の漕ぎ手たちも同感らしく、今日のホスト役はわれわれの朝食にミルクひとつ出さず、パンと甘みの足りない紅茶を二杯しかくれなかったとぼやいた。ヤシンはいまいましげに、「あれには唾も出なかったなあ」と地口をたたいた。アラビア語では「唾が出る」と「朝食をする」は同義語である。だが、美しい朝で、彼らはじきに元気づいた。空気はさわやかに澄み、北からのそよ風が吹き、太陽は気持ちよい暖かさで、巻雲が薄青い空に模様を描いていた。私たちは族長専用船《タラーダ》を操りながら、枯れたスゲに覆われた平原の間をくねくねと続く細い用水路を進んだ。湿地帯の中央部では、ところどころにある貯水池を除いて、群生する葦が常に視界を遮り、ときには数メートル先しか見えないことがあった。ところが、ここでは何キロも先まで見えた。地面は冬の間はずっと乾いていて、今もまだ、何ひとつ生えていない、灰色の焼いた粘土のようにカチカチだった。ほかの場所では水位が上がって深さ一〇センチ余りになり、水に運ばれてきた泥はまさに溶けたチョコレートのようだった。

私たちは水辺を歩き渡りながら餌を探すいろんな種類の脚の長い鳥たちの邪魔をした。鋭い鳴き声を上げて単独で飛び立つのもいれば、大きな群れをなして色褪せたスゲの点在する水面を旋回したり、くるりと向きを変えたりするのもいた。シャクシギ、チュウシャクシギ、アカアシシギ、オグロシギ、エリマキシギ、ソリハシセイタカシギ、セイタカシギ、さまざまな種類のチドリなどが識別できた。カモもいたが私たちが射程範囲に入る前に飛び立ってしまった。サギ、トキ、シラサギなどもいた。一度、かなり遠くからではあるがツルの群れも見かけた。ハサンは食用になると見た鳥を仕留めようと、常時出撃体制になっていたが、一度も射程範囲に到達できなかった。戻ってくるたびに彼は下手くそ猟師とあけすけな言葉でからかわれた。他方、ヤシンとサバイティは棹を弓なりにして族長専用船《タラーダ》を押しながら水路の両岸を歩いた。水路は場所によってはこのカヌーがやっと通れるくらいの幅しかなく、しかも直角に曲がっていることもあった。族長専用船《タラーダ》は全長一二メートル近くあったので、引き返すしかないかと思ったが、漕ぎ手の少年たちはいつも慎重に、何とかうまく曲がらせた。

私は裾長のアラブ服を着ていたので、彼らを手伝うために水の中に入らなくてはいけないときには、それを腰のところまでたくし上げた。私はいつも、現地人と同じ服装をして見せびらかす旅行者に対して懐疑的になるが、とりわけアラブ服は慣れていないと始末が悪い。南アラビアで五年間もこれを着ていたのは、そうでないと仲間として受け入れてもらえなかったからだ。イラクでは、政府の役人はみな、公の場では洋服以外は着ないように気をつけていたから、部族民は洋服姿を見慣れていたし、私も最初に湿地帯を訪れたときは洋服だった。のちに仲間と認められていると感じたとき、私は頭巾をかぶり、マアダンの間で人気が高くなっていた上着付きの裾長のアラブ服を着るようになった。そのほうが明らかに便利だったからである。カヌーや家の中で座っているとき、長衣なら足がハエや蚊に刺されにくい。だが、役人を訪ねたり、町に出るときはいつも、私は洋服に着替えた。

Pitt Rivers Museum, University of Oxford [2004.130.10172.1]

マットを満載した船

私たちは洪水のときだけ水没するウアイシジの

一部を通過した。それは三〇キロ以上にわたり、チグリス川と東に広がる大湿地帯とを分け、場所によってはその境目をなす湿原になっている。湿地帯は全般的に水牛にとっては深すぎるので、マアダンはウアイシジ沿いか、もしくはチャフラ川とマシャリーア川の河口より北に村を建てる傾向があった。秋にはファライガート一族のなかの遊動生活者であるラービア家は水牛の大きな群れを連れてチグリス川を渡り、露営地を設営して、そこで冬を過ごしていた。春にはまた、チグリス川を渡って戻ってきて、ワーディヤ川に沿ってマジャールに帰る途中、厩肥と引き替えに収穫あとの大麦・小麦畑に水牛をただで放牧するのを許されている。やがて彼らはジンダーラに移動して夏を過ごし、洪水が引いたあとに生えた豊かな牧草地に放牧するが、これには族長たちにかなり多額の金を払わなければならない。

アマーラはラービア家に属しているので、私たちがこれから行く彼らの最大の冬季露営地であるアブー・ライラで身内の者と会えるかもしれないと期待していた。そこに近づくにつれて、少年たちが率いる水牛の群れをいくつも見た。そのなかにはほとんど真っ白な水牛が一頭と、斑《まだら》のが数頭いるのに気がついた。群れの大きさに感動した私は、普通の遊動生活民一家族で何頭くらい水牛を保持しているのか訊いてみた。「二〇頭から三〇頭くらいかな」とアマーラが言うと、ハサンは、「いや、だいたいもっとずっと多い」と主張し、ラービア家の一人の名を挙げて、彼は一五〇頭持っていると言った。

「水牛は何年くらいで最初の仔を生むのかね?」

「普通、四年目だよ」とアマーラが答えて、「妊娠期間は一一カ月で、健康な水牛なら一五頭は生むね」と付け加えた。

遊牧民《ベドウィン》は通常、自分たちの飲用ミルクをできるだけ多く確保するために、雄ラクダは生まれるとすぐに殺してしまうのを知っていた私は、マアダンも水牛を同じように殺すのか訊いてみた。「うん、少ししか飼っていない場合以外はね。その場合には雄牛が成長してから売るんだ。仔牛を殺したときにはほかの仔牛をあてがって、自分の母牛と同様に乳を吸わせると、乳の出がよくなり、乳質もいい。あるいは、乳搾りをするときに、生まれたばかりの仔牛の粘液を塗りつけた上着を羽織る。仔牛が死んだ場合は、剝製にして、乳を搾る母牛の前に置くんだ」

「水牛一頭いくらで買える？」

「村を回って歩くジャッラーバは先月、元気な雌牛なら五〇ディナール、雄なら三五ディナール払ってたな」。「ジャッラーバ」とはマアダンの間を回って手に入れられる水牛を片っ端から買って歩くのが専門の商人である。スーダン一族の間では、「ジャッラーバ」という言葉は、奴隷売買商人にだけ使われていたのを思い出した。彼らはまた、周期的に群れを絶滅させてしまう伝染病である出血性敗血症で死んだ動物の皮も買っていた。マアダンはそうした皮が感染症を引き起こすことがあるのを知っているが、商人が自分たちの村にそういう皮を持ってくると激怒するであろうに、自分たちは平気で病死した動物の皮を彼らに売るのをやめない。ハサンによれば、「数年前、口蹄疫が急発生し、自分たちの水牛がたくさんそれにかかり、イノシシにまで蔓延した。歩けないイノシシをよく見かけたけど、脚の感染はひどいものだった」という。

アブー・ライラで水路は幅三〇メートル近くまで広がった。水牛は水面下に潜り、ほかの動物は岸辺近くにたたずんでいる。岸辺に係留されているカヌーがたくさん目に入り、その大部分が普通よりずいぶん大きかった。子供たちは蒲《がま》で造った小さな筏に乗ってパチャパチャ漕ぎ回っている。両側の土手には一〇〇軒余りの家が点在していた。家そのものはアーチがたの支柱五本だけの小さなもので、「シトラ」と呼ばれる長さ四〇メートル足らずの水牛小屋とひと続きになっているために小型化されている。「シトラ」は家の延長のようなものだが、こちらは家と違ってテント型で、床はない。壁に当たる部分には大葦《カサブ》を束ねたものを隙間なく並べ、上方を内側にたわませて、天井部分で、やはり葦で造った梁にしっかり結びつける。両側の壁沿いには堆肥や圧縮した飼葉が積み上げられていた。

私たちはアマーラの従兄で、バダイという名の背が高くて口数の少ない若者のところに立ち寄った。私たちは大の仲良しなので、バダイはアマーラを親しげに抱擁し、敷物やクッションを持ってきた。私たちは母屋とトンネルのようにつながっている彼の水牛小屋《シトラ》の入口の日溜まりに腰を下ろした。彼の妻と妹は、すぐに米を搗《つ》き、私たちの昼食用にそれを炊く準備にとりかかった。バダイの父親は数年前に亡くなり、今では彼が、自分の母親、妻、妹、二人の弟から成る一家の主だった。弟たちはそのとき、水牛の世話をしに出かけていて留守だった。

バダイは近くの露営地に住むラドアーウィという男の一家と仲が悪かった。ラドアーウィの息子の一人ハサンは、バダイの妻に惚れていて、前から結婚したいと思っていたのだが、バダイが彼女の父方の従兄弟として先に名乗りを上げていて、自分が彼女を娶る権利があると主張して結婚してしまった。ハサンはたとえバダイを殺すようなことになっても、その女を奪うと言明していた。私たちが到着する数週間前、この二人はたまたま鉢合わせして、殴り合いの喧嘩になったが、人が止めに入って、物別れに終わった。私たちと一緒に腰を下ろしていた連中は口をそろえて、ハサンはその女を奪う権利はないと言う。年老いた男は、「あいつはラドアーウィの倅《せがれ》だ。親父も親父なら、倅も倅だ。どいつもこいつも無法者で、性質《たち》が悪い。ラドアーウィは自分に反対した男をもう二人も殺しているんじゃないかね？」と言い立てた。アマーラは三人の年配者を説得して自分と同行してもらい、ラドアーウィ家に出向いて和解を成立させようとした。調停はうまくいかず、夜になって彼らは戻ってきた。アマーラは、「だれが行ってもどうにもならない。サイイド・サルワートでさえだめだった。連中は、バダイが女房を離婚するべきだ、さもないと、どうなるか見てろ、と繰り返すだけなんだ」と苦々しげに言った。彼はバダイに、「連中に近づくな、ライフルはいつも手元に置け、とくに夜は。いざこざが起こりそうだからな」と警告した。

日が沈み、冷気が立ち込める頃、黒ずんだ平原にさらに黒い姿形の最後の水牛の群れが村のほうへ移動していった。刻々と色が変化していく薄い雲が天空を流れ、カモの群れが次々と西の方へ飛び去っていった。私たちも家の中に入った。長い通路は家畜でいっぱいになり、重たそうな図体を曲線状の太い角で押し合いへし合いしながら前進していた。

アマーラはこの辺りで遊動生活をするファライガート一族の一員だった。彼が保証人になってくれ、私の治療行為も好評だったので、一族のほかのどこの露営地へ行っても歓迎された。一カ所に長居せず、ライフルで重装備しているラービア一家の者たちは傲岸な無法者集団だった。葦でマットを造って生計を立てているバイダートのヌアフィル一族などにお構いなく、自分たちの水牛用の葦の生育を促すために、この葦を焼き払うため、彼らからひどく憎まれていた。彼らは、イランとの国境近くに住んでいる同じように無法者のマアダンのスウェイド一族ともいざこざが絶えなかった。それぞれの部族は、チャンスがあればいつでも、ほかの部族の水牛を盗んでいた。

ファライガート一族のところを出て、トゥラーバで一泊した。ここはバイダートと同じような大きな村で、マット造りで生計を立てているアルブー・ガナム一族が住んでいる。遊動生活者と暮らすときは、ライスとミルクの食事に甘んじていたが、ここでは私たちのためにニワトリ一羽くらい絞めてくれるのではないかと思った。私たちのホストはその夜ずっと、ファライガート一族のことを口汚く罵ったので、私は大げさに彼らを弁護した。翌朝、チャフラ川から来た男が、私たちの舟に同乗させてくれと頼みにきた。これから行く先の葦の群生地を通り抜ける際の水先案内をしてもらえると、喜んで乗せることにした。前の晩、ヤシンはどの方向に行くか尋ねていたが、案内人なしでは迷ってしまうと言われていたのだ。丈の高い葦の間を縫い、いくつもの小さな潟湖を通り抜ける道中のルートを見極めるのはひどく難しかったからだ。この旅で、私は初めてヨシゴイの甲高い鳴き声を聞いたことを覚えている。チャフラ川の河口にある目的地のディビン村まで、四時間かかった。

同行のカヌーボーイたちは水路を覚えるのが実にうまかった。彼らが私と行動をともにしていた数年間に得た湿地帯に関する知識も、この上なく貴重だったに違いない。だが、彼らは今まで一度も行ったことのないところでも、本能的に進路を嗅ぎ分けるように見えた。とりわけ潟湖の縁に沿って葦の群生地や非常に小さないくつもの島の間を抜け、どこにつながっているのかよくわからないほどよく似たたくさんの小さな河口を探しているときなどに、それに気がついた。子供時代から習得した同じような勘で、彼らは泳いでいるイノシシを追跡したり、水面のさざ波の立ち方で魚の種類を見分けたり、一度しか見たことのないカヌーをちらっと見ただけで識別した。だが、奇妙なことに彼らは名前を覚えることはまったく苦手だった。その点については同じように無能な私は、四人のうちだれも、前日のホストの名前を思い出せなくて、いつもいらいらした。

カヌーを漕ぎながら、彼らのうちのだれかが、「止まれ」と命じることがときどきある。そんなとき、連中は水の中に手を突っ込んで、彼らの言葉で「ビルディ」と呼ぶ蒲《がま》の若草を引き抜くのだった。彼らは根に近いカリッとした白い部分を食べるのである。だが、食べられるのは「ビルディ」のうちでも、これならと決まったものがあるらしい。彼らはまた、大葦《カサブ》の茎の中からうまそうなのを選んで、サトウキビの茎をしゃぶるように、噛んで汁をすすることがあった。春になると、マアダンの女たちは蒲《がま》の穂の部分を集め、その花粉で堅くて黄色い菓子を作った。これは練り粉菓子として珍重されるらしいが、個人的にはそううまいものだとは思わなかった。

私たちはディビンに数日泊まり、毎朝、ハワイザ湿地帯を探検に出かけた。広大な葦の群生地の彼方に、いくつもの湖がズィクリ湖と同じくらい遠くまで広がっていることがわかったが、突然の嵐が心配で、奥のほうまでは行ってみなかった。当てずっぽうに水路を進むと、決まって葦がびっしり生えた行き止まりにぶつかり、案内人は、「ここいらじゃ強盗にいつ殺されるかわかったものではない」と言って、ライフルを構えるよう私たちをせき立てた。この辺りの湖は水鳥の天然のサンクチュアリで、これほどたくさんの水鳥をほかでは見たことがなかった。広大な水面が真っ黒になるほどで、その大群のごく一部が飛び立っただけでも、すさまじいどよめきが響き渡った。時折イランに向かう密輸者や強盗以外に、水鳥たちを邪魔する者はほとんどいなかった。

それでもカモやガンは年々少なくなっていた。一九五一年、日没時のサイガル近くの収穫を終えた水田に餌を探しに飛び立つカモの群れを見たとき、そのあまりの数の多さに、イナゴの大群を思い起こすほどだった。一九五八年に湿地帯を去る頃には、そのような大群を見かけることはまったくなくなっていた。当時は毎年、大量の弾薬がイラクに輸入されており、それを使う人たちのなかには、少なくとも一発で一羽仕留めるつもりの人が多かった。プロの鳥猟師による被害も甚大だった。彼らは網を使って一度に一〇〇羽以上も獲ってしまうのである。彼らは地主に金を払って、指定された池に餌を撒く権利を買い、水鳥を一網打尽にしていた。アマーラ周辺だけでも、そうした猟師専用な小さな池はたくさんあった。

野鳥のガンは一〇月に湿地帯へやって来るのが常だった。灰色の脚、白い胸のこの鳥は、北方のシベリアの繁殖地から戻ってくるのだが、その鳴き声には原野の魅力があった。V字型に編隊を組んで、暮れかかる空を渡っていくのを見ながら、野生の雁の最後の一羽が飛び去り、アフリカにもライオンがいなくなった日のことを思ったものだ。

毎朝、出かける前に私たちはディビンのホストからヤカンとコップと皿を借り、商人から茶と砂糖、塩、小麦粉を買った。一休みしたくなったら、湖岸に近い便利な場所を選んで、周りの葦を踏み倒し、水上に一行が乗っていられるくらいの場所を確保して、そこで食事を作った。ハサンは私たちが撃ち落とした鳥なら何でも、葦の串に刺して焙り焼きにし、サバイティはその残り火で丸形のパンを焼くのだが、いつも生焼けで、灰だらけになった。そのあと、お茶を淹れ、砂糖がなくなるまで飲んだ。私は湖面を泳ぐカモや矢のように素早く飛ぶカワセミをじっと眺めた。一度、一〇〇メートルほど先に二頭のカワウソが戯れているのに気がついたことがある。ハサンが銃を持って近づくと、カワウソはわれわれのほうを見た。カワウソは水中で直立して数秒ほど私たちを見つめたあと、ドブンと水中に姿を消してしまった。私はカワウソがこっちを見てくれてよかったと思った。そうでなければハサンが間違いなくやつらを撃とうとしただろう。カワウソの皮一頭分は一ディナールで売れるのだ。ブー・ムガイファートの彼のおじは、かつて二カ月で四〇頭も仕留めたという。

ハサンの話によれば、カワウソはズィクリ湖周辺ではよく見られ、早いのは一月頃から、だいたいは二月から三月にかけて浮島で子を生むのだという。それから三年後、湿地帯について本を書きたいと言っていたギャビン・マクスウェルが私と一緒にイラクに来たとき、私の族長専用船《タラーダ》に乗せて七週間ほどあちこち案内したことがある。彼はずっとカワウソをペットとして飼いたがっていたので、私は彼の滞在中の末期にようやくヨーロッパ・カワウソの仔を一匹見つけてやったが、残念ながら一週間後に死んでしまった。彼がバスラで帰国準備をしているとき、私はもう一匹をうまく手に入れて、彼に送ってやった。これは毛色がかなり黒い新種で、生後六週間ということだった。ギャビンはこれを英国に持って帰り、自分の名を冠した学名をつけた。

第19章　スーダン一族とスウェイド一族の間で

夕方ディビンに着くといつも、アマーラが、「用心したほうがいいよ、だんな《サーヒブ》。おかみが待ちかまえているから」と私を冷やかす。私たちが泊まっていたゲストハウス《ムディーフ》は水に囲まれた小山の上にあり、そこからチャフラ川沿いに村やヤシの木が遠くまで連なっているのが見えた。それはムハンマド・アル・アライビーの代理人で、腎臓を患って寝たきりの老人の所有地だったが、彼は翌年亡くなった。彼には四人の成人した息子がいたが、その貫禄たっぷりの年老いた母親であるおかみは、事あるごとに彼らを押しのけて、ぶしつけに出しゃばっていた。襞のたっぷりある黒服をまとった彼女は、ゲストハウス《ムディーフ》を急がしそうに出たり入ったりするか、中に陣取って采配を振っていた。もともと昔気質《かたぎ》の私は、こういう型破りの女には腹が立った。けったいな婆さんだと思いつつも、彼女から逃れられないと思うと余計いまいましかった。彼女は私が患者の治療をしているときにまで姿を現してあれこれ口を挟み、そこにいる者全員が当惑することもよくあった。

ディビンにいる間に、下半身麻痺の少年が連れてこられたことがある。一年ほど前に熱を出して、そのあと歩けなくなってしまったのだという。私は似たような症状に何度も出くわしたが、おそらくポリオの後遺症だと思われた。部族民たちは苦しんでいる人にはとりわけ親切だった。世界にはまだまだ、彼らと一緒に暮らしている重い身体障害者のように、ハンディキャップをあまり感じないで暮らすのは難しい国がいくらでもある。ディビンではまた、生まれつき目の見えない少年が、村の中を自由に動き回り、近場なら一人でカヌーに乗って飼葉を集めに行ったりさえするという。私が湿地帯で暮らした数年の間に、耳が聞こえず話もできない少年や成年男子数人を見かけたが、みな陽気で人なつこく、村の生活に溶け込んで、何かの役に立っていた。

ディビンを出て数日後のある日の午後、本土の村に到着した。族長は耕作地を見に行っていて留守だったが、私たちは頭輪《ヘッドロープ》を着け長衣姿の小脇に短剣を指した少年にゲストハウス《ムディーフ》に案内された。年頃は一五歳くらいか、たいへんきれいな顔立ちのうえ、驚いたことに長い髪を三つ編みにして両側に下げている。昔の湿地帯住民《マアダン》はみなこういうヘアスタイルをしていたし、遊牧民《ベドウィン》は今もそうだ。少年がコーヒーを淹れてくれたあと、奥へ引っ込むと、アマーラは、「あいつ、〝ムスタルジル〟だってわかりましたか？」と私に訊いた。おぼろげに聞いたことはあるが、これまで見たことはなかった。

「〝ムスタルジル〟って、生まれつきは女なんだよ」とアマーラは説明した。「自分でもそれはどうすることもできない。だけど、心は男なのさ。だから男みたいに暮らしている」

「男たちもそれを認めるの？」

「もちろんさ。おいらは彼女と一緒に食事をするし彼女もゲストハウス《ムディーフ》に同席してかまわない。彼女が死んだら、おいらは彼女の栄光を讃えてライフルを発砲するよ。普通、女のためにはしないものだが。マジードの村にはハッジ・スライマーンと勇敢に戦った〝ムスタルジル〟もいた」

「〝ムスタルジル〟はみんな髪を編み下げにしているの？」

「たいてい男と同じように剃っちゃってるけどね」

「〝ムスタルジル〟は、結婚はするのかな?」

「しない。おいらと同じように女と寝るけどね」

だが、あるとき、私たちがいた村で結婚式があって、だれもが驚いたのは、その花嫁が〝ムスタルジル〟だったことだ。結婚にあたって、彼女は女性の服装をし、夫と床をともにすることには同意したが、女の仕事は絶対しないというのが条件だったという。〝ムスタルジル〟は、古代のアマゾンに匹敵するくらい、とても尊敬されているように見えた。それからの数年間に、私はほかにもたくさんの〝ムスタルジル〟を見た。ある男が、疝痛に苦しむ一二歳くらいの息子らしい子供を連れてきたので、診察しようとすると、父親は、「この子は〝ムスタルジル〟なのだ」と言った。別のとき、頭蓋骨骨折をした男に手当をしてやったが、彼は私も知っている〝ムスタルジル〟と戦って、ひどい目に遭ったのだという。

以前、マジードの兄弟のハムードのところに泊まっていたとき、私が煉瓦造りのゲストハウス《ディワーニーヤ》にいると、見慣れた黒の襞の多い長衣に身を包んだ中年の恰幅のいい女性がすり足で入ってきて、私に診察を求めたことがあった。彼女は人目を引く、男性的な顔つきをしており、スカートをめくると、まったく正常な男性と同じ大きさの性器が現われた。「これを切っちゃって、私をちゃんとした女にしてくれませんか?」と彼は懇願した。そういう手術は私の手に余ると告白せざるをえなかったが、彼が帰ったあと、アマーラは、「バスラへ行ってもだめですかね?」と心から同情して、「そうでもしないと、あの人は本当に女なのに、かわいそうだよ」と言うのだった。その後、私はくだんの男が、女たちと一緒に川べりで皿を洗っているのを何度か見かけた。女たちにすっかり溶け込んで、まったく気楽に暮らしているように私には見えた。こちらの人たちは私たちの社会よりもずっと、こういう男性にやさしいようだ。

だが、いくつかの点では、彼らはひどく無情だった。

あるとき、いつもの日帰り探検に出かけようとしていると、川で溺れた幼い女の子の遺体があったら注意して見てほしいと頼まれた。夕方戻ってくると、水に浮かんだ死体があったので、舟に引き揚げたらどうかと同行者に訊くと、彼らは水死体に触れると穢れるというしきたりがあるため、遺体に触れるのも、族長専用船《タラーダ》に収容するのさえも拒んだ。「手が触れたら七回洗い落とさなくてはならない。それに、おいらの子供じゃないしな」とヤシンは言った。彼らは仕方なさそうに遺体を川岸のほうへ押しやり、櫂で岸辺に乗り上げさせただけだった。

別のあるとき、預言者の末裔《サイイド》を名乗る年配の男が、飼葉を集めているときに手に深い傷を負った九歳の子供を連れてやって来た。子供は失血のため意識朦朧としていて、よろめきながら私のほうへ近づいた。私は父親に、どうしてその子の手当をしてやらなかったのかと憤慨して尋ねた。すると父親は衣類に血が付くと、自分の身が穢れるからだと抗議した。幸い、私は父親が「サイイド」であることを折よく思い出したのだが、そうでなかったら、彼を罵っていたことだろう。同じムスリムでも、それほど浄不浄にやかましくない者たちもいることは確かだ。

チャフラ川はアマーラの数キロ南でチグリス川と分かれ、さらに四〇キロほど流れて湿地帯の中に分散して消える。そのデルタ地帯にあるいくつかの村で、ディビンを出てからの数日を過ごした。そこはアルブー・ムハンマド一族に忠誠を誓ういくつかの部族出身の家族が住んでいた。村人は水牛を飼い、稲作に従事している。もっと上流のほうでは、アルブー・ムハンマド一族がこの川のいくつもの支流やたくさんの用水路沿いに連なる村々に住んでいて、一一月には小麦や大麦の種を蒔き、四月か五月に刈り取っていた。川岸にだけ家が建ち並び、あとはまったく何もない光景の広がるマジャール川流域とは違って、チャフラ川沿いの村々は、間にヤシの林や小さな果樹園、ヤナギの茂みなどがあり、私たちは一つの支流を遡っては、また別の支流を下るなどして、そうした村の間を散策した。

それぞれの支流には、冬季の耕作用水のために族長たちが築いた大きな土盛りのダムがあり、私たちはそれを通り抜けなければならなかった。堰き止められた水は、真ん中の狭い割れ目から水車用水のように流れ出て、それが下流の二、三〇メートルにわたって大小の渦巻きを形成する。カヌーボーイたちは幅の狭い水路をすれすれに通り抜けるのに奮闘した。族長専用船《タラーダ》の両脇は五、六センチしか空いておらず、側堤に突っ込んで動けなくなるのではないかと私は心配した。やっと通り抜けると、今度はものすごい急流の早瀬みたいなダムを渡った。小さな水路では、流れが完全に堰き止められていて、一メートル以上もある土手に阻まれることがしばしばあった。族長専用船《タラーダ》は担ぎ上げるには重すぎる。そこで土手に水を撒いて滑りやすくし、舳先を持ち上げてスロープを必死で船を引っ張り上げ、土手の上で船のバランスを整えてから、注意深く反対側の水面のできるだけ土手から離れたところに行くように押し出してやるのだった。

ムハンマド・アル・アライビーはチャフラ川沿いのアルブー・ムハンマド一族のなかでもっとも裕福で、実力のある族長だった。たいへん崇拝されているこの老人は、普段はバグダードかアマーラに住んでいて、領地の采配はずぼらで横柄な、お気に入りの息子に任せていた。彼のほかの親戚たちは、彼が割り当てたあまり耕作に適さない小さな農地に暮らしていて、程度の違いはあるがおしなべて貧しかった。私たちはそのいくつかの家族のところに泊まったが、みな気さくで、私たちを歓迎してくれた。

チャフラ川を離れ、イノシシがたくさんいる湿地帯を通ったときには、私もそれをたくさん仕留め、やがて、チャフラ川の北でチグリス川から流れ出てアマーラの町の真ん中を通るマシャリーア川に入った。私たちはもっともすばらしい部族でありながら、もっとも不運なスーダン一族の領域にたどり着いた。昔は有力で裕福であったのに、今では離散し、その土地はほとんど見捨てられたままになっている。チグリス川のクートで灌漑用堰き止め工事が行なわれて以来、水位は低く維持されており、亡くなった族長がポンプも設置していたのだが、彼が死ぬと、その息子はバスラでつくったギャンブルの借金の穴埋めのためにそれを売ってしまった。

道中、私は葦の群生地で六〇頭ほどのイノシシが餌を食べているのに出くわした。スーダン一族は、イノシシが収穫寸前の小麦や大麦など作物を荒らしてしまうので、ぜひ撃ちとってほしいと私に懇願していた。イノシシは近くに小麦畑があれば、大麦畑にはめったに入ってこない。この季節、イノシシは夜は野原で餌を探し、昼間はこうした畑に潜んでいる。一メートルほどになったトウモロコシ畑が風にそよいでいるようなところで猟をするのは恐ろしく危険だ。その前の年、同じような状況で、私は雄イノシシに叩きのめされたことがあった。

そのとき、私は放置された溝沿いにある低木の茂みからイノシシを追い出して、見通しのいいところへ現れたのを撃ち、すでに一〇頭以上仕留めていた。そこへ男の子が、近くの小麦畑にイノシシがいると知らせに来て、その場所を指さした。トウモロコシ畑の中に作物がなぎ倒されたあとのちょっとした空間が遠目にもはっきり見えた。だが、トウモロコシは私の胸ほどまでの高さがあり、一メートル以内くらいに近づくまでその姿が私には見えなかった。突然、イノシシの片耳がぴくりと動き、茂みの陰に私に背を向けて寝そべっている姿が見えた。首のところに一発食らわせると、イノシシは動かなくなった。私がホストにふたたび合流すると、「さあ、戻ろう。まだ道中は長いんだ」と彼は私たちをせき立てた。

私たちがその場を去ろうとしていると、先ほどの少年がまた走り寄ってきて、もう一頭別のイノシシがいるという。「来て、撃ってくれよ、だんな《サーヒブ》。やつはおいらの作物をみんな台無しにしてしまうんだ」。

ホストは私に思いとどまらせようとしたが、「これ一頭で戻るよ」と私は言った。私はもう一度、少年の指差すほうに忍び寄ると、トウモロコシの向こうに大きな雄イノシシの目がじっとこちらを見ているのがわかった。その牙が白くきらりと光ったのを今でも覚えている。狙いを定める前に、私が立っている場所の数メートル先から、いきなり仰向けに押し倒され、はずみでライフルを落としてしまった。やがてイノシシは私をもう一度押し倒した。私は両腿にその重みを感じ、顔の上にその長い鼻と小さな怒りに燃えた目を見た。イノシシの息が私の顔にかかるのがわかった。イノシシは牙で私の胸を狙っていることがわかったので、私は本能的にライフルの銃床で襲撃を遮ろうとした。するとイノシシは姿を消した。私は起き上がって自分のライフルを見てみると、銃床に鑿《のみ》でえぐったような大きな穴がうがたれ、私の指の一本が鋭い刃物のようなもので骨まで達するほど深く切られて、血がどくどく流れ出していた。私は弾を込め直して立ち上がった。雄イノシシの大きなやつが、トウモロコシ畑の縁《へり》を遠ざかっていく。私が大声を上げると、イノシシはくるりと振り返ったので、その胸を狙い撃ちした。イノシシはその場に倒れた。

あのときは私は一人で、自分のことさえ責任をとればよかった。今回は私と同行の少年四人と、大勢のスーダン一族が一緒で、みんなしてトウモロコシ畑に突入するものだから、イノシシ一〇数頭以上に被害を及ぼしてしまう。アマーラは大粒の散弾を充填した私のショットガンで武装していたし、ハサンは九ミリ口径のものを持っていた。その年、私はブローニング拳銃を持参していたが、サバイティとヤシンは短剣だけしか持っていなかった。数頭のイノシシを仕留め、二頭を残念ながら取り逃がしてしまったあと、私は村人たちに蒲《がま》の群生地が水に浸かっている頃のほうがのイノシシ狩りには適してい

Pitt Rivers Museum, University of Oxford [2004.130.16733.1]

スーダン一族と一緒に仕留めたイノシシ

ると言って聞かせた。今回は二日間で三六頭を族長専用船《タラーダ》で追い詰め、イノシシが前方を泳いでいるときや、向きを変えてこちらに押しかけたときなどにブローニング銃で頭部を撃ち抜いて殺した。イノシシは泳いでいる間は無力で、こちらが襲われる心配はない。ヤシンは一度、大きな雄イノシシの脇の水面に飛び込み、そいつを両手で溺れさせたことがある。スーダン一族は私たちがここを出て、スウェイド一族のところに行くのを残念がった。

　湿地帯をいくつも通り過ぎていく途中で、葦の茂みからさらに一〇メートル近く盛り上がった何も生えていない黒い小山のようなものを見かけた。それは長いこと忘れられている都市の遺跡で、マアダンには離れ島《イーシャン・ワキーフ》という名で知られている。のちにスウェイド一族が湿地帯の奥に私たちを案内して、「アシーザ」と呼ばれる別の同じような小山を見せてくれたことがある。それは高さがおよそ十数メートルもあった。その上でマングースが戯れているのを見たことを覚えている。マシャリーア川の下流地域では一週間ほどいろいろな族長のところに泊めてもらった。裕福な人はだれもいなかったが、みな気持ちよくもてなしてくれた。中国の仏像みたいな顔立ちのある老人は、ムスリムの休日である毎週金曜日に、旅人のための目印に自分のゲストハウス《ムディーフ》の柱にランプを灯しておくことから、「ランプ親父」として知られていた。こうした族長たちは人なつこく、村人たちとも打ち解けた付き合いをしていて、食事時になると、部屋にいる者全員に、座って一緒に食べていくように勧めた。ファライガート一族のアマーラとハサンのような、スウェイド一族にはおよそ好感を持っていないような者でさえ、ここの族長たちはアルブー・ムハンマド一族の多くの族長たちよりずっと気前がよいと認めていた。だが、私があるとき、別の部族のゲストハウス《ムディーフ》で、アルブー・ムハンマド一族の族長たちのもてなしの悪さを批判したとき、「われわれの前ではうちの部族たちについていいと思ったことを言ってくれ。われわれもそうする。連中はだいたいけちだが、ほかの部族の前ではそれを悪く言わないでくれ」とあとで厳しく咎められた。彼らは事実上、だれもアルブー・ムハンマド一族には属していないのに、その忠誠心には驚かされた。

スウェイド一族と食事をするとき、私たちは彼らの習慣に従って、食後、川べりに後片づけの洗い物をしに行った。私の四人のカヌーボーイたちは、この辺りでは知られていない遊牧民《ベドウィン》の習慣に従って、私たちが食べ終えるとみんな一緒に立ち上がった。「何でまた」と訊かれると、彼らは、「おいらの習慣だから」と答えた。食事のあとはよく、族長やその使用人たちに、空気銃でわれわれを撃ってみろとけしかけた。私の本物のライフルや拳銃を使わせたこともある。アマーラの射撃の腕前は抜群で、ヤシンとハサンも人並み以上だったが、サバイティはいくら教えても上達せず、下手くそのままだった。「向こうのゲストハウス《ムディーフ》を狙えよ、まぐれで当たるかもしれないよ」などと、みんなが彼をからかった。

Pitt Rivers Museum, University of Oxford [2004.130.13672.1]

乾地に村をつくる遊動生活者のスウェイド一族

彼らはお互いによく挑発し合っていたが、サバイティは連中に愚弄されてもけっして取り合わなかった。ヤシンはすぐに喧嘩腰になり、アマーラはお天気屋だが、私の同行者のなかではいちばんやさしい。思慮深いサバイティは、頭がよく、冷静で、いつも穏やかだった。彼のおかげで、私たちはみな、どんなに助かったかわからない。私は他人に対して腹を立てることがあるが、サバイティにはめったに怒ったことはない。たまに怒ったときは、私のほうがいつも恥ずかしい気持ちになった。

　名残惜しいがスウェイド一族の族長たちのところを出て、私たちは東に進路をとり、イランとの国境のほうに向かって、大葦《カサブ》の群生地と砂漠の縁との間に茂る蒲《がま》の間の浅瀬を棹を使って族長専用船《タラーダ》を進めて行った。ヤシンはいつも船尾に着き、その前にアマーラを置き、ハサンは舳先に立って、後ろにサバイティを控えさせた。ハサンは前の晩に注目の的になったマーディーという名の少年にすっかり心を奪われたままだった。「マーディー、ああマーディー」と大げさにため息をつくので、ほかの者がそれを笑いぐさにし、ヤシンは、「今度ロバを見かけたら、こいつを陸に揚げてしまおう」と言い出す始末だった。

あるスウェイド一族の村では、私たちが新しい場所へ移動中の解体した家と家財道具を積んだ何隻かの大きな船の先頭を進んだ。小ぶりのカヌーに乗った、ほとんどが裸の少年たちは叫んだり、ヨーデル風の裏声を上げたりしながら、水しぶきを上げる水牛のあとを追っていた。こういうスウェイド一族は農夫ではなく、湿地帯で水牛などを飼って暮らしている。遊動生活をしているファライガート一族とは違って、彼らは黄土色の頭巾をかぶっている。私たちのあとにはさらにたくさんの彼らのカヌーが葦の群生地から出てきた。ある男の説明によれば、その年は水位が上がるのが例年より早かったため、湿地帯の奥の冬の滞在地から早めに出てきているのだという。「今夜はおいらのところに泊まりなされ、だんな《サーヒブ》。あそこの乾いたところに村をつくりますから」と彼は言った。

上陸して一時間もしないうちに、最初の家が建ち上がった。葦を束ねたものでアーチを作るため、まず左右対称に二列にそれを立ててゆく。はじめは葦の束は外側に向きがちだ。すると一人の男が葦で造った三脚に上り、ほかの男たちが葦の束の先端を引っ張り合わせたものを結びつける。葦の束は以前に使われていたもので、すでに曲っているので、この作業は簡単だった。五つのアーチが設置されると、スウェイド一族はそれに水平に肋材を固定し、外枠用にマットを投げ上げて、たいていのところは一枚ずつを適当に留めつけた。固定材にはすべて大葦《カサブ》を使う。私はその辺をぶらぶらし、家が建ち上がるのを見たり、カヌーの荷下ろしをしたりしていると、新しく知り合いになった男が自分の家へ来いという。行ってみると、もう内装も整えられていて、お茶の用意ができており、昼食用のライスが火にかけられてい

Pitt Rivers Museum, University of Oxford [2004.130.38328.1]

葦葺きの家のアーチをつくっているところ

た。九歳になる彼のいちばん下の息子は、大きな青い石の着いた銀製のネックレスのほかは何も身につけていなかった。

こうした遊動生活をするスウェイド一族は蒲《がま》や湿地帯に一時的に生えるスゲやカヤツリグサなどを水牛用に集める。それを動物に食べさせているのを見ていると、ヤシンはブー・ムガイファートで飼っている自分の水牛なら目もくれないだろうと言った。たくさんのスウェイド一族が治療を求めていたので、私たちはもう一日滞在を延ばし、その後、葦の群生地を数キロ奥まで行った別のいくつかの村も訪問した。村人はマアダンのなかでもっともすれておらず、彼らとの付き合いの楽しみを妨げるものは、この砂漠の縁《へり》に当たる地方の水が塩気が多くてまずいことだけだった。本土に住むスウェイド一族は、浅い窪みにたまった水を蒸発させて塩を作っていた。私たちはついに、この東部湿地帯の最果てであるイランとの国境にまでたどり着き、その夜を小さなイラク警察の駐在所に泊まったあと、湿地帯の中央部へ引き返しはじめた。

第20章　アマーラの家族

ウアイシジは水に覆われていて、ファライガート一族では私たちが戻ったときにはいなくなっていた。一面に黒ずんだスゲの間を、族長専用船《タラーダ》を操っていくと、時折見かけるヒナをかえすために残っていたハイイロガンだけが、冬季に野鳥の大群がいたことを思い起こさせた。ユーフラテス川沿いの葦の群生地ではしなびた古草の間から新芽がすでに丈高く伸びていて、水生のウマノアシガタが雪のように広々した水面に広がっていた。

アザーイルで私たちは舟を降り、車を雇ってバスラに向かった。だいたい二カ月に一度、郵便物を受け取り、風呂に入って、医薬品を買い足すことにしていたからだ。快適な住居での数日はよい気晴らしになり、領事館勤務の私の友人たちはいつも私にも、同行者にもよくしてくれた。ふたたび族長専用船《タラーダ》に戻ると、アマーラはこう言った。「ファーリフは死んじゃったので、代わりにおいらのところに泊まりなよ。ご存知のとおり、たいした物はないが、おいらの物はだんなのものだ。ヤシンとハサンはやつらの家族のところで降ろして、また旅に出るときに呼びに行くから」

四日後、私たちはアマーラの村であるルファイーヤに出る水路に入った。水の流れは速かった。土手の向こうでは、男たちが地面をならすために、膝から胴まで水に浸かりながら、ゆっくりと草木を湿地帯のほうへ積み上げていた。するとシャツを首に巻き付けた背の高い少年が、水しぶきを上げながら私たちに近づいてきて挨拶した。「弟のレシクです」とアマーラが言った。「去年はよそのうちの稲田で手伝ってたんだけど、今年は自分の土地ができたんだ」。少年は足の泥を洗い落とすと、族長専用船《タラーダ》のアマーラのそばに乗り込み、彼にキスをすると、やがて棹を取った。弟は元気がよく、言葉遣いも馴れ馴れしくて愛嬌はあるが、兄のような行儀よさには欠けていた。歳は一つ下で、背丈は同じくらいだが、見かけはひょろっとしていた。だが、肉が付いてきたら、弟のほうが体力がありそうだった。最初の数軒の家を通り過ぎると、子供たちがぞろぞろついてきて、土手に沿ってはしゃぎだし、私は「ハーメルンの笛吹男」になったような気分だった。舟を停める頃には、大勢の群衆が集まってきて、私たちが上陸するのを手伝ってくれた。「ハサン、走っていって親父に、お客のだんな《サーヒブ》がお着きだと知らせてくれ」とアマーラが一人の男に言い、レシクには、「ほかのひよっこに荷物を全部家に運ばせろ、棹も忘れるなよ」と命じた。

ヤシンとハサンは数日ブー・ムガイファートに残った。サバイティと、もう一人の同行の若者を連れて、私たちは歩いて村はずれにあるアマーラの家に向かった。収穫の終わった大麦畑がずっと先まで続き、その彼方にナツメヤシの木立が黒々と見えた。アマーラの父スークブはしわ深い顔に静かな目をした老人だった。洗濯の効いた白のシャツに頭巾を被り、無言だが丁重に私たちを迎え入れた。室内へ案内する彼は、背筋は伸ばしているが動作はゆっくりで、ややぎこちなかった。家は小さく、数本の葦を束ねただけの五本のアーチに支えられた天井も低かった。すり切れたカーペットが二つのクッションを添えたぼろぼろのマットの上に広げられていた。やさしげな顔立ちの元気のいい中年女性が現れて、

「だんなさま《サーヒブ》、よくいらしてくださいました。ここはあなたの家です。あなた様はアマーラの父上ではありませんか？　ありがたいことです」と挨拶した。彼女の背後に赤ん坊と、二人の幼い男の子、顔を半分隠した一五歳の少女が立っていた。

アマーラはレシクにヤカンを探しに行かせ、サバイティを父の店に砂糖とお茶を買いにやった。それから自分の幼い弟たちとほかの大勢の子供たちに手伝わせて、老いた雄鳥を捕まえにかかった。家から逃げ出した雄鳥を賑やかに村中追い回した挙げ句、ようやく追い詰めて殺し、昼食に供した。アマーラはまた、だいぶ古い魚も出したが、この辺ではだれも魚の匂いを気にしなかった。彼の母親ナーガは、私たちのために湿った円形のパン生地を壁に叩きつけて形を整え、丸形の陶製のオーブンで焼いてくれた。本土では、この種のオーブンは各戸の前に据え付けてあるが、湿地帯では、女たちは囲炉裏《いろり》の火の上に載せた円形の陶器の皿でパンを焼いている。アマーラのもう一人の弟チライブも湿地帯から戻ってきた。真面目で無口なこの少年は、まだ一二歳だというのに、明け方から日が暮れるまで、水牛用の飼葉を刈ったり、運んだりしていた。レシクも彼を手伝って集めた飼葉をカヌーから家まで運んでやっていた。夜になると、水牛の群れを家の前の杭につないでおく。夜間に放しておくと、耕作地をうろつくからだ。水牛の群れは、目つきの狂暴な雄一頭、雌三頭、まだ若い雌一頭に仔牛が一頭だった。チライブと同様、アマーラも水牛を可愛がっていて、搾乳をしたあとの一頭の雌を撫でながら、「見てください。こいつはほんとにきれいで、腹に子がいるんですよ。去年、だんなにもらった金でこいつを買ったんだ。運がよければ、結構いい数に増えるんじゃないかな」と言った。

他方、レシクは自分の農地の米の収穫にしか関心がなく、動物の世話に時間をとられるのをいつもぼやいていた。彼は才気煥発で、年長者にあまり敬意を表さず、同世代の仲間にそそのかされて、放縦で無責任になりかねない。だが、野良に出ると一人前の男として無我夢中で働くので、夜にはくたくたに疲れてはいるが満足げに壁に寄り掛かって座っている。彼が自分の稲作の話をするときは、土を整えているときさながらに指を動かしながら語る。その年の後半になって、彼の足は、夏の間に村や耕作地周辺の水域でよく起きる疥癬《シャラ》に何度もかかった。水の浅い湿地帯にいるイノシシもよくかかる病気である。水田耕作者は避けられない疾患で、あまりの痒さに足が赤剝けになってしまう。痒みは通常二四時間続くが、私もイノシシ狩りをしていて何度もかかったことがあるので、その痒さがどんなに耐え難いものかわかった。

アラブ人の暦は陰暦なので、毎年少しずつ早く一年が終わる。アラビア半島のハドラマウトの耕作者たちと同様、ここの耕作者たちもプレイアス星団やシリウスなど特定の星座の出没によって季節を計算していた。毎年、耕作期のはじめにルファイーヤ以南では、耕作地を一定の幅ごとに葦の杭で目印をつけ、村人はそのどこを耕すかをくじ引きで決める。一人の耕作者が異なった場所にあるいくつかの耕地を得るのが普通だ。そのあと、他の人と協定を結んで共同作業に入ったり、あるいは自分の割当地を自分だけか、あるいは家族の手助けで耕したりすることになる。例年、四月に地面を整え、五月中旬に水の引きかけた田に籾を蒔く。この時期を過ぎても水位が高いままのときは、雑草が整地したところにははびこって、作物を枯らしてしまう。

籾を蒔く前に五日間ほど水に浸し、それを陽の当たる場所の重いマットの下に発芽するまで置いておく。彼らは苗床から間引き苗《ニサール》と、本苗《シタル》をより分け、後者を四〇日後に移植する。湿地帯住民《マアダン》は本苗だけしか植えないが、湿地帯から遠く離れたところに土地をもつアザイリジ一族は、間引き苗以外にほとんど稲作をしない。湿地帯の縁にあたるここのルファイーヤでは、村人はそのどちらも育てる。人手なしにやっているレシクは、耕地の五分の四にあまり手のかからない間引き苗を植えているが、収穫高は同じ面積に本苗を植えた場合の半分にしかならない。間引き苗は通常、一〇月半ばに刈り取り、本苗はそれより一カ月後に収穫する。

豊作になった一九五六年には、レシクは四カバーラに間引き苗を、一カバーラに本苗を植えた。一カバーラは〇・六二一エーカーに当たる。これで彼は三五〇〇キロの米を収穫した。そのうちの四分の一をマジードに年貢として納め、翌年の一家の食い扶持をたっぷり確保したあと、残りを売って三〇ディナールの収入を得た。物納されるマジードの取り分は、村全体に賦課される。彼は収穫高の三分の一を取り立てることもあるが、だいたいにおいて予想収穫高の四分の一であることが多い。その総額は、彼がその年の水位を見てすぐに決めるのだが、彼の判断はおおむね非常に正確だと言われていた。

高水位は川から灌漑用水を引いて稲作をするアザイリジ一族のような耕作者には歓迎されるが、耕地が水面下になってしまうマアダンにとっては不作になる。反対に、低水位ならば、マアダンの耕作面積は増えるが、ほかの人たちにとっては災害だ。一九五一年は例外的な低水位の年で、サイガル、アル・アッガール、アディル川の河口より先の湿地帯の大きな村々のマアダンは例年よりもはるかに広い地域を耕作できた。ところが、運悪く秋の大雨で水位が上がり、収穫前の作物のほとんどが冠水してしまった。アマーラ県では、部族民は新しい沈泥に覆われた土地にしか稲作をしないが、ユーフラテス川沿いのスーク・アッシュユーフ以遠では、陸稲をやっている人たちもいた。彼らはナツメヤシの木の下で小麦や大麦を収穫したあとすぐに米を植えていることがあった。

アマーラの四人の弟の一人で七歳になるハサンは、最初の晩に手を切って、包帯をしてもらいに来た。そのときまで、その弟のラーディーは私の隣りに座っておしゃべりをしていたのに、この子は部屋のいちばん遠い端に黙って座っていたので、私はその存在にほとんど気づかなかった。その子はひどい貧血症のように見えたので、私はびっくりした。母親によれば彼はいつも疲れ気味で元気がないという。傷口から流れ出る血は泥水のような色をしているだけでなく、茶褐色の肌から容易に出てこない。私は母親に鉄剤のボトルを渡して、彼に飲ませるように言った。一カ月後の彼はほとんど見違えるようになった。機嫌のいい、かわいい子供になっていて、私はすぐに彼が大好きになった。

父親スークブの念願はマシュハドへ巡礼することだった。彼は家庭の雑事をアマーラに任せ、アマーラが何かにつけて母親に相談するのをいいことに、自分はお祈りや瞑想に耽っていることが多かった。翌年、アマーラはハサンを学校にやることについて私に相談を持ちかけた。「一家のうちだれかが読み書きできるようにしておかないと」という彼の話に、やや疑問を感じながらも同意した。翌日、私たちは彼を学校に行かせた。この村の約半数の少年が通っているその学校は、ワーディヤ川の本流から三キロ余り離れたところにあった。アディル川のマジードの村の下流にも別の学校があったが、湿地帯の中にはまったくなかった。ハサンは学校に行けてとても嬉しそうだった。毎朝ほかの子供たちと一緒にいそいそと出かけて行き、夕方、学校で習ったことを得意そうに私たちに見せた。私はバスラに出かける機会があったときに、彼のために肩掛けカバンと数冊のノートブック、色鉛筆、ペンとインク、定規とコンパスを買ってきてやった。彼は大喜びで、ほかにだれもこういう物を持っている子供はいないと言って、私を安心させた。だが、私はその成果については懸念を持っていた。なぜなら、これから五、六年、家の中で机に座って一日を過ごし、お昼にはユネスコの献立による特別な食事が与えられるのは、葦の群生地で働くほかの兄弟のチライブや水田を耕すレシクに比べれば楽な毎日であろうが、卒業後、ルファイーヤにとどまるのなら、葦の群生地や水田を相手に暮らすのが彼の宿命であろう。今日の中東全域で中途半端な教育を受けても、たいていはのちに都会へ流れ出て不良少年になるのが落ちだったから、彼にはそうなってほしくないと、ひたすら願わずにはいられなかった。

学校を出たあと、村に残って満足している少年はほとんどいなかった。彼らは、部族生活を嫌い、まともな暮らしをしたいのなら、都市部に出るしかないと考えるように仕向ける教師たちの影響を何年も受けていた。「おいらをだんな《サーヒブ》と一緒にバスラに連れてって、向こうでいい仕事を見つけてくださいよ」と若者たちに何度も嘆願されたものだ。「こんな動物みたいな暮らしはいやだ――親兄弟にはいいかもしれないが、おいらは教育があるんだ」。そういう若者たちは家にいても、やがていらだちと不満が募る。彼らにしてみれば、ここを脱出しさえすれば、自分の受けた貧弱な教育がすべての望みを叶えてくれると思い込んでいるのが不憫だった。同じ程度の資格のある人間はイラクにはほかにも山ほどいる。実際、家を出ても、バスラかバグダードで、新聞やコカ・コーラでも売るか、生きるために車を盗んだり、タクシー運転手のために客引きしたりするのが関の山であろう。

親たちはほとんどみな子供を学校に行かせたがるが、アディル川沿いのある村の老人から、こんな話を聞いたのを覚えている。「うちの倅《せがれ》はバスラの役所でいい仕事に就いている。おわかりのように、わしらは貧しいがね。わしは倅がアマーラで学校に行っていた一〇年間、ずいぶん仕送りをしてやった。そのうちわしらの面倒を見てくれるようになると思ってな。倅《せがれ》は一人息子だったから、あいつが子供の時分にはわしは幸せだった。今じゃあ倅はわしらのそばにまったく寄りつきもせず、援助もしてくれない。こういう教育はよくないね、だんな《サーヒブ》。わしの子供たちを盗むんだから」。だが、夫に離婚されたカバーブ村のある老女は、そういう疑問は抱いていなかった。夫が夜警の仕事を見つけてアマーラへ出て行ってしまったあと、向こうで学校を出た息子はしばしば彼女を訪ねてきてくれた。息子はジャケットを着て、尻の割れ目の目立つズボンをはき、ポマードの匂いをプンプンさせた髪をヨーロッパ風に分けていた。彼が二日ほど滞在して帰ったあと、母親は隣近所の人たちに、「うちの倅《せがれ》は垢抜けたもんよ。食事にはスプーンを使うし、小便は立ってするんだ」と得意そうに触れ回った。部族民は普通、しゃがんで用を足していたのだ。

カバーブ村へは何度も出かけたが、あるとき、ダヒールの結婚式に招待された。その前の年、バスラへ送ったときの彼は死にかけていた。すっかり治った彼に、アル・アッガールのファルトゥース一族のところや、最近ではカバーブ村でひょっこり出会って、私はこのユーモラスで議論好きのちょっとおどけたところのある若者に愛着を感じていた。私は彼に責任を感じていたので、金銭的にも援助してやり、今回は七五ディナールの結納金の大半も払ってやった。彼は友人ワディの妹で、ずっと恋仲だった女の子と結婚することになったのだ。

結婚式の前日の昼にカバーブ村に着いたが、到着してほっとした。なぜなら枯れた葦の群生地の間を抜ける水路は息も詰まりそうなくらい暑かったからだ。ただ座っているだけでも身体中汗びっしょりになるほどで、舟を漕ぐ連中はシャツの中で風呂に入っているように見えた。すくって飲む水は生ぬるく、何の味もしなかった。小さなクモが族長専用船《タラーダ》に何十匹も飛び込んでくるし、蚊は私たちの周りにうじゃうじゃ群がった。一見、家バエと同じように無害に見えるハエはシャツの上から容赦なく刺してくる。活気がなく、廃墟みたいな村は、夏の日差しを浴びて陽炎が立っていた。サダムはマジードのところへ行っていて留守だったので、私の友人でハサンの従兄弟でもある年配のファライガート一族の一人のところに泊まった。ダヒールはその隣りにファルトゥース一族の家族と一緒に住んでいた。彼はあと数本のアーチを足して、その家を建て増しするのに大忙しだった。それが終わると、彼は花嫁用の寝台を覆う赤い蚊帳を張った。

翌朝、ワディの村の遠くの端から、彼が妹の結婚を祝ってスタートさせた歌や太鼓の音が聞こえてきた。午後にはダヒールの友達連中が私たちの族長専用船《タラーダ》で花嫁を迎えに行った。このめでたい日を祝って祝砲を放つために、アマーラはショットガンを、ハサンはピストルを持参した。習慣に従って、ダヒールは家で彼らの帰りを待った。彼には家族がなかったので、私に一緒にいてくれと言う。私たちは座って遠い太鼓に耳を澄ました。歌が止み、やがてまた始まる。彼の話によれば、一行は上陸し、ワディが彼らをもてなしているのだという。一時間後、太陽が傾きかけた頃、歌声は大きくなり、やがて散発的な銃声が聞こえた。「連中は右回りに村のいろいろな家を訪ね、そこで踊ってからここへくるのさ」とダヒールは言った。

ついに一行がこちらにゆっくりとやって来るのが見えた。真新しい装束にすっぽりと包まれた花嫁を乗せた族長専用船《タラーダ》を何隻かのカヌーが取り巻いている。カヌーに立っている男衆はかけ声とともにこちらへ漕ぎ寄せてきた。花嫁の前には、ワディが新所帯のために持たせてくれたキルトやマットレス、枕その他の家財道具が山と積まれていた。一家の長としての彼は、結納金の中からどのくらい多く、あるいは少なく費用をかけるか決める権限があった。ダヒールは極端に貧しかったので、ワディが気前よさそうに思えて嬉しかった。

一行が上陸すると、私は自分のライフルで数発発砲した。アマーラとハサンはジャンプして陸に上がり、花嫁が家に招き入れられる間、ハサンは自分のピストルの弾倉にある一三発すべてを撃ち放し、アマーラはショットガンにできるだけ早く弾を装塡しては発砲した。みな岸辺に近づくと、我先に家の前のスペースに舟を寄せようとして混み合った。アジュラムが即興の二行連句を口ずさみ、それを二回繰り返した。すると群集がそれに唱和し、私たちの周りをライフルや櫂や短剣を頭上で振りながら足踏みして回った。休憩ごとに私たちは空中に発砲して彼らに気合いを入れた。連中は日が暮れて家に戻り、食事をする時間になるまでそれを続けた。そのあと、私たちは全員、もう一度ダヒールの家に集合した。ヘルーらが歌を唄い、少年たちは踊り、ダヒールはタバコやお茶を配って歩いた。

深夜近くになって、私はアマーラに、そろそろパーティーをお開きにすれば、ダヒールは花嫁のところに行けるのではないかと言うと、「心配ないよ。その気になったら行くから」と彼は答えた。だいぶ経ってから、ダヒールはショットガンと薬包一個を借りて姿を消した。パーティーは続いた。突然、私にはまったく予想外に、一発の銃声が部屋のいちばん奥のほうから聞こえたが、ほかの連中はそれを待っていたかのようににやりとした。それはダヒールが結婚の床入りを無事完了したというシグナルだった。それからまもなく、着衣を取り乱したままの彼が姿を現した。シャツは破れ、頭巾はなくなっていた。ヤシンが嫁さんをもてあましたのかと尋ねると、おどけたように怒って見せ、「銃声が聞こえただろ？」と答えた。

翌朝、ダヒールを訪ねると、彼は蚊帳の中に案内してくれた。部族の風習で、新妻は婚礼から七日間、そこに籠もることになっている。私は彼女が持参したキルトやクッションを重ねてあるところに彼女と並んで座った。彼女は兄さんそっくりの顔立ちのよい、ぽっちゃりした一六歳の娘で、少しも恥ずかしがらなかった。ダヒールがお茶を淹れている間、彼女はとりわけ強烈な香りのする瓶の液体を私の衣類につけてくれたり、ねばねばする甘い菓子を食べさせてくれたりした。七日間のハネムーンが終わると、ダヒールは村に小さな家を建て、二人はそこに落ち着いた。穏和な働き者で、慎ましい彼女は、彼のいい女房になった。一年ほどのうちに彼女は女の子を産み、翌年は男の子を産んだ。訪ねるたびにダヒールは子供たちを自慢そうに見せ、私にその一人を抱かせるのだが、私は赤ん坊が苦手だった。

ルファイーヤへ戻る途中、私たちはアディル川の河口付近の大きなマアダンの村に立ち寄った。数日前、父親が幼い息子を目の見えない母親とともに残して商人のところへ出かけ、戻ってみると、子供は水に落ちて溺死してしまっていた。私たちの泊まっているところに近いその家で、葬式が行なわれていた。男性かまたは女性を目いっぱい乗せたカヌーが通り過ぎていくが、男女が一緒に乗っていることはなかった。彼らの泣き声が大きくなっては、やがて消えていった。二人の少年が立ち寄って、話をしに来た。彼らは座ってしゃべっていたが、やがて片方がもう一人の相手に、「来いよ、向こうへ行ったほうがいいぜ」と言った。二人は立ち上がり、別れの挨拶をし、何の前触れもなくいきなり大声で泣き声を発し、泣き叫び続けた。私はファルトゥース一族の葬式のことを思い出した。あれはファーリフ、ダーウド、ハイヤールがジャーシムの村からだいぶ離れた湿地帯へ私を狩りに連れて行ったときだった。私たちはカビーバ村からきた一隻のカヌーと出会い、彼らの友人だった男の子がその日の朝死んだことを聞いた。三人とも悲嘆に暮れて発作的な泣き声を上げた。ファーリフが「もう十分だよ」と言うと、泣き声は突然に止んだ。いきなり呻き声が止んだかと思うと、彼らは櫂を取った。

私たちは死んだ子供の父親を知っていたので、弔問に出かけた。「ファーティハ」〔これは通常、『クルアーン』の開扉章を指すが、お悔やみの言葉としても唱えられる〕と呼ばれるお悔やみの言葉を唱える期間は、死者が男女いずれであっても七日間続く。その間、村人たちは交替で肉を含む昼の食事を提供する。村の人たちはお悔やみ《ファーティハ》を唱えに行ってコーヒーを飲むが、お茶やタバコには手をつけない。これは外からの弔問客用である。アマーラは私もお悔やみ《ファーティハ》を唱えるように勧めたが、私は、弔問はするがお悔やみ《ファーティハ》の言葉は唱えない、と断った。非ムスリムにとって、どういう宗教的な言葉を使っていいのか、あるいは使ってはならないのか、わからないことがよくあったからだ。たとえば、「神に讃えあれ」「神の御名によって」「神のご加護がありますように」をはじめとして、「神のご意志であれば」というような言葉は日常会話の一部として使われることが多い。そういう表現を使わずにアラビア語で話すことはできない。だが、それ以外の言葉はムスリムの間だけに残しておくほうがよい。たとえば、預言者の名を言ったあとに、「彼の上に祈りと平安あれ」という言葉を付け加えるような場合だ。私はいつも、ムハンマドのことを言うときに「あなた方の預言者」という言い方をする。たとえば、シーア派がフサインの死を熱烈に悼む一月《ムハッラム》の一〇日間に、ゲストハウスでの夕食後に〝お唱え〟をすることがよくあったが、そういうときはもちろん、私もほかの人たちと同じように、彼らが起立するときには私も立ち上がり、彼らが左右に顔を向けるときにはそれに倣った。

　私たちが行ったとき、部屋はもう人でいっぱいだった。銃弾による怪我で片足を引きずる年老いた父親に挨拶すると、彼は自分の隣りに私を案内し、コーヒー、紅茶、タバコなどが振る舞われた。一二年前、彼はマジードとその義兄弟のハッジ・スライマーンとの闘争で勝利して名を挙げていた。この戦いの本当の理由については聞いていなかったが、ハッジ・スライマーンの娘がマジードの妻だったときに殺されたことは知っていた。何年も経ってから、マジードの長男ハライビドもまた殺された。これも同じ確執の一部だったと言われていた。そのときの戦闘自体は、マジードが障害物のない稲田をわたって襲撃し、ハッジ・スライマーンの村を奪取して焼き払った。預言者家の末裔《サイイド》を名乗る一人が来て、停戦を求めるまでに一四〇人がその日の戦闘で死傷した。死んだ子供の父親は、とうとう占領できなかった要塞の壁下まで部族の幟《のぼり》を掲げて行進中に障害の残る負傷をした。

　私たちは三〇分ほど彼のそばに座り、やがてアマーラに〝お悔やみ《ファーティハ》〟の言葉を言うように耳打ちして、辞去した。葬式の費用のために香典を出すのがしきたりだったから、父親が戸口まで見送りに来たとき、私は半ディナールを彼に渡した。

第21章　一九五四年の洪水

一九五三年から五四年にかけての冬はいつになく厳しかった。イランやトルコの山岳地帯に降った大雪はまだ融けていなかったが、私が二月半ばにイラクに戻ったときには、冬の大雨でチグリス川が氾濫していた。アマーラとサバイティにバスラで落ち合って、医薬品や弾丸、衣類などの購入に四、五日を過ごしたあと、私たちは彼らの村へ戻った。その途中で、ファーリフの息子のアブドゥル・ワーヒドのところに一晩泊まった。彼は何もしゃべることがないかのように見える、さえない若者で、口やかましく、ひどくけちな母親に牛耳られていた。ファーリフの使用人たちは息子の味方だったが、母親は経費節約のために彼らを次々に解雇していた。ダーイルが辞め、アブドゥルリダーもじきに辞めるつもりだと私に言った。この頃ではゲストハウス《ムディーフ》に来る人もほとんどなく、私たちは所在なく沈黙したまま、座って時間を過ごすことが多かった。

ここに置いておいた私たちの族長専用船《タラーダ》に水漏れが見つかった。舟をひっくり返して、葦の束を松明代わりに熱を加えて亀裂をふさいだが、塗り直しが必要だとわかり、湿地帯を渡ってフワイルへ行き、ハッジ・ハマイドに修理してもらうことにした。水の流れはずいぶん速く、水位は土手の高さぎりぎりにまで上がっていて、場所によっては溢れ出して、この辺りの低地にある小麦や大麦畑が冠水する恐れがあった。いつもの滞在先のアマーラの村ルファイーヤへ着くまでの間に、何組もの男衆の一団が土手を修理しているのを通りすがりに見た。アマーラは家を建て替え、すっかり広々として建て付けも立派になっていた。敷物も新しくなり、クッションも新しいのがいくつかあることに気づいた。レシクは稲作でうまく収穫を上げ、水牛も仔が増えて、今では二頭から搾乳できるようになっていた。私は戻ってきてよかったと思い、みんなも私を見て嬉しそうだった。いつものように村の少年たちは船着き場からスークブの家まで私のお供をしてくれた。家に着くと、年長者たちがアマーラに「子供らを追っ払わないと、おいらの友人に会えないよ」と言い立てるのだが、言うは安く、行なうのは難しかった。七歳になる子は厚かましくも、「ほっといてよ。おじさんはおいらの友達で、そっちの友達じゃないんだから」と叫んだ。私は大人が子供を払いのけたり、邪険にしたりするのを見たことがなく、たまに子供同士が喧嘩しているのを見かけただけだった。やがてレシクが子供たちにニワトリを捕まえるのを手伝ってくれないかと言うと、そっちのほうが面白いと見たのか、まるで子ウサギの群れのように、一斉に追いかけて走り出した。ニワトリはアマーラの妹マターラが飼っているのだが、私が泊まりに行くたびに何羽か絞められる。彼女は村を回ってくる町の買い取り人にいくらか売ることもある。

私は今回、バスラでアマーラに選んでもらったグリーンのシルクのドレスをマターラのために買ってきてあったので、彼女の飼っているニワトリのことであまり罪悪感を感じないですんだ。彼女は内気で無口な女の子で、愛らしい顔立ちのほっそりしたきれいな娘だった。私は一度アマーラに、もし族長が彼女をくれと言ったら、あんたと親父さんはどうすると訊いてみたことがあるが、二人とも断わるだろうと彼は言った。「族長に嫁にやったら、おいらは彼女を守ってやる力がなくなってしまうからだ」という。族長は自分が気に入ったどんな女性とでも結婚できるが、族長の娘は族長としか結婚できないし、預言者家《サイイド》の末裔の娘も同様だという。ムスリムは四人の妻を持つことが認められているが、ルファイーヤでは妻を二人持っている男は三人しかいないし、それ以上持っている人は皆無だ。同様に、カバーブ村でも、二人の妻がいるのは、サダムとほかに二人の男だけである。

私は最初、子供の幼児死亡率はずいぶん高いのではないかと思っていた。初めの頃訪れたあるファルトゥース一族の村で、一週間に五人の赤ん坊が百日咳で死んでいたからである。だが、実際の乳幼児死亡率は比較的低かった。スークブの九人の子供たちは一人を除いてみな育っていたし、サバイティの七人の弟と妹は全員元気だった。私が無作為に選んだカバーブ村の一〇家族の八〇人の子供のうち、一五歳以下で死んだのは一三人だった。これはヴィクトリア朝時代の英国のそれに匹敵するのではないかと思ったものだ。

ブー・ムガイファァートへ行く前に、もう一日ルファイーヤに泊まることにした。夜の間に雨が降り、朝方の空はどんより曇って、荒れ模様になりそうだった。ハサンの家が見えるところまできたとき、雨がふたたび降り出し、そのまま一日中降り続いた。屋根には幾重にもマットをかぶせた堅牢な家の中に荷物を運び終わる前に、私たちはびしょ濡れになった。ハサン自身は狩りに出ていて留守だったが、母親のアファーラが私たちを喜んで迎え、火を熾して私たちの衣類を乾かしてくれた。四角張った顔に灰緑色の目と目の間が離れた、大柄な女性である彼女は、村では幅を利かせている。息子を熱愛していて、有名なマッケンジー家の出身なのだという。初めその名前を聞いたとき、私はタータン・チェックのシャツを着たスコットランド人一族の末裔に会うのかと予想していたが、実際のマッケンジー家は正真正銘のファライガート一族の子孫だった。アファーラの祖父は、第一次大戦のときに出会って崇拝していたスコットランド人に敬意を表して自分の息子をマッケンジーと呼んでいたのだという。

ハサンは肌までずぶ濡れになって帰ってきた。彼の小さなカヌーは半分まで水がたまっていた。彼は一撃で仕留めたという四羽のハバヒロガモを持ち帰った。このカモはたいへん狂暴で、葦の小さい束を目の前にかざしながら、首まで水に浸かってようやくそばまで近づけたのだという。

それからまもなくヤシンも葦の群生地から戻った。彼とハサンは二人とも私と合流するのを心待ちにしていた。フワイルで族長専用船《タラーダ》を修理させたあと、私たちはチグリス川をクルナで渡って、私たちのだれもまだ見たことのない東部湿地帯の一部を通って旅をする計画を練った。「こんな天気のときにズィクリ湖には近づくなよ」とサハインが助言した。「ユーフラテス川を下ってアルブー・バーヒト一族の村を通り、ターヒル・ビン・ウバイドをガイドに確保できるかどうか、様子を見るんだな。やつは密貿易で食ってるから、東部湿地帯の水路には詳しい」。するとヤシンが、「そうだな、おいらは去年アザーイルでやつと会った。やつが一緒なら、おいらはどこにでも行ける」と言った。

私たちは翌日、ダウブで、三年前に息子が犬に嚙まれた男と一緒に昼飯を食べた。その少年も父親も私たちがその日の午後出発すると言うのに耳を貸さず、夜まで私たちを引き留めた。数日前、泥棒が夜中に村から水牛を盗んだ。番犬が吠え、泥棒たちは追跡されて数発発砲された。それが逃げ損なったある少年に当たって、その子は死んだ。私はその死んだ少年を知っていたので、お悔やみ《ファーティハ》に行った。サハインもブー・ムガイファートでその事件のことを話していて、泥棒はウアイシジからきたファライガート一族ではないかといっていたが、ここで聞くと、連中はスウェイド一族だという。彼らはその声でだれだかわかるのだという。湿地帯住民《マアダン》はそのアクセントで見知らぬ部族かどうか見分けていた。

次の日の夕方、私たちが着いたときに、ターヒルは家にいた。彼はがっしりした体格の三〇代の男で、右目の上にクルミ大のたんこぶがあるのが特徴だった。私が話を持ちかけると彼はすぐに同行することに同意した。

ターヒルの長男は最近亡くなり、今では幼い二人の子供しかいなかった。彼の甥で、隣に住んでいる一二歳の元気な少年が私たちをもてなすのを手伝ってくれた。少年の父親はターヒルの弟にあたり、外見は兄ととてもよく似ていて、同じように密輸で暮らしを立てていた。いつものことながら、私が村に来ているというニュースがたちまち広がるのには驚いた。予想していた以上に患者が大勢詰めかけたので、私はさらにもう一日ターヒルのところに泊まらざるをえなかった。患者の一人は、気の毒なことに、ペニスが陰嚢の下に入ってしまっている男の子だった。

フワイルへの道中、ターヒルはこの前の密行はうまくいかなかった話をした。イラン人の警察官に捕まり、砂糖と茶を没収された挙げ句、数カ月前に行方不明になった二人の警察官について尋問されたという。棍棒で殴打され、二日後に釈放されたが、今度捕まったら即座に撃ち殺すと警告された。ターヒルはにやりとして、こう言った。「行方不明の二人の警察官のいるところへ案内しようと思えばできたのさ。湿地帯の浮島の下にそいつらを突っ込んでおいたからな。連中はおいらが穀物を一袋盗って逃げようとしたところを不意打ちし、暗闇の中を追っかけてきやがった。おいらの仲間二人が背後から奇襲して、やつらのライフルで一〇〇ディナール儲けた。だから、しばらくはイランから遠ざかっていないとな」

フワイルはユーフラテス川の支流を少し北へ上がったところにあった。湿地帯に囲まれた台地の島のナツメヤシの下に家屋やたくさんのゲストハウス《ムディーフ》があった。私たちはハッジ・ハマイドの船の修理場の隣にある彼の小さなゲストハウス《ムディーフ》に泊まった。彼はエネルギッシュな中年男で、すぐに子供たちに族長専用船《タラーダ》の塗料はがしにとりかからせ、その間に私を村へ案内した。だれもが直接、間接に船を造ることに関わりを持っているように見えた。その間に私を村へ案内した。

店の中では、商人が道具や、袋入りの釘や、作業着などを売っている。板材、丸太、竹竿などが店の後ろの庭に積み上げられていた。ナツメヤシの木の下では、男衆が大きな二本のマストをつけたボートを、丸太の上を転がして水に浮かべる前に最終仕上げをしていた。たいていの職人は自分の家の葦の垣根で囲まれた裏庭で、小さなボートやカヌーの塗料を剝がして塗り直したり、壊れた船体を修理したり、新しい物を組み立てたりしていた。私たちは老人がカヌーを造りはじめるところをじっと見ていた。彼はまず、船底になる横木を数センチずつ離して並べておき、その中央に一枚の長い板材を釘で打ちつけていく。私たちがお茶を飲んでいる間に、彼はそばに積んである木片のなかから適当なのを選んで骨組みを造り上げていった。彼の使う道具は手斧のほかには、釘の山と一緒にそばのマットの上に置いてある小さなのこぎりと弓錐だけだった。隣の庭から温めたタールの匂いが漂ってきた。頭上のナツメヤシの間から幾筋かの光線が差し込み、枝に止まった二羽の斑《まだら》のカラスが私たちの一挙手一投足を見つめていた。

ハッジ・ハマイドはようやく、「そろそろ戻ろうか」と言った。「子供らもだんなの族長専用船《タラーダ》の塗料剝がしが終わった頃だろう。昼飯がすんだら新しい塗料を塗ってやる。今晩は泊まりなさい。そうすりゃあ、朝にはちょうど固まってるだろう」。彼は私たちに新しい櫂も造ってくれたので、私たちはその水かき部分を真っ赤に塗った。ハッジの櫂はだれでも手に入れたがるが、これならそうたやすく盗まれないであろう。そのとき以降、赤い櫂は私たちの目印になった。翌朝、ナツメヤシの並ぶ土手沿いに下流へ漕ぎ出したとき、一斉に水を掻く赤い櫂は、なかなか恰好がいいと私は思った。ターヒルはハサンに代わって舳先に立ち、ハサンはアマーラの位置につき、アマーラは私の向かいに乗客として座った。クルナに着くまでに、二、三隻のモーター・ランチと行き交った。チグリス川に入るところにあるユーフラテス川の浮き橋は開いていた。チグリス川の水位は高く、私たちはだいぶ行った河岸にあるゲストハウス《ムディーフ》で昼食にした。日付は三月四日、その後五週間を川の東側に滞在した。

最初、私たちはドゥハイナート一族やハーリキー一族などのような、これまで会ったことのない部族を訪ねた。どちらの名も〝鵜〟を意味する。のちにはアルブー・ムハンマド一族や、遊牧民のファライガート一族、スウェイド一族らの顔なじみのところへ戻った。たびたび雨が降り、とくに夜間には、湿地帯一帯が激しい雷雨に襲われた。私たちが泊まった家では、屋根を二重かそれ以上のマットで覆っているところはほとんどなく、だいたいは一枚だけだった。ときには床のマットレスまで天井に載せるが、それでも雨は防げず、おまけに私たちは土間に寝る羽目になった。寒くもあったので、私たちは二人一組で毛布を分け合った。水位はずっと上がり続けた。

ある日の午後、狩りに出かけたとき、大嵐の予兆のような黒雲が急に広がった。ヤシンは心配そうに、「神様、どうか雹《ひょう》を降らせませんように」と言い、ほかの者も彼のお祈りに唱和した。だが嵐はやって来て、私たちが家に着く前に、船が沈まないように水を掻き出さなくてはならなかった。一行が雹を恐れたのにはそれなりのわけがあった。その翌年、雹を伴う大嵐が湿地帯の北半分の草木をなぎ倒し、最大の葦の群生地をめちゃめちゃにして、たくさんのペリカン、アヒル、その他の鳥類を死なせた。それらの死骸があちこちで見られた。仔水牛も多数やられ、ディーマ湖では男性一人とその息子が死亡した。

これだけ水位が高くなると、「今年はイノシシがいっぱい獲れるな」とアマーラが言った。私たちもまったく同感だった。チグリス川をもう一度渡る前に、私は二〇五頭を撃ちとった。これはいつもわくわくする仕事だが、ときには危険でもある。だが、私はスポーツとしてのみイノシシ狩りをやったのではな

Pitt Rivers Museum, University of Oxford [2004.130.13888.1]

東部湿地帯を行く

かった。イノシシはマアダンにとって天然の敵なのだ。私はイノシシに噛まれた人をあまりにもたくさん縫合してやらなければならなかったから、殺しても良心の呵責を感じなかった。だが、ライオンと同様、イノシシもこの地で絶滅するのを見るのは嫌だった。あの大きな黒い図体をしたイノシシが、夕方の葦の群生地のほとりで餌を食べている姿は、私にとっては不可欠な湿地帯の光景の一部だったからだ。イノシシと出遭う危険が常になかったら、ここでの暮らしにわくわくするものがあまりなくなってしまうであろう。

イノシシは驚くほど大胆になることがある。かつてアマイラ一族の居住地で、村人たちが私に、イノシシが水牛と一緒に戻ってきて、空き家で夜を過ごしているという話をしたことがあった。私は二頭のイノシシが夕暮れに村のほうへ浅瀬を渡って近づいてくるのを見るまでその話を信じなかった。私たちはその二頭を追って撃ち殺した。暗くなって戻ってくると、戸外で焚き火を囲んでいたある家族が、いともさりげなく、「あの中にまだいるよ」と数メートル先の隣家を指差していった。私は彼らが冗談を言っているのだろうと思った。だが、私たちがその葦屋に乗り込むと、勢いよく飛び出してきた五頭のイノシシに危うく倒されそうになって水に飛び込んだ。

族長専用船《タラーダ》で北に向かい、ターヒルはチグリス川と平行に走るやや高台になっているウアイシジに案内してくれた。例年にない高水位のせいで、隆起部のほとんどが水面すれすれになっており、そこに日中、大量のイノシシが寝そべっていた。漕ぎ手たちは、私たちが狩りをしている間、族長専用船《タラーダ》を軟泥の中を巧みに滑らせていった。午後一回で私たちの前を一列に並んで歩いていたイノシシ一〇頭を撃ち殺した。その日の私の射撃はいつになくうまく当たり、最後尾の一頭はいつも一発で撃ち落とした。さらに四頭が見つかり、一頭を殺したが、残りの三頭は輪になって夢中で地面を蹴っており、どういうわけかその動作を止めないので、とうとうそいつらも撃った。

その次に目に入った二頭は非常に大きな雄イノシシで、二〇〇メートル近く前方から私たちのほうをじっとにらんでいた。ターヒルと漕ぎ手たちはカヌーをはすかいにして舳先の後ろに隠れるようにして立っていた。私はカヌーに座ったままで大きいほうのイノシシに発砲し、命中した。イノシシはきりきり舞いをして約二〇メートル近く走り去ったが、やがてくるりと向きを変えて、もう一頭をすぐ後ろに引き連れて私たちのほうへ直進してきた。私はもう一度発砲し、弾丸のびしっという音を聞いたが、イノシシはたじろがなかった。さらにもう一発撃ったが、まだこちらに向かってくる。その頃にはイノシシは本当にすぐそばまで来ていた。私はまた撃ち、今度は倒れた。四発撃ち、残りの一発……とボルトを操作し、もうあと二跳びで私の頭に飛びかかりそうなもう一頭のイノシシに向けて銃を構えた。私が最後の弾丸を発砲すると、イノシシは倒れ、そのまま横滑りに船の中に転がり込んだ。私は弾丸を再装塡したが、イノシシはどちらももはや動かなかった、私は身を乗り出すようにして、近いほうのイノシシに触ってみた。もう一頭は数十センチ離れたところにあった。忙しくて、恐れている暇がなかった。だが、二頭に猛襲され、私の射撃も功を奏さないように見えたので、ショットガンもピストルも船内の私の脇に置いたまま、武装していなかったほかの五人の仲間たちはひどく動揺したに違いない。振り向くと、連中は短剣を手にしてうずくまっていた。

「イノシシがボートに乗り込んできたらどうしていたかね?」と私は尋ねてみた。

「飛びかかっておいらの短剣でやつを殺すところだった」とアマーラが答えた。

翌日、水深五〇センチ足らずのところでもう一頭の大きな雄イノシシを追跡した。イノシシはわずか四〇メートルほどのところにいたので、振り向いて猛烈な水しぶきを上げて突進してきたら撃ちとるつもりだった。ところがまだ動いている族長専用船《ターラーダ》からとどめを刺すのに失敗して、イノシシは私が再度発砲する前に船の横まで来てしまった。その朝、魚捕り用の槍を借りてきていたターヒルは、イノシシの顔をめがけてまっすぐにそれを突きだした。横目で見ていると、彼はそのシャフトの端に身を載せるようにして舟から飛び出した。私はもう一度発砲し、今度はイノシシは倒れて水中で族長専用船《ターラーダ》の横腹にどんとぶつかった。ターヒルは頭から足の先まで泥水を滴らせ、咳き込みながら立ち上がった。

「何でボートから飛び出したのさ?」とヤシンが無邪気に訊いた。「乗っていても大丈だったのに。だんなが撃とうとしていたのを見なかったの?」。ターヒルは憮然としていた。

「あと一歩で族長専用船《ターラーダ》は真っ二つに割れてたよ」とアマーラが説明した。「この間見たイノシシに壊されたボートみたいに」

このイノシシは、私がこれまでに撃ったもののなかでもっとも大きいものの一つで、長い焦げ茶色の毛に覆われていた。皮の一部は黒に近く、ほかの部分は赤みがかっていた。かつて見たイノシシの群れはみな色が薄かったので、一瞬、ヒツジの群れかと思ったくらいだった。しかも、たいていは素肌の上に荒い剛毛が少し生えているだけだった。三月から五月頃に一度に五頭ほど生まれる仔イノシシは、薄い縞のある肌をしていて、かわいい動物である。イノシシを撃つとき、たいていの場合、風下から忍び寄っても無駄であることがわかった。イノシシは目はいいが、眠っているときは音はあまり聞こえないらしい。いつか馬に乗ってタマリスクの藪のなかで狩猟をしていたとき、馬に乗ったバニー・ラーム一族の何人かが私に、一〇数頭の馬が闊歩しているわずか一メートルかそこいら先の藪の中で大きなイノシシがいびきをかいているから来るようにと、大声で言われたことがある。マアダンはイノシシは腐肉を食うとしきりに言っていた。ウアイシジで、私が数日前に撃ち殺した雄イノシシが部分的に食いちぎられているのをいくつか見たが、その辺にたくさんいるジャッカルにとっくに食べられてしまっていたであろうに、水位が上がってほとんど地面の露出部がなくなり、洪水はまだ少なくとも二カ月は続きそうだったから、その年のジャッカルはみな溺れ死んでしまったのかもしれないと思った。

私たちは小さな村の今にも崩れ落ちそうな薄い土壁で周囲の水面から隔てられているだけの家に泊まることがよくあった。寝ている間にその壁が壊れて、数十センチはすぐに水浸しになるのではないかといつも予想していた。夜には雷鳴や稲妻を伴う激しい嵐になることが多く、屋根から漏れてはね上がる雨水でたちまちびしょ濡れになった。天気のいい朝にはすぐに乾くが、そうでないと凍えるほど寒く、みじめなまま、私たちはどんよりとした空の下を、泥水の広がる水面を横切って旅を続けた。

チャフラ川河口付近の村々は、私たちが着いたときには冠水していた。一度、夜中に家を囲んでいた土壁が流され、家族が水の中で自分の持ち物を手探りで探していたことがある。チャフラ川沿いでは水位がすべての堤防を越え、刈り入れ前の小麦や大麦畑を水没させた。ようやくチグリス川を再渡河するときには、主要道路の下をくぐるために橋を探す必要はなかった。洪水ですでに水位が堤防を越えていたからである。私たちは泥道の上を、水をはねながら、族長《ターラーダ》専用船を滑らせて越えた。

ここでターヒルは、私たちと別れて家族を助けに行かなければならないと主張した。「今年は水位が高すぎて、水牛は湿地帯で餌をはむことができそうもない。十分な飼葉を刈り取っておく仕事がある」という。その頃には、彼はほかにほとんど知っている人のいない水路を通ってイランの国境沿いの広大な葦の群生地のある奥地まで案内してくれ、すっかり私たちの仲間の一人になっていた。彼はどんなときでも、ずいぶん腹が立つような状況のときでさえ、穏やかで協力的で、彼にとっては息子のような年齢の私の仲間と平等に仕事を分担してくれた。彼はもう一度私たちと一緒に行くと約束してくれていたので、翌年、頼もうとすると、ある男が、「ターヒルは死んだって聞いてなかったの？　先月、若い甥っこに殺されたんだ」と驚いたように言った。ターヒルとその弟はつまらぬことでかっとして殴り合いになったのは明らかだった。前年、私が見かけた二一歳の子供が、父親を助けようと、魚捕り用の槍を持ってきて、ターヒルの背中を突いた。とがった槍の先がターヒルの腎臓を突き刺して、彼は苦しみながら数時間後に死亡した。「弟は悲しみのあまり半狂乱になって、息子を呪った。子供のほうもまた、いつもターヒルを父親のように愛していたんだ。まったくの悲劇だよ」とその男は言った。

湿地帯にいた私たちは、それ以外の世界と完全に隔絶されていて、イラクにどんな災害が起こっているのか思いも及ばなかった。広大な地域がすでに洪水になっていて、バグダード自体も深刻な危機に瀕していた。だが、バスラへの道路はまだ洪水で閉鎖されていなかったので、私たちは四月に短期間訪問できた。族長専用船《タラーダ》をアザーイルに置いて、私たちは車を雇った。イラクに来る前、私は、戦前に私のために特別に造ってもらった・二七五口径のライフルは持参したくなかったので、リグビーの店で同じ・二七五口径の中古品を買ってあった。だが、一九五四年には自分の最上品を持ってきて、別のをバスラに残してきた。今回、それをアマーラにやり、サバイティ、ヤシン、ハサンにはショットガンをそれぞれ一丁ずつ買ってやった。二カ月後にバスラを再訪するときには、族長専用船《タラーダ》をクルナまで主要道路を棹で漕いできて、そこからランチを雇って川を下った。

四月にカバーブ村に戻ったときでさえ、サダムのゲストハウス《ムディーフ》の入口のわずか三〇センチ下まで水がきていた。私が初めてそれを見た例年にない旱魃の年には二メートル近くも水位は下であった。それからまもなく、彼は建物の周囲に壁をめぐらさなくてはならなくなった。驚くほどの高水位は、マアダンにとってはたしかに不都合なことがたくさんあったが、生活はいつものように続いていた。家族は自分

Pitt Rivers Museum, University of Oxford [2004.130.3770.1]

洪水時のハンマールのゲストハウス

たちが濡れないように床の上にたくさんの葦を積み上げた。私たちはカバーブ村を出て、ユーフラテス下流沿いに住むムンタフィク部族連造を訪ね、それから北上してガッラーフ川を上流へと旅することにした。途中でジャーシム・アル・ファリスのところで二日間滞在した。一年のうちでもこの時期は、ファルトゥース一族が住む村々の西はいつも洪水になり、前年、アワイディーヤからハンマールへ渡ろうとして溺れそうになったことがある。そのため、ジャーシムは自分の息子のファーリフとほかに二人のファルトゥース一族を、「バラム」と呼ばれる大きめの舟でぜひ同行させるようにとしきりに言った。アワイディーヤの村を出たのは四月二九日だった。強い北西の風が吹いていて、大きな湖の広い水面は波立っていた。アマーラ、サバイティ、それに私の二人は自分の荷物と一緒に「バラム」に移り、ヤシンとハサンに族長専用船《タラーダ》を操らせた。荷の軽くなった族長専用船《タラーダ》は見事に波を越え、波間をしぶきを上げながら突き進んでいった。

　洪水はすでに例年の水位をはるかに超えており、少なくともあと一カ月は水位の上昇は続きそうだった。だが、ハンマールの村の大半が水没しているのを見て初めて、私は事態の深刻さに気づいた。収穫前のトウモロコシ畑やたくさんのナツメヤシの幹の間を、族長専用船《タラーダ》やそれより大きい「バラム」を棹で操りながら、私たちは行きたいところへどこにでも行けた。村はすっかり無人になっていて、私たちが通ると、屋根の天辺にいる捨て犬が絶望的な吠え声を上げていた。土手の上で、腹まで水に浸かって、届く範囲のナツメヤシをすべて食べてしまっている雌牛も何度か見かけた。だが、やや高台にある数件のゲストハウス《ムディーフ》や家にはまだ人が住んでいた。そこの住人と挨拶を交わすと、彼らは寄って行けと大声で叫んだ。寄れば、コーヒーやお茶を淹れ、私たちの食事のためにニワトリを殺し、まるで何も悪いことは起こっていないかのように私たちと一緒に座っておしゃべりをするのだった。そのなかには、私がこれまで何度かの訪問で会ったことのある人たちもいた。だれもがマアダンと一緒に住んでいる英国人のことを聞き知っていた。だが、私が彼らに知られていなかったとしても、私たちは客人として、同じようにもてなされていたと思う。

　ナーシリーヤへ戻って、私たちはユーフラテス川の主流に入ると、強い流れに下流へと押し流された。ダムの残骸のある場所では、棚状になっているところに激流がぞっとするような渦を巻いて注ぎ込んでいた。私の重い箱類はまだバラムに積んであったので、族長専用船《タラーダ》は軽く水上に浮かんでいた。それでも私は一瞬、動揺しそうになったが、ヤシンはやるべきことをちゃんと心得ており、手際よく私たちを先導し、ほかの者も全力で櫂を動かした。私たちが通り過ぎたスーク・アッシュユーフの町は、半分水に浸かっていた。

二日ほどアル・ジュアイバル一族と一緒に過ごしたあと、ハンマールに戻り、その後、フフドのマーケットが撤去されるのを見た。商人たちがボートに這い上がると、その背後で店の土壁が崩れ落ちた。それから私たちはガッラーフ川の上流をシャトラの数キロ先まで行った。あちこちで堤防が決壊し、決壊していないところでは、男たちが作物を守るために休みなしに働いていた。私たちはアルブー・サーリフ一族のマフシンの大きなゲスト用テントに滞在した。このような状況にもかかわらず、彼は寛大で有名な「バドルの子孫」よろしく気前よく自分の家を開放していた。私たちはほかのムンタフィク部族連合の族長たちと一緒に泊まったが、夜はたいてい、ときには黒いテントで、素朴な羊飼いや農夫と一緒に過ごし、ほかの人たちはどれも海の中に孤立したような葦の小屋や小さな土造りの家で過ごしていた。

アワイディーヤに戻り、ファーリフと彼の二人の仲間と別れて、バズーン一族訪問に出発した。五年前にドゥーガルド・スチュワートと私は彼らの野営地を出て、埃っぽい砂漠を馬で南へ進み、アル・イーサ一族のテントにたどり着いたことがあった。今回はその同じ砂漠を族長専用船《ターラーダ》で渡って行くことになる。

第22章

一九五五年の旱魃

他方、一九五五年は旱魃の年だった。北部山岳地帯ではあまり雪が降らず、四月になっても、チグリス川の水位は冬場からほとんど上がっていなかった。一九五四年の驚異的水害はガッラーフ川、ユーフラテス川その他の流域沿いの小麦や大麦を潰滅状態にし、湿地帯地帯では、サイガルとアディル川河口との間では村人は豊かな稲作地帯の耕作ができなかった。稲作地が湿地帯の外側にあるアザイリジ一族のような場合には、水が引けば籾を蒔き、通常水害には遭わない広い地域で豊かな作物を刈り取ることもできるが、その年は厚い沈泥に覆われていた。今は例年になく水位が低いので、湿地帯住民《マァダン》は例年より広い土地を整地して植物を植えたりできるが、アザイリジ一族は逆に打撃を受けることになる。

アザイリジ一族は、アマーラの北一六キロのところでチグリス川本流と分かれるブタイラ川の下流地域に住む人口四万人ほどの稲作農民である。この川は、さらに三つの大きな流れに分かれたあとサイガルの北で湿地帯に注いでいる。私たちがここを通りかかったのは四月の半ばだった。堤防沿いに裕福な村々が切れ目なく続いていた。この地域の特徴は、T字型をした「ラブア」と呼ばれる建物で、一翼が家族の居住場所として使われ、もう片方はゲスト用に備えられている。村長の家の周りには、マットでできた、上部を乾燥させた水牛の糞で覆った大きな貯蔵所があり、前年度の族長の取り分が保存されていた。こうした貯蔵所の数や大きさから、前年度がどのくらい豊作だったかを知ることができた。

それにもかかわらず、村の半分は空だった。大勢のアザイリジ一族がガッラーフ川流域の大麦、小麦の刈り取りの手助けに、この春移住して行ったことは知っていた。一見して、その年の米の収穫が凶作になりそうなことを予想した村人が、いつも以上にそちらに出て行ったのだろうと私は推測した。ところが、そこに滞在している間に、大きめのけっこう立派な家が空き家になっているのが多いことに気がついた。そういう家の持ち主が、貧しい人たちの仕事であるガッラーフ川流域の収穫作業を手伝いに行くことはあり得ない。私はまもなく、その年に収穫作業をしに行ったアザイリジ一族は、いつもより少ないことがわかった。その理由を訊いてみると、貧しい人も裕福な人も合わせてかなり大勢の人たちがバグダードやバスラに移住してしまったのだという。これはアマーラ県における昔のゴールド・ラッシュ時代に、村全体もしくはその一部を見捨てて多くの村人が去ってしまったのに似た移動現象の始まりだった。アザイリジ一族ばかりでなく、アルブー・ムハンマド一族やスウェイド一族、残っていたスーダン一族など、農耕民全体にその影響は及んだ。マアダンと、アル・イーサ一族のように羊飼いをしている部族だけがあまり影響を受けずに残っていた。

私が一九五〇年に初めてイラクに行ったとき、バスラの油田はまだ開設されていなかったが、一九五五年にはフル操業しており、この国にどっと金が流れ込んでいた。バグダードでは町中が取り壊されて再建され、新しい道路があちこちに造られ、橋が建設されていた。日雇い労働者の需要は非常に多く、稼げる金の額は誇張されて部族の間に伝えられていた。アマーラ県の農民で家族そろって移住した者は数万人に上る。ガッラーフ川流域その他に収穫の手伝いに行くときの彼らは、動物を引き連れ、所持品すべてを持って出かけた。ところが今は、バスか貨車で運べる物以外、ボートや水牛、穀物など、事実上すべてを売ってしまう――つまり、彼らは戻ってくるつもりはないのだ。

彼らは欠乏から土地を出て行ったのではない。とくにほかの部族より大量に移住して行ったアザイリジ一族は、一一月には例年にない豊作の収穫を終えていた。翌年はある程度凶作になると知っていたのは事実だが、それでも十分乗り切るだけの蓄えはあり、残った人たちは実際に何の苦労もなかった。一九五一年もまた水位の低い年だったが、当時の私はアザイリジ一族にもアルブー・ムハンマド一族にも窮乏の徴候はほとんど何も感じていなかった。一九五五年の低水位は、こうした町への大量移住を急がせはしたが、これが理由ではなかったことは事実だ。

最近では、アザイリジ一族とアルブー・ムハンマド一族のなかですでにバグダードやバスラに移住し、自分たち同士の居住地に一緒に住んで、村の同族と連絡をとり合っている人たちは少ない。店を持ったり、ささやかなビジネスを起こし、うまくやっている人たちもいる。彼らの成功話は一部始終、もれなく伝えられる。さらに、当節、才覚さえあれば、バグダードへ出れば新しい仕事が見つかり、毎日、五シリングは稼げるというのが常識になっている。たったそれだけでも、ここの村人たちには羽振りよくやっているように聞こえるのだった。

さらにもう一つの、もっと重要な移住の理由は、教育の結果生まれた不満であった。農民のなかでもっともやる気のある若者たちの多くが学校に行き、その結果、村の生活でよしとされている価値観に批判的になることを覚えたのである。彼らはまた、族長の権威に腹を立て、その強奪ぶりに対しおおっぴらに文句を言った。彼らは、変化と刺激に満ちた、機会も多く報われることも多い世界であるバグダードへ脱出することを夢見た。親たちは自分に欠けていた書物から学ぶことを尊重し、息子たちの影響を受けるが、たいていは自分たちなりの生き方にこだわるあまり、移住はしなかった。一九五五年には、若者たちはわずかな土地しか耕作できそうもないことを知り、年長者に対する抗議を再開した。「何でここにいて、族長のためにくたくたになるまで作物を育てなきゃならないんだ？　なぜやつらのためにおいらが働かなくちゃならないんだ？　おれたちは自由人で、奴隷じゃないのに、あいつらはおれたちを犬みたいに扱う。やつらはこの土地に何の権利があるのか？　まともな政府なら、土地を連中から取り上げて、おれたちのものにするはずだ。今年は水がないんだから、耕作なんかできっこない。ここにいたら飢え死にするぞ。バグダードに行けば、みんな仕事に就ける。数カ月で金持ちになれるさ。ワウィを見てみろよ。二年前に出て行ったときは自分のシャツのほかは何も持っていなかった。今は車も家も持っている。アリーもアッバースもザーイル・チャシブもみんな行ってしまった。ガーニムも水牛を売って、出て行こうとしている。来いよ、親父さん。じきにおいらだけが残され、族長は仕事をみんなおいらに押しつけるぜ。アブー・ファフルに大きなダムを建設するためにおいらを召集しにくる前に出て行こうよ」

族長たち自身も深刻に悩んでいた。部族民たちがこのように脱出してしまえば、彼らの耕作地で働く人がいなくなってしまう恐れがあった。残っている人たちに対する彼らの権威もすでに弱まっており、まもなく消滅する可能性がある。とりわけ不愉快なアザイリジの族長のいる村人たちは、バグダードに発つ前に、族長のゲストハウス《ムディーフ》の前をパレードし、「インカルのために働くくらいなら、町でどんな仕事でもする」と繰り返し唱えた。

多くの場合、非難されるべきはもっぱら族長たちのほうだった。なぜなら、彼らは耐え難いほど傲岸だったからである。一九五三年、マジードの奴隷の一人が、アル・アッガールでシャガンバ一族の世襲首長(クッラ)の弟を殴った。その奴隷は激怒した村人たちにけしかけられて半殺しにされた。世襲首長《クッラ》と首長家の家族というものは非常に大事にされるべき存在だったからである。マジードは代理人を送って、村の年配者数人を厳しく非難した。すると、シャガンバ一族の大半はアル・アッガールを出て、サイガルに行ってしまった。それを聞いたマジードはおおっぴらに「犬畜生どもはいなくなった。ほかの犬どもにも分際をわからせてやる」と言った。だが、一九五五年七月頃には、それがそんなにたやすいことではないことがマジードにもわかってきた。私が彼に農民の半分はいなくなったのではないかと尋ねると、彼は一瞬考えてから、諦めたように、「まだそれほど多くはないと思うが」と答えた。もしさらに増えたらどうするのかと訊くと、彼は稲作を諦め、機械を使って小麦と大麦を集中的に栽培すると言った。彼にとっての関心事は土地であって、絶対に部族民ではないのだった。彼の息子の葬儀のとき、「わが土地！　今、わしが死んだらわしの土地はどうなる？」と悲痛な叫び声を上げていたのを私は思い出した。私は彼が部族よりも土地を大事にするのを知って悲しく思った。

アルブー・ムハンマド一族やアザイリジ一族の間では、族長と部族民の間の昔ながらの関係は消滅してしまい、その結果、両方とも貧しくなった。羊飼いたちの部族では、絆はまだ保たれていた。アル・イーサ一族のマズィアドは長年にわたって部族民に本土に大麦を栽培するように奨励してきたが、諸条件が適していなかった。水害や旱害がときどきあるからだ。これは部族の事業だが、政府への借金でさらにがんじがらめになるのはマズィアドだった。だが、彼の首が回らなくなると、村人たちは自分たちの間で金を集めて、彼の借金を払った。また、アルブー・サーリフ一族のマフシン・ビン・バドルが、ある朝、ガッラーフ川を二時間ほど上流へ遡ったところにある地区警察へ私の族長専用船《タラーダ》ですぐに連れて行ってくれと頼みに来た。上陸すると、彼は庁舎に大股で駆け込み、事件の審理をしている役人《ムディール》に挨拶をすると、拘束されていた男に向かって鋭く、「行け、そして外にある族長専用船《タラーダ》に乗れ！」と叫んだ。役人に対して彼は、「あんたには関係ないことだ。こいつはわしの部族だから、わしが制裁する」と言った。それから彼は座って、しばらく礼儀正しい言葉でおしゃべりし、やがて辞去していいかどうか尋ねた。

一九五六年春までに都市部への大流出は終わった。バグダードやバスラに出て行く家族は相変わらずいたが、その報告はこれまでのように熱狂的ではなかった。幻滅を感じて村に戻ってきた人たちもわずかながらいる。行く前には、一日四分の一ディナールという賃金がすばらしいものに思えたが、行ってみるとそれは、どんなに慎ましく暮らしても、自分と家族を養うには足りなかった。おまけに、天候が悪ければ仕事が一週間かそれ以上ないことがあり、すると賃金もまったく支払われない。それに、すべてに金がかかる。水にさえも、と言う者がいた。

何のために出て行ったのか？　故郷にいて稲作をしていた男は家族の一年分の食い扶持は十分確保でき、族長に年貢を納めたあとにもまだ、三五ディナールが手元に残る――結局それは、半年働いただけで、都会で毎日二シリングずつ一年中働いたのと同じ金額ではないか。農閑期には家族みんなでトウモロコシの収穫の手伝いに行き、もらったトウモロコシを売れば、自分の米を売った以上の収入になる。水牛を飼えばミルクが手に入り、ニワトリは食肉になる。燃料や建築資材、動物の飼料はみなただだ。川や湖には魚がいるし、湿地帯には水鳥がいた。

そのうえ、村では金持ちと貧乏人の差があまりなかった。族長は部族民と同じような暮らしをしていて、ちょっぴりましなだけだ。だが、バグダードやバスラではその差は圧倒的である。高級ホテルや邸宅の隣には、空き缶や壊れた瓶、紙くずなどが散らばるむさくるしい掘っ立て小屋が建ち並ぶ新たなスラムがある。近くに開けた空間もないから、村よりもずっと汚らしい。

部族の暮らしを捨てて都会へ出るのはたやすいが、いったん出て行ったら元の部族のところに戻るのはほとんど不可能である。一九三六年、私がモロッコに滞在中、カサブランカの周辺部にある、フランス人には〝汚い町《ビドンヴィル》〟として知られていた大きなスラムを訪ねたことがある。そこには貧しいベルベル人が石油缶を叩き延ばして屋根だけかけた掘っ立て小屋に暮らしていた。彼らはもともとは、労働者の需要が高まった第一次大戦後のブーム期に、山岳地帯からカサブランカに出てきた人たちだった。やがて一九三〇年代には不況が訪れ、ベルベル人は貧民街の周辺でゴミ漁りをして生き、餓死した者も大勢いた。

イラクでは、族長の横暴な行為から逃れるために村を出た移民が多かった。だが、バグダードやバスラで、今度は警察官に遭遇する。彼らは市内の空き地に、他人のゴミくずの間にマットを立てかけた掘っ立て小屋を造り、気楽な暮らしを始めて、ようやく慣れた頃に、立ち退き命令を持った警察官がやって来る。

「おれたち、どこに行けばいいんだ?」

「どこだっていいが、ここにはいるな。ここが気に食わないのなら村へ帰れ。さあ、この家を壊せ、急げ! おれたちは忙しいんだ」

そういうわけで、彼らはたいへんな思いをしてほかの場所に所有物を移動させるが、また警察が来て彼らを移動させる。郊外に住めば、ただでさえ余裕がないのに、仕事に行くためのバス代を払わなければならない。このような大量移住を警戒した政府は、何とかしてこれを止めようと、いつだってこうした田舎者を恰好の獲物と見なす警察官を焚きつけ、「除隊証明書を見せろ。持ってない? それなら警察まで来てもらおう」などと彼らに嫌がらせをさせた。

イラクでは、男子全員に二年間の兵役がある。ところが移住者でそれを果たしている者は非常に少ない。私がファーリフのところに滞在していたあるとき、ずんぐりした中年の大尉が書類の束を抱えた下士官と兵卒二人を連れてゲストハウス《ムディーフ》にやって来た。ファーリフにはその訪問は予告されていて、すぐに徴集できるよう準備しておくよう命じられていた。それは七月の暑い日で、大尉とそのスタッフは甘味水《シャルバート》とライム・ティーの飲み物を大喜びで受け取った。大尉の軍服は身体にぴたっとしていて、床に座るのには適していなかった。そこで彼は立ち上がり、部屋の端に用意してあった椅子とテーブルのほうに行った。徴集兵が連れて来られた。一六人のうち、二人を除いて未成年だった。彼らはテーブルの前に整列した。彼らの両親その他の訪問客は壁を背に座っていた。大尉は書類を調べ、顔をしかめながら、メガネをかけ、読み上げた。「アルワン・ビン・シンタ?」。返答がない。彼はもう一度名前を呼んだ。壁際に座っていた男が、「そいつは去年、家族と一緒にバスラへ行った」と答えた。大尉はぎこちなげに名簿をまさぐり、何やら書き込んで、今度は、「チライブ・ビン・ハサン?」と読み上げた。

「彼は去年死にました」とすぐに返答があった。

「マズィアド・ビン・アリー?」一二歳の少年が前に押し出された。

「マズィアド・ビン・アリーかね?」

「いいえ」とその子はすぐに答え、それから、明らかに後ろからつつかれて、「はい」と言った。

「おまえがマズィアド・ビン・アリーか?」と大尉はもう一度、名簿を見ながら、疑わしげに繰り返した。

「はい。私はマズィアド・ビン……ビン・アリーです」と少年はいっそう自信ありげに答えた。

「だが、この名簿にはおまえは一八歳だと書かれている。シャツを持ち上げてみろ」

大尉はこれまで以上に顔をしかめて、ファーリフのほうを振り向き、「何かの間違いだろう。こいつがマズィアド・ビン・アリーのはずがない」と言った。

「ここいらの者は生活が厳しいんでね。男の子の成長が遅いんですよ」とファーリフは穏やかに答えた。

するとと大尉は名簿にまた何か書き込み、「来年また来いと言っておけ」と言った。

美味しい昼食のあと、大尉とそのスタッフは初めから狙いを定めておいた二人の犠牲者を連れて帰っていった。名簿にあったほかの三二人は明らかに死んだか、どこかへ引っ越したか、あるいは見るからに幼なすぎた。

村人の味方である族長が同席する面接は悪くない雰囲気で行なわれたが、バグダードの警察署で除隊証明書を見せろと言われるのはまったく話が違う。そこでは警察官が暴力を振るって金をゆするのだ。

第23章　ベルベラとゲストハウス

四月の最後の週にアザイリジ村をあとにし、サイガル村に向かっていると、湖の向こうにアブドゥッラーのゲストハウス《ムディーフ》が見えてきた。その朝、春に繁殖のためここに来ていた斑《まだら》模様のカモを、私たちは追い立たせてしまっていた。私はホシハジロの数の多さに驚いた。というのも、この時期ならとっくに飛び去っていたと思っていたからである。ヤシンは突然の嵐を恐れて、葦の群生地の縁に沿って進むことに固執した。数日前、ハリケーンが私たちの滞在していた村の多くの家のマットを吹き飛ばしていたし、前年のこの季節には、この同じ葦の群生地で薄気味悪い赤みがかった霧に包まれ、嵐で二時間も足止めされたことがあったからだ。

遠く離れた湖上では、〝ベルベラ〟が舟で魚獲りをしていた。魚を漁網に追いやるために、彼らが空き缶を叩いたり、棒で水面にぴしゃぴしゃ音を立てたりしているのが聞こえてきた。湿地帯住民《マアダン》は〝ベルベラ〟をひどく軽蔑しており、一緒に食事をする以外は、社会階層の底辺にいるサビア教徒に対するのと同じくらい蔑んでいた。だが、どの部族民も、〝ベルベラ〟は出自が違うとは言わなかった。偏見は単に彼らの職業によるものである。最初、それは非論理的だと思われた。なぜなら、マアダン自体が魚を獲る人たちだからである。だが、マアダンは自分たちで食べるために魚をやすで突くが、〝ベルベラ〟は金儲けのため魚を網で獲るのだ。近年、マアダンが魚を売るようになったのは事実だが、これは従来の慣行からの逸脱であった。昔はどの部族もミルクを売らなかったのと同様、魚も売らなかったが、今では事情が変わって、一部の者はそのどちらもせざるを得なくなっている。たとえば、遊牧民のファライガート一族の女たちは、カラアト・サーリフやマジャールなどの町の近くで露営するとき、ミルクやバターを売る。魚を売る〝ベルベラ〟に対する偏見の始まりは、彼らが魚を獲る手段からきていた。つまり、「ひどいものですよ、紳士はキジを売ることはあっても、じっとしているキジを撃ったりはしない!」というのと同じ類の非難である。

ファルトゥース一族、シャガンバ一族、ファライガート一族の間には〝ベルベラ〟はいないが、アルブー・ムハンマド一族の間には多数おり、アザイリジ一族の間にはさらに多くの〝ベルベラ〟がいる。チバイシュのバニー・アサド一族の間には、ジャーシム・アル・ファリスの村の近くにある小さな島で何カ月もキャンプをしながら、湿地帯の西側の端に沿って魚を獲る〝ベルベラ〟もいる。「サッファート」と呼ばれる仲買人が彼らの魚を買い、塩漬けにしてバスラに運ぶ。〝ベルベラ〟は通常、引き網で魚を獲るが、私は彼らが川で流し網を使っているのや、湿地帯の外側の洪水地帯で大葦《カサブ》の棒に結んだ長い定置網を使っているのを見たことがある。

時折私は、マジャール・アル・カビールから来た少年たちが町の近くの川岸で投網を使っているのを見たことがあるが、バスラを除いて投網が用いられたところは見たことがなかった。東部湿地帯のスウェイド一族耕作者たちは、流れの速い水路の幅いっぱいに魚網のようなものを設置することがあり、いつか二人の男が腿まで川に浸かりながら、担架のような形と大きさの手網を使って魚を獲っているのを見たことがあった。川べりに住んでいる村人たちはしばしば、家の下流の水中に小さなマットを立ち並べて囲いを作り、そのすぐ下流部分に多くの葦を植えておく。魚がかかると葦が動くので、それを待ってやすで突くのだ。

春、水位が上昇する前に、マアダンは四、五〇隻のカヌーを集めた船団を作り、四、五メートルずつの間隔で一列に並び、潟湖を漕いで往ったり来たりし、その間にやすの使い手が、魚がカヌーの下で向きを変えようとするときを狙って突き刺す。夏には、夜間に葦の束を松明代わりに照らしながら、魚をやすで突き刺す。だが、チョウセンアサガオで魚を麻痺させて獲る方法がもっとも効率がよい。

カヌーでアブドゥッラーのゲストハウス《ムディーフ》に向かっていたとき、私は仲間に、キルクークの近くのユーフラテス川で獲られた一・五メートルもある魚を見たことを話し、湿地帯ではカタンやブンニがどのくらいの大きさになるのか訊いてみた。

「おいらの腕くらいの長さのを捕まえることがあるよ」とヤシンが答えた。「だんなが見たのはたぶんシャッブートだよ。そいつは流水に住み、大きいのはその二倍以上ある。もっとでかい、おいらがゲッサンと呼んでる魚もいるよ。ゲッサンは大きなカタンに似ていて、浮島の下によくいる。おいらは浮島の下に潜って、手摑みでそいつを獲るんだ。ロープを片方の足に結んで、もう一方の端をカヌーの上の男が握る。あるとき、泳ぎ手を魚と間違えたやつがいて、そいつの尻をやすで刺し、水から引き揚げようとした。やすの爪を短剣で取り除かなくてはならなかったんだが、彼がじっとしていないので一苦労だった」

シャッブートはコイ科の淡水魚であり、ゲッサンはカタンに似ているので、たぶん同じコイ科の一種であろう。

「神が望めば、今年はコイの年のようになるかもよ」とヤシンが言った。「あのときよりも水位が低いからね。あのときおいらは二日間でやすで獲った魚が、四ディナールにもなったもんだ。もしマジードがちょっかい出さなかったら、マジで一財産作れたかもしれない」

ハサンがうなずいた。「ほんとだよ。おいらはマジードが〝ベルベラ〟以外の者に湖で魚を獲ることを禁止する二日前に、おじと一緒にウンム・アル・ブンニ湖に行った。そこでだんならが〝ベルベラ〟と一緒にキャンプしていたのを見たよ。あのとき、おいらはだんなを知らなかったけど、おいらの仲間に胃薬をくれた」と私に向かって言った。

私はそのときのことをよく憶えていた。それは一九五一年で、湿地帯を訪れた最初の年だった。一一月の最後の週に私とファルトゥース一族の男三人がアル・アッガールに到着したとき、村にはまったく人影がなかった。その年は水位は例外的に低かったが、北部地方の降雨のため、数日前から水位が上昇しはじめ、収穫の最中だった稲田が冠水する恐れがあった。村人たちの大半は作物を無事に収穫してしまおうと出かけていた。そのほかの男や少年たちはウンム・アル・ブンニ湖へ魚をやすで突きに行った。そこでは魚が驚くほどたくさん獲れるという話を聞いて、私たちも行ってみた。たくさんのボートやカヌーが通ったために葦の群生地の真ん中に幅広い通路ができており、大葦《カサブ》の茎が泥の中に踏みつけられ、私の手首ほどの太さがあった。水は浅く、カヌーを動かし続けるのさえ大変だった。だが、私たちは魚をぎっしり積んだ、普段は葦を運ぶ「バラム」と呼ばれる、大きくて不恰好な二隻の船を六人の乗組員が引きずっていくのに出会った。あとで聞いた話によると、商人たちはこのきつい仕事をしている乗組員に、一人一日、一ディナールもの日当を払っていたそうだ。

アル・アッガールを出発して三時間後、一人の商人がマットの粗末なシェルターの下で露営している小さな開墾地に着いた。彼の名はムッラー・ジャバルと言い、ほかの二人の商人とともにバグダードの市場用の魚を買い付けに来ていた。彼は六日間、ここにいたのだが、私たちがウンム・アル・ブンニ湖に日暮れ前に着くのは無理だから、ここに泊まったらどうかと忠告してくれた。彼は大きさに関係なく、魚一〇〇匹につき三ディナールを払い、数千匹を買い付けていた。彼が言うには、最近、魚の数がかなり減っているという。魚は「バラム」に乗せて陸部へ送り、そこから氷詰にしてトラックでバグダードへ運んでいた。私たちは彼のシェルターのそばに、浸水を防ぐために葦を積み重ねて、その上で寝た。蚊はひどかったが、気候は寒いので、私は毛布にくるまった。ほかにもウンム・アル・ブンニ湖へ行く途中の人たちが私たちの周りでキャンプし、焚き火を囲んで座り、夜遅くまで歌を唄っていた。もう三隻の「バラム」が闇の中を通過したが、その商人は、葦の松明の明かりで積荷を検査した。

翌朝、ウンム・アル・ブンニ湖に到達するのに、さらに三時間も漕がなくてはならなかった。湖は長さが約三・二キロ、幅が一・六キロくらいあることがわかった。周囲はほとんど通り抜けできない葦の群生地で、だれも訪れたことがないという。〝ベルベラ〟は水路の入り口の押し倒した葦でできた台地の上で露営していた。予備の漁網が日向に広げて干してあり、一人か二人の少年が各キャンプの見張りのために残っていた。彼らのカヌーは全部で一五隻ほどおり、湖で魚を獲っていたので、私たちはその様子を見に行った。乗組員は始終、水に入ったり出たりしていたが、たいていはシャツを脱ぎ、裸で働いていた。直径四〇メートルほどの引き網を使って、ほとんどが「ブンニ」と呼ばれる平均二キロほどのコイ科の淡水魚（学名 *Barbus sharpeyi*）を獲っていた。一人の白髪交じりの老人の話によれば、この湖に舟で来たのは彼が最初だったという。「それからずっと、魚を獲っているが、こんなことは一度もなかった。最初の一網で九〇〇匹獲れた。本当に、魚を全部、舟に乗せられるとは思わなかったほどだ。今は魚は少なくなったよ」

ファルトゥース一族、シャンガバ一族、ファライガート一族、アルブー・ムハンマド一族に属する数百隻のカヌーが湖の縁を廻って小競り合いをしていた。どのカヌーにも二人が乗り、一人が漕いで、もう一人が舳先に立って水草の中を絶え間なく突ついていた。通常、マアダンは魚を麻痺させて獲る以外の方法では、一日に一〇匹余りの魚が獲れればいいほうだと思っていた。だが、ここでは、三回か四回突けば、一匹は獲れていた。魚の大部分はコイの一種であるカタン（学名 *Barbus xanthopterus*）であった。

私たちはファルトゥース一族の一グループに加わった。彼らは興奮のあまり、無我夢中でやすを水中に突き入れては、輝く魚を水から揚げてカヌーに入れていた。「獲り損なうなよ」と彼らは叫んでいた。「一匹の上にもう一匹乗ってるからな」。彼らはしばらく一地点に集中し、その周りにカヌーが集まっていた。やがてほかのところのほうがよさそうだと判断すると、やすの突き手が漕ぎ手に急げと指示し、慌しく、競って離れていった。〝ベルベラ〟のだれかが近寄ると、ファルトゥース一族は湖の縁を離れ、叫びながら彼らに近寄り、彼らのカヌーを引き網の中に追い込み、そこで魚をやすで突かせた。〝ベルベラ〟は悪態をついたが、ファルトゥース一族はどっと笑い、彼らを嘲った。〝ベルベラ〟のだれかがマジードに文句を言ったためか、二日後に彼はマアダンに湖での漁を禁じ、〝ベルベラ〟のみに魚を獲ることを許した。


サイガルから族長専用船《タラーダ》に乗って旅を続け、アワイディーヤのジャーシムのところに数日間滞在した。普段の年なら、この季節には湿地帯の西端とガッラーフ川の間の地帯は少なくとも水深が一メートルほどあるのだが、一九五五年には旱魃のため、湿地帯の外で族長専用船《タラーダ》を浮かべられる水面を見つけるには、ほとんどユーフラテス川に近い南のほうまで行かなくてはならなかった。

私たちはガッラーフ川下流のヤシの木立の間にあるアルブー・シャマ一族の村の一つであるハンマールに滞在した。同じ部族のほかの家族が遊動生活をするマアダンとして湿地帯に住んでおり、その一部の人たちが刈り株畑で水牛に草を食べさせるため、トウモロコシ畑を移動中のところに通りかかった。ガッラーフ川の旅ではアマイラ一族のところにも滞在した。彼らの一部は、マブラド村その他のマアダンの村々に住み、舟いっぱいに積んだ乾燥葦をスーク・アッシュユーフで売って生計を立てていた。隣に住むファルトゥース一族も同じことをしていたが、彼らはマットにして売ることのほうが多かった。

五月は普通、からりとした晴天が続くが、ときには空が何日にもわたって雲に覆われ、その挙げ句、三、四回の雷を伴った激しい風雨になることがある。通常、風は北と西から強く吹き、土埃が空を覆う。この風のおかげで涼しく快適であったが、風がないと日中はすでにひどく蒸し暑い。私たちはこの月を、ユーフラテス川に沿って旅をしながら、アル・ジュアイバル一族、アル・ハサン一族その他のムンタフィク部族連合のところで過ごした。ヤナギの木立が並ぶ水路に沿って探索していると、しばしば湿地帯の縁に達し、かつて招待されたことがあるゲストハウス《ムディーフ》に滞在することもあった。この時期はずっとヤシの群生地帯にいたわけだが、この樹木は毎年洪水を受けない土地ならどこでも、蒲の群生地の中にある小さな島にでも密集して育つ。ヤシはまた、アッサナフ湖の南へ連なる島々を覆っており、輝く湖面に黒々と映えている。前年、これらの部族に降りかかった災害の唯一のしるしが、ヤシの幹とゲストハウス《ムディーフ》の壁にはっきり残っている洪水時の冠水線であった。

チグリス川沿いでは、少数のナツメヤシ栽培地はジャングルと絡み合い、イノシシ狩りのときには道を切り開く必要があったが、ここではナツメヤシの樹木は丁寧に育てられ、手入れされた幹が耕作用に整えられた土地に立っていた。私たちは北方の湿地帯との間に開けた水面になっているアル・ハンマール湖の縁に並ぶ島々を訪れた。この水面は季節の終わりになると、縁《ふち》のあるスイレン、カイバ（学名*Nmphoides peltata & indica*）の平たい葉っぱと、無数の鮮やかな黄色や白の花々に覆われた。九月に水牛たちがこれらの植物の間で腹まで水に浸かり、頭を水中に突っ込んでは、後ろに水しぶきを上げているのを見たことがある。遠くから見ると、彼らはキンポウゲの牧草地で草を食べているように見えた。秋になると、湿地帯には別の種類のスイレン（学名*Nymphaea carulea*）が白か藤色の花を咲かせた。

ムンタフィク部族連合の人たちは村に住まず、それぞれが自分の所有地に別々に住んでいた。彼らは伝統的に人付き合いがよく、ヤシの木陰に住居の数と同じくらいたくさんのゲストハウス《ムディーフ》があった。多くの人たちは住居の横に銃眼のついた小さな泥でできた砦を造っていた。彼らは好戦的で、血の争いにこだわる人たちだったからである。どの男も少年も短剣を身に着け、たくさんの弾薬とライフルを所持している人が多かった。毎晩一つはあるように思われた結婚式が挙行されるときにはいつでも、夜明けまで銃声が響いた。

ゲストハウス《ムディーフ》に通される前に、私たちの持ち物が「サリーファ」に置かれることがときどきあった。「サリーファ」は格子の壁面を持つ長方形の小屋である。葦のマットで覆われた、傾斜のある屋根は二本の葦の柱で支えられていた。ムンタフィク部族連合の人たちの間では、棟木は普通、小さなヤシの幹が使われるが、このタイプの建物を商人たちが店として好まれていた湿地帯では、棟木は葦の束で作られていた。入り口は建物の片側にあった。私はゲストハウス《ムディーフ》の集団生活から離れて、ちょっとの間、「サリーファ」へ退却することができると、いつもほっとした。アラブ人とは何年も一緒に生活してきたが、プライバシーがまったくないことには、さすがにうんざりさせられる。いろいろやかましくせがむ大勢の患者の相手をした長い午前中が終わると、私はしばしば疲れ切ってしまった。ことに天候が暑くなるときはそうだった。私の同行者は、ゲストハウス《ムディーフ》に着いたとき疲れていれば、儀礼上のコーヒーを一杯飲むとすぐに立ち上がって部屋の反対側に行き、マントを身体に巻きつけて寝てしまった。ホストは食事ができると彼らを起こした。これはごく普通のやり方だったが、私は同じことをするのには気が引けた。完全に独りになるのが何よりなのだが、私が「サリーファ」の片隅で本を読んだり、昼寝をしたいと思っても、多分、同行者のほかに二、三人が「サリーファ」について来てしまいそうだった。

伝統的にゲストハウス《ムディーフ》が九個か一一個のアーチでできているチグリス川流域と違って、ユーフラテス川流域では、もっとたくさんのアーチを使っていた。私が見たなかで最大のゲストハウス《ムディーフ》はアーチが一五個しかないにもかかわらず、長さが二五メートル、幅と高さがそれぞれ四・五メートルもあった。たいていのゲストハウス《ムディーフ》にはアーチが一七個あった。私が見た一九個のアーチを持つゲストハウスは長さが二一メートル、幅が四・五メートルあったが、高さは三・六メートルに縮められていた。チグリス川流域のゲストハウス《ムディーフ》は通常、幅と高さが四・八メートルあったが、ユーフラテス川流域では通常、幅と高さは四・五メートルだった。ここでは、もしゲストハウス《ムディーフ》に倒壊の恐れが出てきた場合、所有主と友人たちは次のような方法で高さを縮める。まず、彼らはアーチの基礎部分まで外から溝を掘り、地中の葦の束を六〇センチほど裸にし、その根元にロープを結びつけて溝の方へ引っ張る。それから彼らは穴をきれいにし、葦の束の根元を六〇センチ切り取り、残りを戻して沈め、溝を埋める。このやり方をそれぞれ、最初片側のアーチ、それから他方のアーチの基礎部分に行なうのだ。

ユーフラテス川流域では、ゲストハウス《ムディーフ》は二度高さを詰めることができるが、チグリス川流域ではこのやり方は知られていない。この地方では建築に適した葦材は手に入れやすいので、ゲストハウス《ムディーフ》はいつも完全に建て直されるからだ。通常、ゲストハウス《ムディーフ》は一〇年に一度、建て直す必要があるとされているが、その期間は土台の状態によって異なる。土台がよければ一五年はもつであろう。大型のゲストハウス《ムディーフ》を建造するには、一〇〇人の男の二〇日分の労働が必要である。金をもらうのは建築の棟梁だけだ。労働者たちは昼食に大盤振る舞いを期待しているので、所有主は毎日、動物を殺して彼らに肉を食べさせる。アーチを作る葦の束の芯には前に使っていたしなやかな葦を再利用する。葦の束の表面には、なめらかな感じを出すために、細い葦で囲む。ムンタフィク県では、手に入る葦の長さがアーチの高さに届かないので、葦をつなぎ合わせて使用する。その結果、アーチは馬蹄形ではなく、基礎部分から垂直に伸びた形になり、葦の長さだけしか使わないアルブー・ムハンマド一族の間に見られるような、葦材をたわめる際の力の負担が少なくてすむ。ゲストハウス《ムディーフ》が完成すると、各アーチにヘンナ染料を使った手形をつけることが慣例になっている。新年《ノウルーズ》には彼らはアーチに緑の葦の小さな束を飾る。

チグリス川流域のアルブー・ムハンマド一族、アザイリジ一族その他の部族の間では、ゲストハウス《ムディーフ》の外観はあまり違いがない。屋根はどこでも、葦のマットを重ねて造られており、いちばん下のマットは屋根全体をカバーできる巨大な一枚のマットでできている。下側の壁面は、アーチの外側にマットをフラップのように垂れ下げ、暑いときはまくり上げ、寒いときには下ろす。メッカに面した南西の端には、大きな柱の間に三カ所の開口部があり、その戸口の上には、マットをカットして造った窓がある。北東の端の壁面には何もない。

ユーフラテス川流域の部族の間では、ゲストハウス《ムディーフ》のデザインはもっと手が込んでおり、種類もさまざまだ。壁面の下部全体が葦の格子でできていて、これがアーチの外側に結びつけられており、また細

Pitt Rivers Museum, University of Oxford [2004.130.16009.1]

ユーフラテス川流域のゲストハウスの内部

長いマットの屋根とつながっている。内側のこの格子の前に高さ三〇センチほどのガードレールが付けられており、居住者が寄りかかれるようになっている。南西の端の中央部には必ず、格子の窓で囲まれた、先の尖ったアーチ状の入り口がある。北西の端のデザインは同じであるが、入り口がないのが普通である。格子窓の様式と配置は建設者の好みでまちまちである。入り口の上には、通常、入り口と同じサイズと形を持った格子窓があり、その両側に小型の先端が尖った窓がある。一つのゲストハウス《ムディーフ》に一個だけ、円形窓が壁面の何もない上半分の真ん中に開いている。その場合、壁面の下半分は水平に三等分されており、上部と下部の格子窓の間にマット部分があり、壁面全体が二本の中央柱で縦に分けられている。

ユーフラテス川流域のゲストハウス《ムディーフ》に座っていると、私はいつもロマネスク風あるいはゴシック風の大聖堂《カテドラル》の中にいるような感じがするが、この幻想は天井のリブ構造や両端の網目状の窓から暗い内部に射し込む明るい光線によっていっそう高められる。ユーフラテス川、チグリス川の両流域にあるゲストハウス《ムディーフ》は、簡素きわまりない素材を使った、驚くべき偉業と言ってよい建造物である。葦の形状を生かした装飾的効果はすべて、建築の実用的手法から生まれたものである。歴史的に見てもそれらは重要だ。このような家に長い間親しんだことが、人類にアーチ型の建築様式を泥レンガで真似てみようというアイディアを与えたのかもしれない。のちにギリシア人が木造建築の技術を石造建築に応用して不滅の建造物を残したように。こうしたゲストハウス《ムディーフ》に似た建造物は、五〇〇〇年あるいはそれ以上にわたってイラク南部の光景の一部をなしてきた。おそらく、あと二〇年以内に、五〇年以内には確実に、このような建造物は永遠に消滅してしまっているであろう。

第24章 アマーラと部族同士の諍い

毎年、私は六月と、しばしば七月もアマーラの北のチグリス川流域に住む部族と一緒に過ごしたが、二回ほどクートまで川に沿って足を延ばしたことがある。サイガルから私たちの族長専用船《タラーダ》に乗って冠水した砂漠を横切り、この国を旅行したことがあった一九五四年以外は、アマーラとサバイティだけが私に同行した。私たちはいつも馬に乗って旅行し、馬は行く先々のホストが次の村か露営地まで貸してくれた。二人の同行者はどちらも馬に乗ったことがなく、彼らが初めて馬に乗ったとき、馬が反対方向に歩き出したこともあったが、練習を重ねるうちにかなりうまくなった。カヌーでは私は無能だったが、馬なら乗り方を教えることができて嬉しかった。だが、私の薬を鞍袋に入れて運ぶため、私たちはほとんど歩かなければならなかった。日中は耐えられないくらい暑かったが、六月の夜はまだ寒く、私は二枚の毛布を持参したので助かった。六月中はずっと北西の風が吹き、しばしば強風が吹き荒れ、また砂嵐も起きて、数メートル先が見えなくなることもあった。七月になると風は収まるが、その代わり暑さがひどくなり、夜になっても蒸し暑さから逃れようがない。温度は日陰でも摂氏五二度にも達することがある。

四人の通常同伴者のなかで、アマーラとサバイティィは私のお気に入りだった。同族の者や見慣れた湿地帯の光景から離れての遠出の旅は、私たち三人をいっそう親密にさせた。一九五六年には、私は彼らの個人的な出来事にいっそう深く関わるようになった。ヤシンとハサンは前年に結婚してしまい、今年、アマーラとサバイティィが婚約した。彼らは私とずっと一緒にいたいので、私が帰国するまでは結婚しないと言っていた。私は南アラビアについての本を書く約束を出版社としていたため、来年はここに戻ることができそうもなかった。

アマーラはサバイティィの妹と婚約した。その五カ月前にアマーラに代わって村長サハインと私はサバイティィの父ラズィムのところへ出かけた。ラズィムの兄弟にも相談する必要があった。慣習により、彼の息子がこの娘との結婚に優先権があったからである。長々と議論したあとで、彼はアマーラの婚約にようやく同意した。花嫁への結納金は七五ディナールと決まった。アマーラもサバイティィも大喜びで、その夜、ブー・ムガイファートでダンスと歌、それにライフルを発砲し、盛大にお祝いをした。

いつものように、その年の旅も目的地はなかった。北へ向かえば、行く先々の小さな村々で歓迎を受けることを知っていた。泊まりたくなれば泊まり、帰りたくなればそうした。湿地帯に散らばる小川に沿って稲作をしている感じのよいアルブー・ダラジ一族が、しばらくの間、私たちを歓待してくれた。彼らからカヌーを借り、丈の低い大葦《カサブ》の間や、水に浸かった棘のある低木地帯で水牛を飼育している遊牧民カウラバー一族やアガイル一族を訪れた。そこからふたたび馬に乗り、マジードとの戦いのあと、ハッジ・スライマーンに従って北進したアルブー・ムハンマド一族のアルブー・アリー家の稲田を通り過ぎた。やがて私たちはバニー・ラーム一族のところに到着した。

埃っぽい風景の中を濁った川が流れ、何もない平原の彼方の地平線にオレンジ色の太陽が昇り、やがて沈む。夜明け前に限って、アリー・アル・ガルビの墓の近くで、プシュト・イ・クートのかすかな輪郭が見られるときもある。ときには、小さな黒いテントの中で羊飼いの間に挟まって寝たが、ヒツジやヤギに踏みつけられたり、夜明けから日暮れまでハエに頭上をぶんぶん飛び回られたりしたこともあった。だが、私は遊牧民と一緒にいることが楽しく、夜になると牧童がちらちら燃える焚き火のそばで笛を吹いてくれるすてきなひとときもあった。川岸沿いに散在する村々で鞍を外す機会があると、そこの小族長たちがすばらしいホストぶりを発揮し、気持ちのよいもてなしをしてくれた。真昼時、外では焦がすような熱気を帯びた風が吹いたが、小さな泥の家の窓はイグサのマットで覆われ、それが常時水で濡れているようになっていたので、室内は涼しく爽快だった。

この荒涼とした土地は、砂漠でしみじみ思い知ったのと同じ自由を感じさせてくれた。ここにも同じ無限で何もない空間があり、数少ない家の中にさえ、最低限の生活必需品しかなかった。私の治療の仕事は忙しかったが、それなりにいつも心をそそられ、全力を尽くしたという満足感を私に与えてくれることが多かった。前回の訪問時に、多くの人たちと知り合いになっていたバニー・ラーム一族も好きだった。

オオカミを見かけたことも何度かある。ハイエナを馬で追いかけ、殺したと言う男の話も聞いた。ハイエナに追いつくには優れた馬が必要なことは、二十数年前のスーダンでの経験から知っていた。別の男の話によれば、彼とその友人らはミツアナグマを突《つ》き出したことがあるという。アナグマはそのうちの二人に激しく噛みついたが、だれかが鼻の頭を叩きつけるまで、急襲されたことにも平然としているように見えた。ヤマネコもときどき見かけたが、そのうちの一匹は黄身がかった茶色で、ほかのヤマネコとはっきり違っていた。ガゼルは見かけなかった。この動物はイランとの国境近くに多数いたものだが、残念ながら自動車で追いかける狩猟隊のために激減した。こういう狩猟は法律により禁止されたが、実際には政府の役人たちが悪者であることが多かった。クルディスタンから馬で降りてくる途中、五〇頭以上のガゼルの群れを見たことがあるが、以前にはいた野生のロバやライオンと同様、まもなくイラクから一掃されてしまうことだろう。

私たちはイノシシ狩りだけをした。この動物は水路に沿って生えるタマリスクの潅木内や、チグリス川畔の全域に生えている高さ一メートルくらいのアカザの密集地帯にたくさんいた。ここは槍で突くイノシシ狩りに最適のところだが、私は槍を持たず、馬を走らせながらライフルをピストルのように片手で持って撃った。私は爽快なギャロップは好きだったが、それ以外の理由でイノシシを殺すことにはうんざりしていたので、徒歩で狩りをするときはアマーラに撃たせた。彼はめったにしくじらなかった。彼はすでに射撃の名手として知られ、やがてそれが大いに役に立つことになる。

六月下旬にマジャールへ戻ると、アマーラの従兄弟バダイが、ラドアーウィの息子の一人を殺したことを知った。死んだのは、バダイの妻に色目を使い、結婚を決裂させようとしたハサンの兄弟だった。私は三年前、ウアイシジでバダイと過ごした日を思い出した。当時、アマーラがラドアーウィのところへ行き、解決方法を探ったことがあった。だが、ついに血が流されてしまった。

アマーラからすでに今年の初めに聞いていたところによれば、バダイの妻は夫の元を去り、実家に帰ってしまったという。男はただ「おまえを離婚する」と言えば妻を離婚できるが、その場合、結納金は普通、返してもらえない。他方、妻のほうからは夫を離婚できない。だが、妻は家出して、父親や兄弟のところへ逃げ込むことができる。もし妻の決意が固い場合、妻の身内は結納金の一部か全部を返すから離婚してくれないかと夫に持ちかけることになる。今回の場合、バダイは妻がハサンと結婚するために離婚することを拒絶し、彼らの間のトラブルはすべてハサンに責任があると非難した。

　私たちは、バダイがワーディヤ川の近くの運河のそばで露営しているところへ、ハサンとその弟ハラフ、従兄弟の一人がバダイを殺そうとしてそこへ行ったことを知った。彼らの露営地は、よくあるマットの掘っ立て小屋の集合のようなところで、少し離れたカラアト・サーリフの近くにあった。バダイはたまたま、盗まれた水牛を探しに出かけたところだった。そこで、彼らはバダイが帰ってくるまで隠れて待った。彼は三日目に帰ってきた。その夜、彼らはバダイの小屋に近づいたところを近所の一人に見とがめられた。「おまえらはなぜ、毎晩バダイを探しにくるのだ？　彼はおまえらの家族のだれも殺してないぞ」と叫んで、彼らの頭越しに一発撃った。彼らが急いで逃げようとすると、バダイは、彼飛び出し彼らを追いかけ、まもなくバダイがそのあとに続いた。犬の吠え声に導かれて、バダイの飼い犬がらがタバコに火をつけるために立ち止まったところへ追いつき、ハサンが「とにかくあの犬を撃とう」と言うのを聞いた。バダイが一発撃ったが外れ、彼らは散らばって逃げ出した。バダイがもう一発撃つと彼らの一人が倒れた。倒れた男に近づくと、それはハラフであることがわかり、腿を撃たれ、複雑骨折をしていた。「おまえは血が欲しいのか？　そんならやるぞ！」とバダイが叫び、さらに発砲して頭を撃ち抜いた。

　そうしているうちにハサンと従兄弟が合流し、ハラフがいないのに気がついて彼を探しに戻り、ついに彼の死体を発見した。二人は直ちに復讐を誓い、バダイの露営地に急いだ。水路の反対側の岸に立ったハサンは挑戦を呼びかけ、バダイは受けて立った。月は沈み、かなり暗くなっていた。どちら側も運河を歩いて渡って敵弾に撃たれることを避け、敵側のライフル銃の発火点を狙って撃った。夜明け前に、近くに住むファライガート一族が、もしハサンが朝までそこにいれば、族長が彼を逮捕し、役人は二件の殺人容疑で指名手配中のハサンの父親が投降するまで、ハサンを拘禁するのは確かだと言って、ハサンを撤退させることに成功した。ハサンと従兄弟はハラフの遺体を運んで行った。バダイ自身も軽く負傷していたが、夜明けとともに小屋を取り壊し、あらゆるものを舟に乗せ、家族や家畜とともに湿地帯に消えてしまった。彼がどこへ行ったのかだれも知らなかった。

このニュースを聞いて、アマーラは深刻な顔つきになった。サバイティが、「アマーラはバダイのもっとも近い親戚だから、ラドアーウィとその家族が彼を殺そうとするかもしれないって、ピンとこなかったの?」と言うまで、私はこの事件が無法者の遊動生活者の間によくある殺人事件の一つだと軽く見ていた。

私はチトラル〔パキスタン北部〕に近い国境の山岳地帯にある辺鄙なよく知られていないヌリスタン〔アフガニスタン東部〕に三カ月滞在する計画をしていて、一〇日以内にアフガニスタンへ出発することになっていた。出発前にアマーラの安全についてできるだけのことをしなければならなかった。私たちはすぐに、ルファイーヤにいるアマーラの家族のところへ行った。私はスークブ〔アマーラの父〕に、彼とアマーラの弟のレシクも危険にさらされているのかと尋ねた。彼は、「それはない。だが、ラドアーウィがバダイを殺すことができなければ、彼はきっとアマーラを殺そうとするだろう」と言った。彼は私から族長マジードに掛け合って、アマーラのために「アトワー」(休戦協定)を結ぶ調停を頼んだらどうかと言った。「六カ月の休戦協定《アトワー》が結ばれさえすれば、ラドアーウィも頭を冷やすかも知れない。そうなれば、賠償金で片がつくかも知れない」という。私は午前中にマジードに会いに行くことに同意し、そこで私に何ができるか考えようと思った。

だが、私はどんなに強力な族長であろうとも、またどんなに尊敬されている「サイイド」であろうと、同害報復をきっぱり解決できないことを知っていた。ただ「クッラ」、つまり世襲の首長だけが葦の周りに頭巾を巻きつけ、一方の端をどちらかのパーティに持たせて、協定に封印することができた。首長の地位は、当人が年老いていようと知的障害があろうと世襲制であった。もし彼が子供のときは、いちばん近い血筋の男が代行した。私たちラドアーウィに接触できた場合、関係するファライガート一族の首長家の首長であるサハインも私たちと一緒に休戦交渉に出席する必要があるのかとスークブに尋ねた。だが、彼は私に、休戦協定《アトワー》は首長が同席しなくても、族長その他のだれでも調停できると請け合った。

私はアマーラに私のピストルを貸し、優秀な番犬を飼って、毎晩、家の中で寝場所を変えるように忠告した。彼はまた、私が二年前にやった・二七五口径のライフルと弾薬もたっぷり持っていた。最近、彼はレシクのためにライフルを一丁買ったが、それは少し古いけれども性能は普通並みによかった。寝る時間になると、スークブが、「わしが警戒を続けよう。わしは年寄りなので、あまり眠らなくてもよいのだ。日中に休むからな」と言った。レシクは笑いながら、「だんな《サーヒブ》、オオカミを撃って、その目玉を一つくれよ。それをお碗型の帽子に縫い込むと、そいつをかぶった者は眠らなくなるんだ」と言った。

その晩は、何も思い切った行動には出なかった。私はアマーラと弟のハサンに挟まれて横たわり、アマーラの脇にはレシクがいた。アマーラと私は弾を充塡したライフルをすぐ横に置いていた。彼らの老父はレシクのライフルを膝の上に置いて戸口に座っていた。部屋の隅では妹のマタ一ラが片づけ物をしながら静かに歌を口ずさんでいた。いちばん小さい男の子は機嫌が悪く、母親のナーガが抱き上げて囲炉裏《いろり》のそばであやしていた。私のいるところから、かなりの数の繋がれた水牛が、月光の下で、チライブ〔アマーラの兄弟〕が湿地帯で集めてきた若茎を食べているのが見えた。ハサンは私が戻ってきたことを喜ぶ仕草として私の掌をぎゅっと押した。すこし前に彼は私が以前やった肩掛けかばんを持ってきて、中の本を見せてくれていた。今日まで、アマーラの家族にとって、すべてがうまくいっていた。レシクは以前より広い土地を耕し、前年は水不足にもかかわらず、高い収穫量を得ていた。だが今は、彼らに何の罪もないのに、弾を込めたライフルを構えた男が機会を狙って、外の暗闇の中にこっそり隠れているかもしれないのだ。私が休戦協定《アトワー》を結ぶ調停をしてやらなければ、彼らは安心して眠ることもできない。今夜でさえ、アマーラは村で犬が吠えるたびに頭を持ち上げていた。

第25章 湿地帯で過ごした最後の年

翌朝早く、私はマジードに会うために彼がマジャールの近くに建てた新居を訪れた。彼はカラィト・サーリフの近くのラドアーウィが露営している土地の族長への手紙を持たせた彼の個人的代理人と一緒に車で送ってくれた。私は族長にスークブとその家族のために一年間の休戦協定《アトワー》を確実に結ばせてくれないかと頼んだ。

「ラドアーウィは悲しみや怒りが激しい男だ。彼が休戦協定《アトワー》に同意するとは考えられない。もしあんたがバダイを含めるならば、彼はけっして同意しないだろう」と族長は言った。

「バダイは自分の始末は自分でつければよい。彼は私とは関係ない。私はスークブの家族のために休戦協定《アトワー》が欲しいのです」

「最善を尽くしてみるが、成功するとは思えないね。ゲストハウス《ムディーフ》で待っていてください。わしがマジードの代理人と一緒に向こうへ行ってくるから」

私はサバイティを私の代理人として彼らと一緒に行かせた。彼らは何時間も帰ってこなかったので、私は交渉が失敗したのではないかと危ぶんだ。コーヒー係の男も悲観的だった。「ラドアーウィは絶対、休戦協定《アトワー》に同意しないよ。やつは血は血で返してもらうと誓っている。まったく、あの家族にはろくな者がいない」

だが、ついに彼らは、延々と議論した挙げ句、彼らはアマーラおよびその父と兄弟たちに対し、六カ月の休戦協定《アトワー》を結ぶことをラドアーウィに同意させたというニュースも持って戻ってきた。私にはこれが精いっぱいだった。

三カ月後の一九五六年九月、ヌリスタンから帰途、湿地帯に二週間滞在し、ルファイーヤに数日泊まった。アマーラはサバイティの妹と結婚していたが、いつもと変わらず、まだ両親と一緒に暮らしていた。彼の妻は大きな黒い瞳をした細身のやさしい娘で、すでに夫の家族に慕われており、彼女と義妹のマターラは離れがたい仲間だった。ある日、彼女が水を汲みに川へ行くのを眺めていると、老スークブは私に、「ありがたいことに、わしの倅《せがれ》はいい嫁をもらった。だんなの親切がなければ、倅《せがれ》は貧乏であと何年も結婚できなかっただろう。だんながわしの家族にしてくれたことに感謝していますよ」と言った。

私は一九五八年の初めまでふたたびイラクに戻る余裕がなかった。私が空路でイラクに戻り、眼下に湿地帯を見ると、これからの六カ月の滞在が楽しみでわくわくした。アマーラとサバイティはバスラの空港まで私を迎えに来て、私が税関を通過して出てくると、飛んできて抱擁してくれた。私が彼らの家族や私の友人たちの消息を聞いたとき、二人ともどの問いかけにも、「よろしくと言っていました」と型どおりの返事をした。すでに結婚していたサバイティはあまり変わっていないように見えたが、アマーラについてはすぐに異変を感じた。ずっと大人になった感じだが、奇妙に口数が少なくなっていた。

英国領事館に着く前に、サバイティが私を手招きし、アマーラの父と妻が死んだことを伝えた。私はすぐにラドアーウィがスークブを殺したのかと尋ねたが、スークブは夏に胃の病気で長患いし、苦しんで死んだとサバイティが答えた。のちのアマーラの話からすると、父親は癌で死んだことには疑いの余地がなかった。「だんながおいらと一緒にいてくれたら、痛みを止める薬をもらえたのに。おいらは何もしてやれなかった。自分の親父なのに」。スークブが死んで二週間後、アマーラの妻は慣習に従って、お産のために実家へ帰った。彼女は分娩してから数分後に死んだ。赤ん坊の男の子は生き延びたが病弱だった。アマーラの話によると、二年前に出産した彼の母が授乳したが、「乳の出が悪く、飼っている水牛も今、乾乳期なんだ」という。

バスラでいろいろな人たちに相談した結果、ファレックスその他のベビーフードを購入して持参したが、ルファイーヤに着くと、これらのベビーフードをナーガ〔アマーラの母〕に使ってもらうように説得することは容易ではなかった。「こういうものは族長の息子にはいいでしょうが、うちの子には重湯でいいんです。ミルクがなければ、少し沈泥の入った川の水を飲ませます」という。私たちは妹のマターラの協力を取り付けた。彼女は赤ん坊をとても可愛がっていたので、私たちの指示に従って子供に食べさせる役目を引き受けた。子供はこの新しい食餌によって確実に体重が増えていった。私はこの子を初めて見たとき、飢えかけていたように見えたが、たしかにそのとおりだったのだ。この子のことで、一度、狼狽したことがある。私たちが二カ月ほど族長専用船《タラーダ》で旅行して帰ってみると、その子が激しい下痢と嘔吐に苦しんでいた。アマーラは息子がきっと死んでしまうと思ったようだが、私がペニシリンの注射をすると翌朝には元気になった。

家族持ちになって落ち着いてしまったヤシンの代わりに、ハサンは従兄弟のカースィルを連れて、ブー・ムガイファートで私たちに合流した。私たちはほとんどすべての村々を再訪したが、戻ってきた私を見て、人々がどんなに喜んでいるかを知って感動した。「ドクターはおいらを置いて、お国へ帰ってしまったのかと思っていたよ。神よ、だんな《サーヒブ》を守りたまえ、だんな《サーヒブ》が戻ってきてくれたから、おいらはもう安心だ」。そう言われると、彼らが私にしばしば与えた苛立ち、挫折、疲労感はすべて報いられて余りあるように感じられた。政府の役人は未だに私をスパイだと考えているようだが、湿地帯で私がどんな軍事機密を嗅ぎつけようとしているのか、想像もできなかった。だが、私を頼りにしてきた村人たちは、私がただ自分が楽しむためと、できることがあれば彼らを助けるためにここにいることを知っていた。

同害報復問題はまだ脅威だった。ラドアーウィは、バダイを殺すのを諦め、代わりにアマーラを狙っていると私は何度も警告を受けた。私たち同士はしっかり武装していたし、恐るべき腕前の射撃の名手であると有名だったので、私たちが一緒にいる間はラドアーウィとその一家がアマーラを殺すことは困難だが、もし私がいなくなったら、彼らがどう出るか心配だった。バダイは西部のファルトゥース一族の中にいて安全だった。そこではラドアーウィは直ちによそ者だと見抜かれてしまうだろうから。だが、ラドアーウィの露営地から一、二時間で来られるルファイーヤでは、アマーラは狙われやすいし、遅かれ早かれラドアーウィは攻撃してくるだろうと私は確信していた。私はアマーラにサイガルへ移ってはどうかと忠告したが、予想どおり、彼は拒否した。「おいらは追われて身を隠したりしない。バダイがファルトゥース一族の中に隠れたいなら、それはやつの勝手だ。おいらはここに留まるよ。ここには友達もいるし、レシクには土地がある。ライフルも持っているし、だんながピストルも貸してくれた。おいらは問題を起こしたくない。スークブの家族は平和に暮らしたいだけだ。だけど、もしラドアーウィがおいらを探しに来たら、やつを殺してやる」

サイイド・サルワートが自らラドアーウィのところへ出向き、賠償金を受け取るように促したがだめだった。実際、彼はラドアーウィにひどく腹が立ち、杖で殴ってしまった。私は自分でラドアーウィを見つけて、アマーラと彼の兄弟たちに今回は一年の更なる休戦協定《アトワー》を結ぶように強いるつもりだった。そうすれば私が帰ってくるまで、彼らは何とか無事でいられるはずだった。

問題はラドアーウィを見つけ出すことだった。私たちは二度、彼を探しに出かけたが、いずれも私たちの得た情報が間違っていた。やがて五月の終わりになり、彼がアザーイルの近くのシンタと呼ばれるアルブー・ムハンマド一族の族長の土地にいると聞いた。私たちは午後にそこに着いて、年配のシンタがゲストハウス《ムディーフ》にいることを発見した。いつもの儀礼のあと、私は、「アマーラのためにラドアーウィから休戦協定《アトワー》をとりつけに来ました。彼を今すぐ、このゲストハウス《ムディーフ》にお連れ願いたい」と言った。

「彼はどこにいるのかね？」とシンタは知らないふりをして訊いた。

「あそこの乾いた土地の端にある家にいます」

シンタは手下を呼び出し、「ラドアーウィのところへ行き、わしが呼んでいると伝えろ。そして彼を連れてこい」と命じた。

気温はかなり高かったので、私たちはゲストハウス《ムディーフ》の日陰の草の上で待っていた。三〇分後に使いの者は一人で帰ってきた。

「ラドアーウィは来るのを断った」

私がシンタを見ると、彼は肩をすくめて、「彼が来ないというなら、わしに何ができますかね？　明日、彼にわしの土地を出て行けと命じよう」と言った。彼は私たちに手を貸すつもりがないのは明らかだった。

「それが何になる？」と私は怒って言った。「サバイティ、ハサン、カースィル、さあ来い、われわれだけで彼のところへ行き、やつを連れてこよう」。そして私はライフルを取り上げた。

シンタは慌てて立ち上がり、「行くな、だんな《サーヒブ》、ラドアーウィは悪いやつだ」と言った。

「あんたが彼をここへ連れてこないなら、私が行く」

「いや、わしと倅《せがれ》が行く。あんたとあんたの仲間はここにいろ」

シンタは手下の一団を引き連れて、遠くにある家に向かった。一時間が経ち、そして二時間が過ぎ、かなり遅くなった。ついに彼らが戻ってくるのが見えた。彼らが近くまで来ると、アマーラが静かに言った。「ラドアーウィと彼の息子も一緒だ」

私たちは立ち上がり、挨拶を交わした。ラドアーウィと彼の仲間は私たちと向き合って座った。彼は背の低い骨ばった男で小さな顎髭と冷酷な眼つきをしていた。息子のハサンは二〇歳くらいで、ずんぐりした無愛想な男だった。ファライガート一族の八人の男たちが彼らとともにいた。男たちはすべて短剣以外の武器は持っていなかったが、私はすかさずピストルを私のそばにあるマットの上に置いた。

「だんな《サーヒブ》、これがラドアーウィです」とシンタが口火を切った。「あんたが彼に話をしたいというから来たのです」

「私はアマーラと彼の兄弟のために二年間の休戦協定《アトワー》を結びたい。バダイと私は何の関係もない」と私は言った。

「とんでもない。休戦協定《アトワー》の延長は認めない」とラドアーウィがにべもなく答えた。

「二年間だが」と私は彼から目を離さず繰り返した。

「絶対だめだ！」

私たちは無言のまま、互いににらみ合い、だれも何も言わなかった。

「おいらはスークブの家族のためだけに休戦協定《アトワー》を結びたいんだ」とサバイティがくどいように言った。

「絶対だめだ！　だれのためであろうと、金輪際だめだ」

私たちはまたもや無言で座っていた。私のそばではアマーラが数珠をもてあそんでいた。湿地帯から帰る水牛の群れが通り過ぎていった。日は沈み、空は炎のように染まった。蚊が私たちの周りをブンブン飛び交った。

「絶対だめだ！」とラドアーウィは繰り返した。

私は身を乗り出した。「いいか、ラドアーウィ、よく聞け。あんたがここで私と休戦協定《アトワー》を結ぶか、結ばないなら、明朝、私は役所に行くことになるが、どちらにする？　あんたはすでに二件の殺人事件のお尋ね者だ。逮捕されれば一生刑務所暮らしだよ。あんたの息子のハサンは最近の殺人事件に手を貸しているから、彼もまた、逮捕される」

私は一息ついて続けた。「私はあんたの逮捕に対し一〇〇ディナールの賞金を出すつもりだ。この地方の警官すべてとその他の多くの人たちが、あんたら二人を追いつめる。神にかけて決心しなさい、ラドアーウィ。私の言うことに間違いはない。私は命にかけて誓う。そしてもう一つ、私がいない間にアマーラを殺したら、どんな代償を払ってでも必ずあんたも殺させる」

私は座り直した。数分経って、ラドアーウィの仲間で白い髭を生やしたファライガート一族の男がラドアーウィに言った。「こっちへ来い。席を外してよく話し合おう」

彼ら全員が九〇メートルほど引き下がって座った。私には彼らが言い合っている声が聞こえてきたが、そのうちにラドアーウィの怒った甲高い声が上がった。夕闇が迫り、召使がランプを持ってきた。シンタは彼にコーヒーを持ってくるように命じた。一時間ほどしてファライガート一族の一行が戻ってきて話に加わった。白髭の男が話しはじめた。

「ラドアーウィはいい男だ。彼と彼の息子はスークブ一家と一年間の休戦協定《アトワー》を結ぶことに同意した。

慣例では、それ以上長期の休戦協定《アトワー》を結ぶことはない。バダイについては、ラドアーウィは今もこれからも、けっして休戦協定《アトワー》を認めない」

シンタは私に促した。「これで行けよ、だんな《サーヒブ》。実際、一年以上の休戦協定《アトワー》を結ぶことは部族の慣習にはない。満期になったら、更新すればよいのだ。これで行けよ、だんな《サーヒブ》」

「だれが保証するのか？　私は異なった部族からの四人の保証人を要求する」

「私がお膳立てをしよう」とシンタが言った。

私は仲間と相談して、「よろしい、それで私たちは諒解した」と言った。

手続きが終わると、ファライガート一族の男たちは立ち去り、シンタは夕食の用意を命じた。私はまもなくロンドンへ出発することになっていた。向こうで六カ月ほど出版に関連した仕事をすることになっていて、戻ってくる時間の余裕はなさそうだった。だが、今では、少なくとも楽な気持ちで発つことができた。そのときには知らなかったが、私がアマーラに再会することも、二度と消息を聞くこともなくなってしまうのである。

アマーラとサバイティがバスラまで私を見送りに来てくれた。搭乗機は深夜に出発することになっており、私たちはエアポート・ホテルで待機していた。向かい側の壁には、一人の活発な青年がエキゾチックなエアー・ホステスにサービスを受けている様子が描かれている破れたポスターが貼られていた。ポスターの下には、「アームチェアから世界を見よう」と書かれている。航空機は着陸し、給油する間に疲れた旅客の一団が部屋に案内され、仕方なさそうに腰を下ろした。ウェイターが彼らにコカ・コーラを手渡した。彼らはこの日の朝か、あるいは前夜、バンコクかシドニーから出発したのだ。今度は私が彼らに加わり、八時間後にはロンドンに着くことになる。ちょうどカバーブ村から、途中のアルブー・バーヒトでランチをとり、クルナまで旅するくらいの時間だ。

ラウドスピーカーが突然鳴りはじめ、聞き慣れない言葉が耳に入ってきた。「パッセンジャーズ……BOAC、フライトナンバー……ローマ……ロンドン……パスポート……パスポート・コントロール」。部屋がざわめいた。私は立ち上がり、手荷物を持ち、「さあ、行かなくては」と仲間に告げた。

アマーラとサバイティは私に別れの抱擁をして、「早く帰ってきてね」と言った。

「来年、神の思し召しならば」と私は答え、乗客の列に加わった。

三週後、私はアイルランドで友人たちとお茶を飲んでいた。だれかが部屋に入ってきた。「四時のニュースを聴いた？　バグダードで革命が起きて、王族たちが殺された。暴徒が英国大使館に放火したそうだ……」

私は二度と戻ることができなくなり、自分の人生の次章が閉じられてしまったことを実感した。

❖用語解説

アファー（AFA）　湿地帯に住むと信じられている神秘的なヘビ

アンフィシュ（ANFISH）　やはり湿地帯に住むと信じられているもう一つの神秘的なヘビ

アラック（ARAQ）　アニスの香りをつけた蒸留酒

アトワー（ATWA）　血の争いをしている両者の間の休戦協定

バラム（BALAM）　全長一〇メートル余りの平底カラベル船（通常、棹で漕ぐが、帆船もある）

ベルベラ（BERBERA）　網で魚を獲るプロの漁師（部族民には軽蔑されている）

ディビン（DIBIN）　チバーシャ（葦床）に何度か土を重ねてかけた土台

ディナール（DINAR）　一英ポンドに匹敵するイラク通貨

ディワーニーヤ（DIWANIYA）　煉瓦造りの西洋人やイラク役人接待用のゲストハウス

ファッラーフ（FALLAH）　農民・小作人

ファスル（FASL）　賠償金、血の代償

ファーティハ（FATIHA）　『クルアーン』の開扉章、埋葬のあとのお悔やみの言葉

フィジリーヤ（FIJIRIA）　血の代償の清算として「タラーウィ」のほかに差し出される女性

フィルス（FILS）　一〇〇〇分の一ディナール

ハシーシ（HASHISH）　水牛その他の動物用に刈り取ったばかりの飼葉

ハウサ（HAUSA）　部族の出陣の踊り

フファイズ（HUFAIDH）　湿地帯の伝説の島

ジャッラーバ（JALLABA）　水牛の買い付けに村を回る商人

カバーブ（KABAB）　串焼き肉

カウラン（KAULAN）　周期的な洪水のある地域に多い草木、（スゲ、イグサ、カヤツリグサなど）

ハサラ（KHASARA）　胆石痛

チバーシャ（KIBASHA）　葦やイグサを重ねて造った水浸しの床、葦床

マアダン（MADAN）　湿地帯住民

マハイビス（MAHAIBIS）　「指輪探し」ゲーム

マシューフ（MASHUF）　族長専用船を除くあらゆる種類のカヌーの総称

マタウル（MATAUR）　猟鳥用に使う一人乗りカヌー

ムディーフ（MUDHIF）　アーチ型の葦葺きゲストハウス

ムディール（MUDIR）　村の役人

クッラ（QALIT）　世襲の首長（シャガンバ一族などには全体で一人だが、ファライガート一族などには地区ごとに一人いる）

カサブ（QASAB）　七メートル余りに成長する大葦
クッファ（QUFFA）　チグリス川を巡回する網代小舟
ラブア（RABA）　両側に入口があり、一部を常時ゲストハウスとして使う住居
ラマダーン（RAMADHAN）　ムスリムの断食月
サリーファ（SARIFA）　屋根を一本の梁で支えた葦とマットの小屋
サイイド（SAYID）　預言者ムハンマドの末裔
シトラ（SITRA）　湿地帯住民が冬期に水牛小屋として使う葦葺きの張り出し部分
タラーウィ（TALAWI）　血の代償の清算の一部として引き渡す適齢期の処女
タラーダ（TARADA）　しばしば全長一〇メートル余りもある族長専用カヌー（内張り部分に飾り鋲がずらりと打ち付けてあるのが特徴）
トゥフル（TUHUL）　植物の生えている浮島
ザイマ（ZAIMA）　大葦で造り、瀝青を塗った小舟
ザーイル（ZAIR）　第八代イマームの廟があるマシュハド（イラン）に巡礼を果たした人への敬称。女性の場合は「ザーイラ」（ZAIRA）

［解説］南部湿地帯《マーシュ》――イラク現代史を映す万華鏡

酒井啓子（東京外国語大学大学院教授）

「*The Marsh Arabs* の翻訳をしているのだけど、アラビア語の訳語を誰かに見てもらえないかしら?」

翻訳者の白須さんからこう尋ねられたとき、私は正直、飛び上がるほど驚き、どきどきした。一九五〇年代のイラク南部の湿地帯での生活を描いたこの本は、イラク研究を始めてほぼすぐの頃に読んだのだが、あまりの面白さに感動し、それでイラク研究を続けるきっかけになったといってもよい。イラクという（当時は）マイナーな国の研究をしている者ぐらいしか興味を持たないかも、と思っていた古典的名著が、原書の出版から四五年、私が読んでから二〇年以上経て、日本の普通の読者の目に触れることになったなんて、なんてわくわくすることなんだろう。私にもぜひとも、何か書かせてもらいたい。この本について話さずにはいられない。そうして無理を言って、いま解説を書かせてもらっている。

ウィルフレッド・セシジャーというイギリスの冒険家、旅行家の存在は、イラクや中東を学ぶ者のみならず、多くの冒険家にとって、あまりにも有名だ。イラク南部の、湿地帯に住む独特の文化、生活慣習の中に住む人々を訪れた旅を記した彼の著作は、一時期イギリスの旅行家たちのバイブルのように読まれ、多くの冒険家がセシジャーの足跡を追っている。本書にも登場するギャヴィン・マックスウェルはその典型的な例で、自書 *A Reed Shaken by the Wind*（『風に揺られる葦』、一九五七年）で、こう書いている。

一九五四年、セシジャーが「王立地理協会誌」に書いたイラクの湿地帯についての論文を読んで、僕は「まさにこれだ！」と思った……それで僕はセシジャーに手紙を書き、会いに行った。そして、次に湿地帯に行くとき、一緒に行っていいよ、と言ってくれた。

だが、彼は僕がたいへんな生活に耐えられるかどうか、心配したようだ。「これまでのような生活とは違うよ。固い地べたに寝られるかい？」「もちろん！」「蚊やノミはハンパじゃないよ、夜寝られないし、アラブ人でも発狂するぐらいだ。それに病気だらけだし、医者の真似事はしなきゃならないし、衛生状態は想像を絶する……」

セシジャーは次々に難題を挙げていったが、僕の決心が固いのを見て、最後にこういう難題を挙げた。「君、あぐらが組めるかい？　毎日カヌーの床にあぐらを組んで何時間も座って移動するのは、コトだぜ」

「……がんばります」と僕が言うと、まあそれだけ決心が固いなら一緒に行くか、と誘ってくれたのだ。

（酒井による抄訳）

二人が湿地帯を訪れてから二〇年後、ジャーナリストで旅行作家のギャヴィン・ヤングが再び湿地帯を旅行し、*Return to the Marshes*（『湿地帯に戻って』、一九七七年）を出版した。ヴィヴィッドな写真をふんだんに掲載した *Iraq: the land of two rivers*（『イラク　二大河の間の土地』、一九八〇年）でも、湿地帯の記述が多く取り上げられている。彼もまた、セシジャーに魅せられて湿地帯を目指したイギリス人のひとりだ。

　現在の中東地域は、戦争とテロと宗教的厳格さのイメージが先行し、観光などもってのほか、と思われがちである。イラク戦争後、日本人の若者が観光でイラクに入って惨殺された、という事件もあり、無謀な旅行をたしなめる風潮が特に強い。

　それに比べると、イギリスという国は、実に多くの「無謀な冒険家」を輩出している。なかでも中東地域では、なぜか女性の旅行家、冒険家の活躍が多い。一九世紀には詩人バイロンの孫娘にあたるアン・ブラントが、二〇世紀には旅行家のフレヤ・スタークが、アラビア半島からメソポタミア（今のイラク）を旅して、多くの旅行記を残している。なかでも第一次大戦前後の一九一〇～二〇年代に、イランからアラビア半島まで広く旅した女流冒険家のガートルード・ベルは、傑出した女性だ。砂漠で遊牧部族に捕まりそうになったり、山岳地方の勇猛果敢な部族長に会いに行ったり、大胆不敵な冒険を繰り返す。その経験とタフさを買われて、イギリス軍諜報部に登用され、大戦後にはイギリス政府によるイラク王国建国のアドバイザー的役割を果たした。イラクの有力部族長を呼びつけ、人事を動かす、イラクの国づくりの影の女王のようになっていく。

　一九世紀から二〇世紀前半、イギリス人旅行家たちが縦横無尽に中東地域を冒険して回れたことは、この地域でのイギリスの圧倒的な覇権を抜きには語れない。インドを植民地支配したイギリスは、本国からインドに至るルートを確保するために、中東、特にペルシア湾岸地域も支配下に入れていった。アラビア半島東岸の部族長たちを庇護下に入れ、当時の中東地域の一大帝国、オスマン帝国を第一次大戦で解体し、その領土だったイラク、ヨルダン、パレスチナ（現在のイスラエル）を委任統治下においた。ペルシア湾は「イギリスの湖」と呼ばれ、イギリス人旅行者たちはまるで自国内を旅するかのように、気ままに中東地域を旅することができたのである。

このイギリスの支配、影響からイラクが完全に解き放たれるのは、一九五八年にイラクで共和制革命が起きてからのことであった。イギリスがイラクに据えたハーシム王家がクーデターで倒され、新政権はイギリス、フランスなど植民地勢力からの完全独立を謳って、社会主義路線をとるようになった。本書でセシジャーが最後に聞いた、「四時のニュース」がそれである。イギリス人はかつてのように主人の顔をして自由にイラクを行き来することができなくなった。それどころか、イラクの富を簒奪したものとして、憎まれるようになるのである。セシジャーが「人生の次章が閉じられた」と嘆くのも、その後湿地帯を描いた記録が世に出なくなるのも、そうした政治の動乱の結果である。


イラクを研究する者にとって、本書がわくわくどきどきするのは、その冒険の面白さだけではない。湿地帯の社会こそが、イラクが近現代に辿ってきたありとあらゆる矛盾と社会経済問題を、すべて凝縮し、結果として政治を動かす起爆剤になってきたからである。

本書で書かれているように、湿地帯を中心とするイラクの南部農村地帯は、歴史的に最も貧困で、かつ最も過酷な自然環境におかれてきた。セシジャーが湿地帯を訪れた五〇年代は、本書でも第21章、第22章に述べられているように、バグダードやバスラなどの都市が近代的発展を遂げ、教育制度や産業開発が進み、地方との格差が歴然となっていく時期である。

湿地帯を含めたイラク南部の農村地帯が近代化の波に洗われていくのは、一九世紀末まで時代をさかのぼる。イラク地域を支配していたオスマン帝国は、一九世紀中ごろから帝国の中央集権化を進め、イラク南部の自立的な部族たちを統治するため、行政ポストや地主としての経済的特権を与えた。続いてイラクを委任統治したイギリスも、同様の政策をとった。そのことによって、南部の部族はそれまでの地方共同体の伝統的指導者という位置づけから変質し、中央政府組織に組み込まれ、不在地主として蓄財を追及する封建貴族的存在になっていった。

大土地所有が進み、部族長が部族民への庇護をおろそかにしていくなかで、部族民は厳しい年貢の取り立てに困窮する小作人と化し、農地を捨てて華やかに発展する都市に流れ込む。本書で触れられている一九五四年の洪水、一九五五年の旱魃は、その南部農村を襲った悲劇のひとつで、南部からの大量の棄村農民がバグダードに流入する原因となった。

湿地帯が位置するアマーラ県は、そうした移民を最も多く輩出した地域である。これについてはすでに拙著『フセイン・イラク政権の支配構造』の第四章（地方の貧困、都市の貧困——南部農民の懊悩）で詳細に論じているので、関心がある方はぜひ読んでいただきたいが、バグダードは、アマーラ県（現在のマイサン県）からの移民が都市人口の三分の一以上を占めるほどになった。最初首都にやってきた南部移民は、住む場所もなく、住宅地の外縁、水道も電気も通っていないような治水の悪い土地に、南部で彼らが住んでいたような葦でできた掘っ立て小屋を作って住むしかなかった。仕事もろくになく、行商や夜警、うまくいけば日雇いの仕事にありつける程度。湿地帯で暮らしていたように、水牛を飼って生計を立てる者もいた。


首都でスラム化した移民たちを問題視して、一九五八年に成立した革命政権は、スラムを撤去して住民をバグダード北東部の一角に集めた住宅地を作る。「サウラ（革命）」地区と呼ばれたこの地は、南部出身の貧しいシーア派住民で占められ、イラクの社会的矛盾を一身に体現した場所となった。

貧困や社会矛盾は、ラディカルな社会変革を求める政治運動を生む。五〇～六〇年代、「サウラ」地区では共産党が活発な活動を展開した。一九五八年の革命自体、「シャルガーウィーヤ（東から来た人々）」と偏見をもって呼ばれたアマーラ県出身の労働者たちが、大衆運動に立ち上がったことで実現した、という側面もある。

その後、左派系の運動が勢いを失うと、七〇年代以降は新たな社会変革運動として、イスラーム主義が力をつけていく。私は八〇年代後半にイラクに滞在し、しばしば「サウラ」地区を訪ねたが、土作りのシンプルな家に大家族が家畜とともに密集して住むこの地区は、政治情勢が緊迫するとすぐ街の入り口が閉ざされ、外部との接触を絶たれることも少なくなかった。特に七九年に大統領に就任したサダム・フセインは、八〇年代にイランとの戦争を推し進め、国内のシーア派のイスラーム運動に過剰なほど敏感になっていたのである。

首都に移住した人々だけではない。彼らの出身地である湿地帯は、フセイン政権時代、反体制活動、特にイスラーム主義運動の拠点となった。イラン・イラク戦争や湾岸戦争への従軍を嫌って脱走した兵士が、真っ先に逃げ込んだのがこの湿地帯であった。背の高い葦に身を潜め、政府軍にゲリラ攻撃を仕掛けるには、湿地帯は恰好の場所である。私が八九年に湿地帯を訪ねたときには、水路を縦横に移動するゲリラの活動を阻むために、イラク政府はボートの保有を徹底的に管理していた。当時チバイシュの行政官として赴任していた北部出身の役人が、陳情に訪れる住民の列をさばきながら、はなはだ居心地悪そうにしていたのが印象的だった。

そうした事情もあって、フセインは湾岸戦争が終わると、南部反体制派対策のために、湿地帯を干上がらせる手立てをとった。すっかり水のなくなった湿地帯では、世界にも稀な生物・植物資源が失われ、豊かな自然環境が破壊されてしまった。今でもイラク内外の専門家たちが、環境の回復に熱心に働きかけている。

南部移民の子孫である「サウラ」地区の住民が再び政治的に脚光を浴びたのは、イラク戦争の後である。二〇〇三年四月、フセイン政権が倒されると同時に、イスラーム主義勢力が一気にこの地区を支配下に入れた。戦後のイラク政治の台風の目となるサドル派の人々である。サドルとは、フセイン政権によって殺害されたイスラーム主義の指導者たちを輩出した、シーア派宗教界の名家の名だ。地区の名前も、「サドル・シティー」と変えられた。

このサドル派を率いたのが、殺害された指導者の親戚にあたるムクタダ・サドルという若者だった。サドル派は米軍のイラク駐留に反発し、その後、繰り返し米軍や新生イラク軍と武力衝突を起こす。二〇〇六年からイラクで深刻化した宗派対立の背景にも、サドル派の武装組織が密接に関係していた。今でも新聞でイラク情勢が取り上げられるとき、サドル派の名前は頻繁に登場するので、耳にされた読者は多いだろう。

歴史を通じて社会の底辺に押し込まれ、フセイン政権下で弾圧を受け、戦争でも政変でも失うものは何もない、若くて貧しい人々――。湿地帯の子孫たちは、イラク戦争によって初めて、「持たざる者」としてその力を発揮する機会に巡り合えたのだ。

セシジャーがイノシシ狩を楽しみ、甘ったるいお茶をすすりながら歌と踊りを満喫し、部族同士の諍いを一緒になって仲裁した、湿地帯に住む人々は、彼が「自分の人生の次章」を閉じたあと、過酷で激しい政治的動乱の波に巻き込まれていった。セシジャーとの日々を懐かしむ人々もいただろうし、過去をぬぐい捨てて新たな世界へと飛翔した人々もいただろう。弾圧や戦争で命を失った者もいただろうし、苦難の果てに権力を手にした者もいただろう。

彼らこそが、イラクという国の現代史をそのまま体現してきた人々なのである。

訳者あとがき

本書 *The Marsh Arabs* の著者、ウィルフレッド・セシジャーは、生涯独身のまま、旅をこよなく愛した探検家である。

セシジャーが亡くなる二年ほど前、九一歳の彼をロンドン近郊に訪ねたアメリカのジャーナリスト、マイケル・シュナイヤーソンは、その印象を“The Man Who Walked Through Time”（時を超えた旅人）と題して『ナショナル・ジオグラフィック』の姉妹誌、『アドヴェンチャー・マガジン』の二〇〇二年一・二月号に寄せている。「二〇世紀のもっとも偉大な探検家」と言われたセシジャーの自室には、一九三〇年に行なわれたエチオピア皇帝ハイレ・セラシエの戴冠式の写真が飾られ、そのときのハイレ・セラシエからの手書きの招待状も大切な宝として保管されていた。

セシジャーは、英国貴族の血を引く外交官の父親が、領事として赴任したエチオピアのアディスアベバで一九一〇年に生まれた。当時のエチオピアは、群雄割拠する地域諸侯が国家統一を図る戦いに乗じて、ヨーロッパ列強が覇権争いに虎視眈々としていた時代である。九歳までここで育ったセシジャーは、六歳のとき、反乱軍と皇帝軍の白兵戦を目の当たりにし、勝利した皇帝軍の野趣あふれる凱旋行進が鮮明に子供心に残ったと、自伝 *The Life of My Choice*（HarperCollins, 1987）に書いている。

この内乱の折、セシジャーの父が、当時はまだ諸侯の一人だったハイレ・セラシエの家族を領事館に保護し、支援や援助を惜しまなかったことのお礼に、息子を英国代表の随員の一人という形で戴冠式に招待したのだった。イートン校からオクスフォード大学に進み、歴史学を専攻していた二〇歳の彼は、すでにエチオピアの歴史や先人の探検記、旅行記を片端から読破していて、さらに出発前には自然史博物館やアフリカのめずらしい動物の剥製のコレクションを見て歩き、ライフル一丁を持参して、戴冠式後の一カ月をエチオピアの未開地へ狩猟と探検の旅に出かけた。このときの経験が彼の生涯を決めたという。

　大学を卒業後、就職する前の一年間、彼は全長一二〇〇キロメートルもあるエチオピアの大河、アワシュ川が海まで到達せずにどこかで消えている不思議を知りたいと思い、資金を集めて独自の探検を行なう計画を立てた。この探検で、アワシュ川がいくつもの湖の間を流れ、やがて荒涼たる火山岩地帯のかなたに広がる塩湖に吸収されて消えていたことを確認した。このアワシュ川下流渓谷一帯は、一九八〇年に「アワシュ国立公園」として世界遺産に登録されている。

　一九三五年にスーダン政庁に入った彼は、乾燥地帯のダルフール、のちには蒸し暑い大湿地帯のスッドに勤務し、休暇にはさらに奥地にまで足を伸ばして砂漠の魅力の虜《とりこ》になった。第二次大戦中の一九四一年には、スーダン防衛隊の士官として、それまでの奥地探検の経験と土地勘を生かし、イタリア軍を相手に奮戦した。その功績が認められ、殊勲章を贈られている。のちには英国情報部のシリア特殊作戦部隊や、北アフリカの空軍特殊部隊にも勤務し、一九四三年に除隊後はエチオピアのハイレ・セラシエ皇帝の顧問になった。

　そんなある日、アディスアベバで出遭った国連食糧農業機構の調査官が、砂漠のイナゴの大群の被害実態を知るため、アラビア半島の空白地帯《ルブ・アル・ハーリー》を旅してくれる人を探していることを知る。探検好きのセシジャーはすぐにその仕事を引き受けた。一九四五年から四九年にかけて行なわれたアラビア半島のこの旅の記録は、*Arabian Sands*（Longmans, Green）として一九五九年に出版され、たちまち世界的ベストセラーになった。日本でもその抄訳が、「ベドウィンの道」（篠田一士訳）として、『世界ノンフィクション』ヴェリタ24（筑摩書房、一九七八年）に収められている。

セシジャーがイラク南部を初めて訪れたのは、このアラビア半島の旅のあとの一九五〇年、四〇歳のときだった。それまでの、移動が常態であった旅ではなくて、未開の先住民のなかに腰を落ちつけてみようと思い立ち、五〇〇〇年前の人類文明の揺籃の地といわれ、旧約聖書の「エデンの園」や「大洪水」にゆかりのある場所と多くの人々に信じられているチグリス・ユーフラテス川の中洲に広がる湿地帯にやって来た。

一九五〇年代は、植民地官僚が出世コースだった昔ながらのイートン校出身者にとって、中東での古きよき時代の終わりを告げる時期にあたる。インドもパレスチナも大英帝国とは袂《たもと》を分かち、まだ言いなりになるメッカ出身のハーシム家のファイサルが支配するイラクに細々と影響力をつないでいるにすぎなかった。欧米に対する反感から、過激なアラブ民族主義が拡大するのはまだ数年先のことで、民間ジェット機も、観光ブームも、イスラーム原理主義の台頭もなかった。一九五一年から五八年六月まで、セシジャーが断続的に約七年にわたって関東平野の六割くらいの広さのあるイラク南部の湿地帯で、湿原の縁《ふち》や浮島にある太古の昔を思わせるアーチ型の葦葺きの家を渡り歩き、カヌーを操って生活する「マアダン」と呼ばれる湿地帯住民と一緒に暮らした記録が本書 *The Marsh Arabs* (Longmans, Green, 1964) である。

彼は仲良くなった族長から贈られたカヌーを、これまた自発的に同行を申し出た献身的な少年たちに漕がせて、作物を荒らすイノシシや食糧にする水鳥の狩猟に出かけて見事な射撃の腕前を発揮したり、住民の結婚式や葬式に出席したり、にわか医者としてけが人や病人の手当てをしたりした。評判はたちまち広がり、行く先々に患者が列をなして待っていることも珍しくなかった。彼は治療費を受け取るどころか、貧しい患者には、帰りに着替えのシャツ代をそっと持たせたりしている。

彼がもっとも重宝がられたのは、ムスリム男性には欠かせない慣習とされている割礼の施術である。

イラク滞在中、通算六〇〇〇例の手術を行ない、衛生的で、痛みや後遺症を残さない「上手な割礼施術師」と評判になり、「マアダン」に仲間入りを認められる何よりの手段になった。おかげでセシジャーとその助手を務めるカヌーボーイはどこへ行っても大事な客として村長の集会所を兼ねたゲストハウスに泊めてもらい、食事をともにし、ときには歌や踊り、パントマイムで住民から歓待された。

本書がほかの旅行記とはっきり違う魅力を持っているのは、セシジャーが現地人と同じアラビア語を話し、同じものを食べ、彼らの習慣に従い、医療や害獣退治など、彼らの役に立ち喜ばれることだけを黙々と奉仕する「共生の作法」を貫いている点であろう。

セシジャーが最後に湿地帯を訪れてから三週間後の一九五八年七月、民族主義者の陸軍将校らが率いる蜂起によって国王ファイサル二世が家族もろとも殺害され、英国大使館は暴徒に襲撃された。セシジャーは二度とイラクに戻ることはなかった。

セシジャーはほかにも、クルディスタン、ヒンドゥークシュ、カラコルム、モロッコ、ケニヤ、タンガニーカなどを、徒歩やウマ、ラクダで旅した。一九九四年までの二〇年余りは、ケニヤ北部のマラルでサンブル人の養子家族と生活し、ここに骨を埋めるつもりだったらしいが、二人の養子が相次いで死亡したため、最晩年は英国に戻り、二〇〇三年に九三歳で他界した。訃報を聞いたとき、アラビア半島の空白地帯《ルブ・アル・ハーリー》を一緒に旅したサリム・ビン・ガベイシャは、顎髭に白いものが混じる六〇代になっていた。「『誠実で寛大、何も恐れない人だった。一緒に旅するにはすばらしい人だった』という彼の哀悼の言葉ほど、セシジャーの墓碑銘にふさわしいものはない」と、英『ガーディアン』紙のマイケル・アッシャー記者は二〇〇三年八月二七日付の死亡記事を結んでいる。

セシジャーはまた、すぐれたカメラマンで、二一台のライカの三五ミリ・カメラで写した三万八〇〇〇〇枚のネガフィルム、七五冊のモノクロ・プリント写真のアルバム、数千枚のルーズリーフ・メモを残した。彼の母キャスリーンは、旅先からの息子の手紙とともに、セシジャーの写真、日記、動植物の標本などをきちんと整理して保管するのを生き甲斐にしていた。世界のほとんどの場所から消えてしまった大自然と原初を彷彿させる人々の暮らしの貴重な記録は、オクスフォード大学のピット＝リバーズ博物館に寄付され、三人の専門家が丹念に分類、整理し、デジタル化も行なわれて、今では多くの人が閲覧、利用できるようになっている。その一部で、原書にある一〇九枚の写真のうち、残念ながらコスト高のため、一六枚だけを本文中に組み込んだ。

セシジャーの探検旅行がもたらしたさまざまな功績に対して、王立地理協会から創立者記念メダル、王立中央アジア協会からアラビアのロレンス記念メダル、王立スコットランド地理協会からリビングストン・メダル、王立アジア協会からバートン記念メダルが授与された。

セシジャーは旅行記を書く目的で旅をしたことはなかった。のちになって、母への手紙や詳細な旅日記があることを知った編集者に勧められてまとめた第一作が *Arabian Sands*、続いて本書の二冊がもっとも広く読まれており、後者はハイネマン賞を受賞している。

ほかにも、*Desert, Marsh and Mountain*（Collins, 1979）, *Visions of a Nomad*（HarperCollins, 1987）, *My Kenya Days*（HarperCollins, 1994）, *The Danakil Diary*（HarperCollins, 1996）, *A Vanished World*（HarperCollins, 2001）などがある。セシジャーの伝記としては、アレクサンダー・メイトランドの *Wilfred Thesiger: The Life of the Great Explorer*（HarperCollins, 2006）が面白い。

日本語版の刊行にあたって、日本のイラク研究の第一人者である酒井啓子氏が、セシジャーの魅力ばかりでなく、「湿地帯の社会こそが、イラクが近現代にたどってきたありとあらゆる矛盾と社会経済問題を、すべて凝縮し、結果として政治を動かす起爆剤になってきた」実情について、時宜を得た「解説」をお寄せくださったことで、現代イラクの背景をふまえながら本書を読む楽しみを読者に提供できることになったのは、このうえない幸せである。ご多忙のなかご執筆くださり、また、イラクの地名、人名、部族名などの日本語表記や、現地特有の言葉などについて、数々の貴重なアドバイスをいただいたことに心よりお礼申し上げる。

白須英子

二〇〇九年九月

著者紹介

ウィルフレッド・セシジャー

Wilfred Thesiger（1910−2003）

アディスアベバ生まれ。イートン校を経てオクスフォード大学卒業。1935年、スーダン政庁に入庁。第二次世界大戦中はスーダン防衛隊、英国情報部特殊部隊などに所属。1945−49年、アラビア半島のルブ・アル・ハーリーを踏破。1951−58年、イラク湿地帯に滞在。ハイネマン賞、王立地理協会より創立者記念メダル、アラビアのロレンス記念メダルなどを受賞。1968年には大英勲章（CBE）を受章した。

著書に *Arabian Sands*（1959）、*Desert, Marsh and Mountain*（1979）、*The Life of My Choice*（1987）、*My Kenya Days*（1994）、*The Danakil Diary*（1996）などがある。

訳者紹介

白須英子（しらす・ひでこ）

翻訳家。日本女子大学英文学科卒業。

訳書に『オスマン帝国衰亡史』（中央公論社）、『イスラーム世界の二千年』（草思社）、『情熱のノマド』（共同通信社）、『イラン人は神の国イランをどう考えているか』（草思社）、『変わるイスラーム』（藤原書店）など、著書に『イスラーム世界の女性たち』（文春新書）がある。

解説者紹介

酒井啓子（さかい・けいこ）

東京外国語大学大学院教授。東京大学教養学部教養学科卒業後、アジア経済研究所に勤務。英国ダーラム大学にて修士号を取得。1986−1989年、在イラク日本大使館にて専門調査員として勤務。2005年より現職。

著書に『イラクとアメリカ』（アジア・太平洋賞大賞受賞）、『イラク 戦争と占領』、『イラクは食べる』（以上、岩波新書）、『イラクで私は泣いて笑う』（めこん）などがある。

［装幀］　今東淳雄　*maro design*

［地図制作］　閏月社

湿原のアラブ人

二〇〇九年一〇月一五日 印刷
二〇〇九年一一月一〇日 発行

著者 ウィルフレッド・セシジャー
訳者 © 白《しら》須《す》英《ひで》子《こ》
発行者 川村雅之
印刷所 株式会社 理想社
発行所 株式会社 白水社

東京都千代田区神田小川町三の二四
電話 営業部〇三（三二九一）七八一一
　　 編集部〇三（三二九一）七八二一
振替 〇〇一九〇-五-三三二二八
郵便番号 一〇一-〇〇五二
http://www.hakusuisha.co.jp
乱丁・落丁本は、送料小社負担にてお取り替えいたします。

松岳社 株式会社 青木製本所

ISBN978-4-560-08027-6

Printed in Japan

イスラームから考える

師岡カリーマ・エルサムニー 著

ベール、風刺画、原理主義、パレスチナ問題……。イスラームに関する報道から私たちは何を考えていかなければならないのか。いまを生きるための一冊。酒井啓子氏との対談も収録。

北アフリカ・イスラーム主義運動の歴史

私市正年 著

一九九〇年代の後半にテロリズムに溺れてしまった、イスラーム主義運動。その「熱狂と挫折」の歴史を、前近代から現代まで、北アフリカのマグリブ諸国を軸にしながら論じてゆく。